京都大阪神戶 CONTENTS

哈日情報誌

欲領取免費電子書者,請掃描右方QRcode,進入「旅遊書買紙送電活動專區」,上傳購買證明並填寫相關資料,待審核通過即會發送GOOGLE圖書兌換券及兌換步驟說明。

MAPPLE編輯部 官方X @mapple_editor 記得追蹤喔♪

U0076840

可以拆下來使用喔 /
隨書附錄
日本環球影城
攻略BOOK

利用本書前請詳細閱讀下列事項

●本書刊載的內容為2023年6月～8月時採訪、調查時的資訊。

本書出版後,餐廳的菜單與商品內容、費用等各種刊載資訊有可能變動,也可能依季節而有變動或售完、臨時休業、停止營業的情況。因為消費稅的調高,各項費用可能變動,因此會有部分設施的標示費用為稅外的情況,消費之前務必事先確認。此外,因本書刊載內容而造成的糾紛和損害等,敝公司無法提供賠償,請在確認此點之後再行購買。

●各種資訊使用以下的方式刊載

✆…電話號碼 刊載的電話號碼為各設施的洽詢用電話號碼,因此可能會出現非當地號碼的情況。使用衛星導航等設備查詢地圖時,可能會出現和實際不同的位置,敬請留意。

🏠…所在地

MAP 00X-0 標示設施在地圖上的位置

🕐…營業時間・開館時間 營業時間・開館時間 營業時間・開館時間為實際上可以使用的時間。基本上餐飲店為開店到最後點餐時間,各種設施為開館到可入館的最終時間。

🏠…休業日 原則上只標示出公休日,省略過年期間、黃金週、盂蘭盆節和臨時休業等情況。

💰…費用・價錢 ◎各個設施的所需費用,基本上為大人1人份的費用。

◎住宿費原則上是2人1房時1人份的費用。金額包含各種稅金,但可能依季節、星期、房型等而有所變動,預約時請務必確認。

🚃…交通方式 原則上標示出最近的車站,所需時間僅為預估值。

※依感染症相關各設施的對應、對策,刊載資訊會有所變更,請事先確認最新狀況。

透過地圖 迅速掌握 京都・大阪・神戸

伏見稲荷大社
→P.18

金閣寺
→P.20

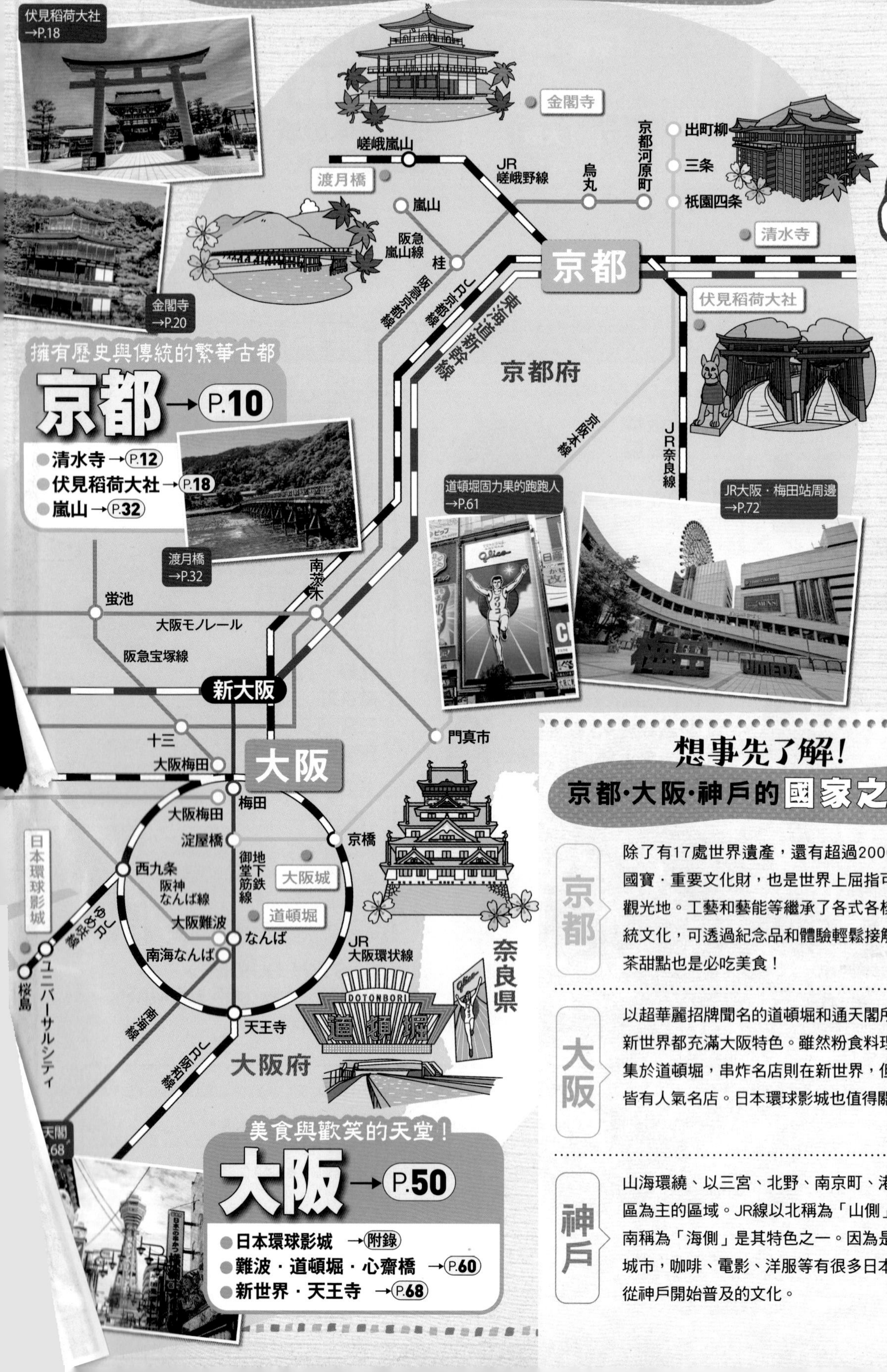

擁有歷史與傳統的繁華古都

京都 →P.10

- 清水寺 →P.12
- 伏見稲荷大社 →P.18
- 嵐山 →P.32

渡月橋
→P.32

金閣寺

嵯峨嵐山

渡月橋

JR嵯峨野線

烏丸

嵐山

阪急嵐山線

桂

京都

京都府

京都河原町

出町柳

三条

祇園四条

清水寺

伏見稲荷大社

JR奈良線

道頓堀固力果的跑跑人
→P.61

JR大阪・梅田站周邊
→P.72

蛍池

大阪モノレール

阪急宝塚線

新大阪

十三

大阪梅田

大阪

大阪梅田

淀屋橋

梅田

京橋

門真市

日本環球影城

西九条

阪神なんば線

御堂筋

地下鉄

大阪城

大阪難波

南海なんば

なんば

道頓堀

JR大阪環状線

桜島

ユニバーサルシティ

天王寺

大阪府

奈良県

天閣
68

美食與歡笑的天堂！

大阪 →P.50

- 日本環球影城 →附錄
- 難波・道頓堀・心齋橋 →P.60
- 新世界・天王寺 →P.68

行前請先確認！
Part 1

京都・大阪・神戸旅遊地圖

關西最受歡迎的三都最大的魅力就在於距離相近，可以有效率地來回三座城市！趕快來確認一下三都間的位置關係和移動時間吧。

想事先了解！

京都・大阪・神戸的國家之光

京都
除了有17處世界遺產，還有超過2000件的國寶・重要文化財，也是世界上屈指可數的觀光地。工藝和藝能等繼承了各式各樣的傳統文化，可透過紀念品和體驗輕鬆接觸。抹茶甜點也是必吃美食！

大阪
以超華麗招牌聞名的道頓堀和通天閣所在的新世界都充滿大阪特色。雖然粉食料理多聚集於道頓堀，串炸名店則在新世界，但到處皆有人氣名店。日本環球影城也值得關注！

神戸
山海環繞、以三宮、北野、南京町、港灣地區為主的區域。JR線以北稱為「山側」、以南稱為「海側」是其特色之一。因為是海港城市，咖啡、電影、洋服等有很多日本初期從神戸開始普及的文化。

新手務必確認！

☑ 規劃行程的訣竅

❶ 決定目的地

日本環球影城建議安排整天的時間

日本環球影城有許多好玩的地方，建議早起前往。有些園區進場需要入場號碼券，去之前一定要事先做好功課。

從難度較高的京都開始規劃行程會比較順暢

京都的交通較為複雜，觀光區域遼闊，神社寺廟等參觀時間有限，京都料理店一定要預約⋯⋯因此建議從較需要費心的京都開始規劃後，再追加大阪・神戶為佳。

預約漂亮的飯店、旅宿！

京都有町家改裝的旅宿，大阪有熱門的概念飯店，神戶有以早餐為豪的飯店等等，每種型態都相當有魅力。選擇隔天要逛的區域的飯店，就不用煩惱要怎麼移動了。

❷ 決定日數

若是三座城市都想逛，建議至少3天2夜

三座城市都有許多觀光景點，最好能一天玩一座城市。住宿地點是能夠有效率玩逛的關鍵，有些電車會開到將近凌晨12點，可在體力容許範圍內，盡情塞滿行程!?

❸ 掌握位置關係

想事先瞭解的步行移動時間

主要區域散布於各地，建議搭乘巴士移動。紅葉時期等旺季容易塞車，有時步行前往還比較快到。

| 京都 | 阪急・京都 河原町站 | 步行2分 | 京阪・祇園 四条站 |

從難波到道頓堀、心齋橋，再到美國村都可用走的。JR・大阪站周邊有很多名為「梅田」的站名，全都在徒步可及範圍。

| 大阪 | JR・大阪站 | 步行3分 | 阪急・大阪梅田站 |
| | 地下鐵・難波站 | 步行10分 | 地鐵・心齋橋站 |

是個較小的區域，三宮～北野、三宮～港灣等地區可步行移動。只是北野方向為陡坡，可善用神戶環城巴士CITY LOOP（→P.126）會比較輕鬆。

| 神戶 | JR・三之宮站 | 步行10分 | JR・元町站 |

確認所需時間與距離

JR 三之宮站 ⇔ 京都站
JR神戶線・京都線新快速
55分 1110円

阪急 神戶三宮站 ⇔ 京都河原町站
阪急神戶本線・京都本線特急（在十三站轉乘）
1小時15分 640円

金閣寺
清水寺
伏見稻荷大社
京都

大阪國際機場

神戶

大阪

JR 大阪站 ⇔ 京都站
JR京都線新快速
30分 580円

阪急 大阪梅田站 ⇔ 京都河原町站
阪急京都本線特急
45分 410円

北野異人館
南京町
神戶港博物館

大阪城
道頓堀
日本環球影城

JR 三之宮站 ⇔ 大阪站
JR神戶線新快速
20分 420円

阪急 神戶三宮站 ⇔ 大阪梅田站
阪急神戶本線特急
30分 330円

京都・大阪・神戶在這裡！

大阪國際機場（伊丹機場）

山陽新幹線
阪急神戶線
JR神戶線
阪神本線
新神戶
北野異人館
神戶三宮
神戶　元町　神戶
元町　三宮
南京町
神戶三宮
神戶港博物館　神戶機場
兵庫縣
大阪湾

魚鱗之家・展望藝廊
→P.92

南京町
→P.96

時尚又充滿異國風情的海港城市

神戶 → P.78

神戶臨海樂園
→P.82

● 港灣地區 →P.80
● 北野 →P.92
● 南京町 →P.96

關西國際機場

Part2 王道豪華最佳行程

3天2夜 京都·大阪·神戶

想要奢侈暢玩京阪神，關鍵在於有效率地遊逛各地。
掌握三座城市重點的豪華行程就在這裡！

第1天

Start
10:00
京都站

京都

清水寺&祇園

京都的神社寺廟散布於步行和巴士可及範圍，除了世界遺產清水寺之外，還可參訪數間神社寺廟，祈求好運。

10:30
到世界遺產
清水寺 參拜 → P.12

京都眾多的世界遺產中，人氣最高的寺廟。春天賞櫻、秋天紅葉，欣賞四季更迭的美景。

*旅遊開始前
先來祈求好運吧*

清水寺

第1天

10:00	**京都站** START
	京都站前巴士站→市巴士86、206系統→清水道巴士站（17分·230円）
10:30	**清水寺**
	步行7分
12:00	**阿古屋茶屋**
	步行即到
13:00	**清水寺 參道**
	步行即到
14:30	**八坂庚申堂／安井金比羅宮**
	步行10分
15:30	**祇園**
	步行10分
19:00	**あおい**
	河原町三條巴士站→市巴士4、17、205系統→京都站前巴士站（15分·230円）
21:00	**京都站** GOAL

13:00
遊訪參道
伴手禮購物!! → P.16

清水坂、產寧坂、二年坂、八坂通等通往清水寺的參道上有許多伴手禮店！也有咖啡廳。

逛參道
購買伴手禮!!

↑「清水京あみ」(P.17)的八橋泡芙

二年坂

↑「二年坂 まるん」(P.17)的ぴこまるん金平糖

◎「松韻堂」(P.16)的櫻花筷架組

12:00
在充滿風情的參道
享用京都美食午餐 → P.17

在參道附近的阿古屋茶屋享用午餐，可品嘗到京都特有的漬物，溫和纖細的口感令人陶醉♡

阿古屋茶屋

14:30

還有更多能量景點！

前往**八坂庚申堂**和 →P.16

安井金比羅宮 →P.24

從清水寺移動到祇園周邊時，可順便去逛神社寺廟。適合拍照打卡的八坂庚申堂和斬斷惡緣的安井金比羅宮是必去的地方。

安井金比羅宮

八坂庚申堂

束猿（500円）可選擇喜歡的顏色帶回去當護身符

花見小路主要街道是聚集了茶屋和餐館的

花見小路

橫跨白川上的小橋・巽橋

↓「ぎをん小森」（P.42）的抹茶巴巴露亞芭菲

前往華麗花街

15:30

沉浸在花街氣氛裡

漫步**祇園** →P.28

在藝舞妓來往往的花街感受成熟穩重的氛圍。使用高級抹茶的抹茶甜點也是必吃點心。

抹茶芭菲絕不能錯過♡

→「二軒茶屋（中村樓）」（P.42）的抹茶百匯

↑「茶寮都路里 祇園本店」（P.42）的特選都路里百匯

白川南通

變化型行程

繞個地方需時半天繞一下

嵐山 →P.32

嵐山有許多風光明媚的觀光景點。穿過渡月橋，走在竹林之道上，眺望平安時代就備受喜愛的絕美景色。這一帶開到晚上的店較少，建議傍晚左右可開始移動到祇園等其他地方。

19:00

感受夜間氣氛

享用**京都傳統家庭料理** →P.38

鴨川周邊、木屋町、先斗町的夜晚充滿情懷！也許能發現隱藏在小巷之中的名店。特別推薦京都傳統家庭料理店あおい。

あおい

這裡有很多口味溫和的料理！

↓羅勒麩與溫蔬菜

↑豆皮壽司

↓生腐皮

Goal

21:00

京都站

道頓堀固力果招牌

說到道頓堀就是固力果！

10:00

在**道頓堀** →P.60

看超華麗招牌

道頓堀有一堆浮誇招牌，很有越華麗越好的大阪人風格。和招牌擺出相同姿勢，拍一堆照片回去留念吧。

蟹蟹！

第**2**天

大阪

道頓堀＆大阪城＆新世界＆大阪站

第2天來到非常熱鬧的大阪！好想感受超華麗招牌和粉食料理的「誇張華麗」氣氛。

Start

9:30
大阪站

❷「おかる」(P.52)的豚玉

12:00

章魚燒＆大阪燒

粉食料理午餐!

→P.52~55

道頓堀周邊到處都有大排長龍的章魚燒和大阪燒名店，先選好幾間會比較安心。

I LOVE ♥粉食料理

❷「こ燒き十八番 SONS-DOHTONBORI店」(P.54)的HALF&HALF

❷「くれおーる道頓堀店」(P.54)的滿蔥半熟卵

大阪城天守閣

14:30

在**大阪城天守閣**和**大阪城公園**散步 →**P.71**

爬上外國人觀光客特別喜歡的大阪城天守閣，以天下霸主的感受俯瞰大阪。四周綠意盎然的公園也很適合散步。

豐臣秀吉

9:30	\START/
大阪站	
	地鐵御堂筋線 梅田站→難波站 (8分・240円)
10:00	
道頓堀	
	步行即到
12:00	
午餐	
	地鐵御堂筋線 難波站→ 中央線本町站 森之宮站 (16分・240円)
14:30	
大阪城天守閣	
	JR大阪環狀線 大阪城公園站→ 新今宮站 (15分・190円)
16:00	
新世界	
	步行即到
17:30	
八重勝	
	地鐵御堂筋線動物園前站→梅田站 (14分・240円)
19:30	
逛街購物	
	步行即到
21:00	
大阪站	
	/GOAL\

▶這裡有可以玩到懷舊彈珠台「Smart Ball」的店鋪，還有射擊場等店家櫛次鱗比

16:00
在懷舊氣氛的 →P.68
新世界漫步閒晃

新世界充滿商業氣息，如主題公園般熱鬧，可在這裡補足誇張華麗的大阪元素！

來見見幸運之神比利肯吧～！

簡直就是
New World !?

通天閣

大阪站周邊的GRAND FRONT OSAKA和LUCUA大阪營業時間較長，夜晚也能繼續逛街購物

17:30
平價美食的代表
串炸料理 →P.69

八重勝

新世界是串炸的激戰區，有很多60年以上歷史的老店，當中最推薦的是八重勝。加入山藥的麵衣酥脆和鬆軟共存的口感堪稱美味。

蔥很大塊，價錢公道的串炸

▲「注染手ぬぐい」（P.73）的浪速靈魂食物

▲「PAPABUBBLE LUCUA店」（P.73）的大阪 MIX BAG

19:30
在**大阪站**迅速
確認潮流景點 →P.72

晚餐後到大阪站周邊的複合設施逛到關店！除了流行服飾和雜貨以外，還可以在這裡買伴手禮。

21:00
Goal
大阪站

換個地方繞一下 需時 **1日** 變化形行程

日本環球影城 →附錄

很多人來大阪旅行的主要行程就是日本環球影城。雖然也有15時起入場的星光票，但如果想玩徹底一點，就需要一整天。想玩得更過癮的人，建議購買能縮短等待時間的環球特快入場券。

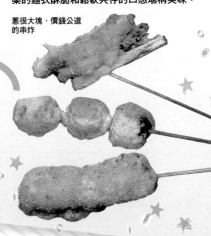

10:00

在北野異人館

為異國情懷心動♥ →P.92

遊逛林立於神戶高地上的異人館。有可穿著服裝拍照留念的設施，也有餐廳、能量景點各種玩樂方式。

擁有可愛淡綠色外觀的萌黃之館

風見雞館是北野象徵性的存在

重現福爾摩斯房間的英國館

Start
9:30
三之宮站

第3天
神戶
北野&南京町&港灣地區

神戶雖小，但有著風格多樣的區域。不妨來逛逛有雅緻建築林立的北野、中華情懷的南京町和時髦的港灣地區吧。

遊逛彷彿異國的街景

魚鱗之家

道路兩旁店家櫛次鱗比

13:00

在熱鬧的南京町

享用中華美食 →P.96

金紅兩色熱鬧非凡的中國城。豬肉包、小籠包等均可外帶，可輕鬆吃到道地美味。

可內用也可外帶！

❷「老祥記」(P.96)的豬肉包

↑「北京烤鴨專門店 華鳳」(P.96)的黃金正宗北京烤鴨

「昌園」(P.97)的粉絲蟹鍋

神戶南京町

在自動販賣機上發現熊貓！

南京町

第3天

9:30	START 三之宮站
	▼ 步行15分
10:00	北野
	▼ 步行20分
13:00	南京町
	▼ 步行10分
14:30	港灣地區
	▼ 步行即到
15:00	AQUARIUM × ART átoa
	▼ 步行15分
18:00	神戶ステーキ メリカン
	▼ 步行20分
20:00	三之宮站 GOAL

14:30

吹著海風
在 **港灣地區** 散步 → P.80

→傳達「神戶的魅力在於人」之意念的紀念碑「BE KOBE」

神戶港塔於2024年春天重新開放

美利堅公園

分成美利堅公園和神戶臨海樂園的港灣地區。兩邊都有適合拍照打卡的景點，和豐富的購物設施。

美利堅公園裡有很多藝術作品，不妨拿著相機四處找找。

周邊商品和美食也都十分充實！

↑餵食時間也會進行解說

←彷彿萬花筒般的藝術空間

夢幻的世界好美麗！

以宇宙和深海為概念的直徑3m球體水族箱

15:00

在藝術美術館

átoa 鑑賞術 → P.81

2021年10月在港灣地區開幕的藝術×水族館的嶄新水族館。是現在神戶最受矚目的景點！

有很多可愛的生物 ♥

←小爪水獺的表情好療癒！

↑圓點魟魚的圓形點點看起來好潮

↓在地板上自由走動的亞達伯拉象龜

變化型行程

換個地方繞一下

所需 **2小時**

舊居留地&榮町 → P.99

神戶開港時外國人居住的區域，有大正初期到昭和初期的復古近代建築林立，在這裡散步也很愉快。位於舊居留地西側的榮町有許多特色鮮明的雜貨店，可以來這裡尋找珍奇寶物。

18:00

有點奢侈的

神戶牛 晚餐

→ P.84

說到神戶美食，就屬神戶牛！難得出來旅行，最後一天就盡情享用奢侈的神戶牛吧♡

Goal

20:00

三之宮站

神戶ステーキ メリカン

1 色彩鮮豔的朱色隧道「千本鳥居」（→P.18）
2 高雅的香氣和澀味絕佳搭配的抹茶（→P.42）
3 映照在池面的「金閣倒影」值得一看（→P.20）
4 源氏物語的舞台·宇治（→P.21）
5 充滿古都情懷的「白川南通」（→P.28）

奉 納

奧之院へ

京都

巡訪寺社，漫遊小巷

京都有很多著名的神社佛寺和京都美食等好看好玩的景點，除了可遊訪最熱門的清水寺、金閣寺等世界遺產，還可在擁有華麗花街風情的祇園和風光明媚的嵐山漫步。感受京都魅力，度過美好的一天吧。

遊玩這個地區的小訣竅

搭乘巴士&地鐵
市巴士幾乎可通往市內的所有觀光地，班次也很多，可以直接抵達目的地，是遊訪京都的得力幫手。只是在旺季時可能會因塞車而無法按照預定時間抵達，因此可有效搭配地鐵移動。

住宿推薦京都站或四条站周邊
只要住在京都站周邊，抵達後就可立刻放下行李，前往其他地區的交通也很方便。另外，地鐵四条站周邊是京都最熱鬧的繁華街，適合推薦給想要玩到深夜的人。

京都其實很大
雖然都在市內，但從京都站到金閣寺搭巴士要40分，前往嵐山時，搭乘電車加上步行時間也要30分鐘，交通上其實相當花時間，規劃行程時1天排1、2個區域比較不匆忙。

用划算票券讓旅途更加愉快！

票券（販售地點）	價格	自由乘坐區間	不同目的的推薦重點
地鐵·巴士一日（二日）券（市巴士·地鐵服務處、地鐵各站窗口等）	1100円	市營地鐵全線、市巴士全線、京都巴士、京阪巴士、西日本JR巴士（京都巴士·京阪巴士·西日本JR巴士部分路線除外）	有效搭配地鐵和巴士，便可舒適順暢地移動
地鐵一日券（市巴士·地鐵服務處、地鐵各站窗口等）	800円	京都市營地鐵全線	可搭乘地鐵全線（烏丸線·東西線）。沒有塞車問題，規劃觀光行程較為容易

● 京都市交通局市巴士、地鐵服務處 📞0570-666-846（洽詢專線）

※ 依感染症相關各設施的對應·對策，刊載資訊會有所變更，請事先確認最新狀況。

從大阪·神戶前往京都的交通方式

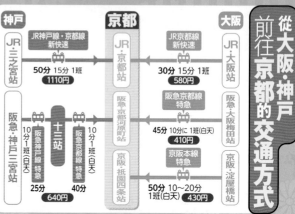

神戶		京都		大阪
JR·三之宮站	JR神戶線·京都線 新快速 50分 15分1班 1110円	JR·京都站	JR京都線 新快速 30分 15分1班 580円	JR·大阪站
阪急·神戶三宮站	阪急神戶線 特急 25分 / 十三站 / 阪急京都線 特急 40分 10分1班（白天） 640円	阪急京都河原町站	阪急京都線 特急 45分 10分に1班（白天） 410円	阪急·大阪梅田站
京阪·淀屋橋站	京阪本線 特急 50分 10~20分1班（白天） 430円	京阪祇園四条站		京阪·淀屋橋站

📷 從JR京都站搭巴士40分

金閣寺周邊
きんかくじしゅうへん

世界遺產的聯合演出

P.20

金光閃閃的金閣寺以綠意為背景倒映在池中的畫面絕對值得一看。「絹掛之路」沿岸有以枯山水庭院而聞名的龍安寺等知名寺院。

來這裡玩吧
・金閣寺・龍安寺

🚃 從JR京都站搭電車10分

祇園
ぎおん

舞妓漫步的花街

P.28

來這裡玩吧
・花見小路・八坂神社
・建仁寺・青蓮院

洋溢花街風情的祇園一帶。除了主要街道花見小路之外，白川南通上充滿京都風情的建築也是人人夢想中的京都。夜間點上燈籠後，更添意趣。

📷 從JR京都站搭巴士40分

銀閣寺周邊
ぎんかくじしゅうへん

閃耀暗銀色光芒的成熟京都

P.30

銀閣寺代表了「侘寂」極致美學的東山文化。四季分明的大自然與清幽靜謐的建築物融為一體，美不勝收。疏水道沿岸的「哲學之道」最適合於櫻花季來訪。

來這裡玩吧
・銀閣寺・永觀堂
・哲學之道

🚃 從JR京都站搭電車16分

嵐山周邊 あらしやましゅうへん

自古就深受喜愛的幽雅度假勝地

P.32

風光明媚的嵐山風景是平安時代以來的觀光名勝。拜拜許願、竹林散步，可盡情感受歷史和大自然，也有許多伴手禮和美食。

來這裡玩吧
・渡月橋・天龍寺
・竹林之道

🚃 從JR京都站搭電車25分

稍微走遠一點

宇治
うじ

懷念平安時代的戀愛物語

P.21

來這裡玩吧
・平等院
・宇治上神社

宇治是平安時代貴族的別墅勝地，也是《源氏物語》最終的舞台。可眺望宇治川，遊訪世界遺產、古寺，品嘗香氣濃郁的宇治茶，小憩片刻。

這裡為起點

京都站周邊 きょうとえきしゅうへん

現代化的京都入口

P.48

京都觀光的入口，周邊有東寺、西本願寺、東本願寺等知名寺院林立。也有百貨公司和地下街與車站相鄰，逛街購物、尋覓美食都很方便。

來這裡玩吧
・JR京都伊勢丹
・京都Porta

🚃 從JR京都站搭電車5分

伏見稻荷大社
ふしみいなりたいしゃ

世界首屈一指的絕景能量景點

P.18

離市中心有點距離，因此街上充滿閑靜靜氣息。連綿不絕的紅色鳥居是全世界遊客都會來訪的超著名景點。距離賞楓名勝東福寺也很近。

來這裡玩吧
・伏見稻荷大社・東福寺

📷 從JR京都站搭巴士17分

清水寺周邊
きよみずでらしゅうへん

從舞台上眺望的景色令人感動

P.12

來這裡玩吧
・清水寺・八坂通
・二年坂・產寧坂

綠意盎然的東山山麓有許多著名寺院集聚，包括以舞台聞名的清水寺和高台寺等。從產寧坂到二年坂的沿途上也可看到很多伴手禮店。

（地圖）

金閣寺區域　金閣寺　北大路駅　下鴨神社　修学院駅
大徳寺　北山　叡山本線
旧嵯峨御所　大本山大覚寺　龍安寺　北野天満宮　銀閣寺周邊區域
あだし野念仏寺　仁和寺　嵐電北野線　銀閣寺
清涼寺　広沢池　妙心寺　哲学の道　法然院
野宮神社　嵐山　二条城前駅　平安神宮　永観堂
嵐山駅　広隆寺　地下鉄東西線　二条駅　錦市場　南禅寺
天龍寺　渡月橋　嵐電嵐山本線　祇園區域
嵐山周邊區域　建仁寺　高台寺
松尾大社　松尾大社駅　四条河原町區域　八坂神社　清水寺
華厳寺(鈴虫寺)　桂川　西本願寺　東本願寺　三十三間堂　清水寺周邊區域
西芳寺(苔寺)　京都站　JR琵琶湖線
桂離宮　桂駅　東寺(教王護国寺)　東寺駅　東福寺
伏見稻荷大社區域

好想看看這個景色！
非去不可
前往令人嚮往的名舞台

世界聞名京都首屈一指的名剎

清水寺

◆きよみずでら

世界遺産

所需時間 60分

DATA

參拜時間
6:00～18:00
夜間特別參拜、成就院庭園
特別參拜時間不同

參拜費用
本堂400円
夜間特別參拜400円
成就院庭園特別參拜600円

MAP 112 C-4

☎ 075-551-1234
京都市東山区清水1-294
無休

市巴士・清水寺巴士站
步行10分

國寶 本堂（舞台）
ほんどう（ぶたい）

祭祀御本尊（通常為非公開）的本堂南
側突出斜坡的舞台，是參拜清水寺的一
大亮點。高13m，相當於4樓高的建築，
面積190m2，空間相當寬敞。2017年開
始進行本堂屋頂檜皮葺更換工程，於
2020年整修完畢。可以去參觀更加美麗
的清水寺。

自遙遠的古代就讓眾人平等欣賞這幅美景

必訪景點 清水舞台

為了供奉觀音菩薩所建的檜木舞台

由410塊檜木板、約100張榻榻米大
的寬敞舞台，原本是為了以景色為背
景，供奉藝能給本尊觀音菩薩所建立
的場所。現在在進行特殊法事時，亦
會獻舞給神佛。體現興建舞台的本
意。

「從清水舞台跳下去」現場感受這句諺語

這句日本諺語的意思是「從面向聳立
懸崖的舞台往下俯瞰，抱著往下跳的
決心面對事物」之意。在這裡可現場
感受這句諺語的含意。也正因為是自
古人人皆知的清水舞台，這句諺語才
能成立。

沒用半根釘子由職人神技支撐的舞台

突出斷崖的舞台柱子，是用不用半根釘
子所建造的傳統工法「懸造」所組成。
使用木材縱橫連接18根支柱，再加入楔
子固定。讓舞台能夠屹立幾百年的舞台
背後也值得細細欣賞品味。

大阪 P.50 神戶 P.78

☀清水寺 是這樣的地方

☑ 魄力十足的「清水舞台」絕景壯觀驚人
☑ 世界各地每年有 500 萬人前來參拜,是京都第一的觀光寺院
☑ 可祈求結緣、健康等多種庇佑

重要文化財 三重塔（さんじゅうのとう）

日本最大規模的三重塔,高達31m。整體塗成朱色的美麗建築在京都很常見,是清水寺象徵性的存在。

夜間點燈 的 美麗樣貌 也要關注!

表現本尊觀音菩薩慈悲的一條藍色光線,營造出夢幻的光景。
🕐18:00～21:00(參拜時間結束,秋天為17:30～)¥400円

夜間點燈行事曆
春:3月底～4月上旬
夏:8月中旬
秋:11月中旬～12月上旬

重要文化財 經堂（きょうどう）

平安時代中期用來收藏一切經,為學問僧所聚集的講堂。現在已沒繼續傳承一切經,改為供奉釋迦三尊像,舉行涅槃會。

重要文化財 開山堂（田村堂）（かいざんどう（たむらどう））

供奉坂上田村麻呂夫妻和行叡居士延鎮上人。使用繧繝彩色技法塗上紅、綠等色彩的柱子連接屋頂的部分也不容錯過。

到下一頁確認參拜路線!

有淵源的人物

著名武人坂上田村麻呂為了獵鹿來到音羽山時,被延鎮上人告誡觀音靈地不可殺生,於是接受觀世音菩薩的教誨。以此為契機,信仰變深厚的坂上田村麻呂便移建長岡京的紫宸殿,建造了清水寺。

歷史

接受神諭而與觀音菩薩化身行叡居士相遇的延鎮上人,在其引導下來到清泉旁蓋的草庵,此泉名為「音羽瀑布」,至今仍持續湧出泉水。

精彩看點

除了本堂的舞台、三重塔、仁王門等廣為人知的建築物以外,還可以看到很多國寶、重要文化財。建議可稍微走遠一點,去參觀和舞台一樣為懸造建築、建於音羽瀑布正上方的奧之院,和以成就院「月之庭」聞名的庭園,以及很多人前來祭拜子安觀音、祈求安產的子安塔。

清水寺的參拜路線是這個樣子！

介紹能參觀境內各處看點的豪華行程。由於境內無法回頭，千萬不要錯過必看的景點。

早上6點開門，可趁人少的早晨前往！

「清水舞台」就在這裡！ 眺望京都市區

4 本堂
ほんどう

1633年由德川家光重建而成。優美的翹曲檜皮葺屋頂和格子木窗等，平安時代貴族宅邸的優雅建築樣式相當美麗，從舞台可俯瞰京都市區，是任誰都想拜訪一次的著名景點。

許下心願後飲用這裡的名水

7 音羽瀑布
おとわのたき

此名水也是清水寺名稱的由來，亦稱「金色水」、「延命水」。飲用這裡的水能保佑長生不老、無病無災，也用於泡茶。

清水寺 境內圖

地主神社2022年8月起因社殿整修工程暫時關閉

釈迦堂　地蔵尊
阿弥陀堂　濕手觀音 D

恋占いの石
地主神社
成就院
4 本堂 卍
舞台
弁財天
WC 弁慶的木屐・錫杖 B
C 出世大黑天
朝倉堂
北総門
3 隨求堂(慈心院)
經堂
拝観受付
開山堂(田村堂)
日社
中興堂
西門附近可眺望京都市區，是適合拍紀念照的景點
忠彼觀音力ノ碑
石塔
2 三重塔
忠僕茶屋
西門

5 奧之院
從這裡可看清舞台全貌
7 音羽瀑布
從這裡往上看舞台魄力十足！
6 子安塔

春天有櫻花，秋天有深色紅葉，美不勝收

稍微 小憩片刻

忠僕茶屋
●ちゅうぼくちゃや

創業超過160年的茶屋。位於南苑之池附近，塗成朱紅色的三重塔就聳立在眼前，從座位看到的景觀美麗絕倫。

MAP 112 C-4
☎075-551-4560(忠僕茶屋)
🕘9:30～16:00　休不定休

顧名思義 可保佑安產

6 子安塔
こやすのとう

內部供奉子安觀音(千手觀音)的三重塔。從這裡可眺望清水舞台全景。

高聳於天際的朱紅色塔樓

2 三重塔
さんじゅうのとう

1632年重建時，全部塗成朱紅色，每一層的屋頂都設有獸面瓦，只有東南方是身為水神的龍瓦。

所需時間 60分

參拜路線

1 仁王門
↓〈步行即到〉
2 三重塔
●開山堂(田村堂)
↓〈步行即到〉
3 隨求堂(慈心院)
↓〈步行即到〉
4 本堂
●弁慶的木屐・錫杖
●出世大黑天
●舞台
↓〈步行10分〉
5 奧之院
↓〈步行4分〉
6 子安塔
↓〈步行3分〉
7 音羽瀑布

＼還有其他！／
祈願景點

Ａ 首振地藏
●くびふりじぞう

將頭轉向心儀之人的方向

地藏院善光寺堂裡有頭部能360度旋轉的地藏菩薩坐鎮於此。傳說只要把菩薩的頭轉向心儀者的方向，誠心祈禱後願望就會成真。

Ｂ 弁慶的木屐與錫杖
●べんけいのげたとしゃくじょう

可挑戰看看作為參拜的紀念

位於本堂前重達約90kg和約14kg的2根錫杖，和約12kg的高木屐。因為這個重量而取了弁慶之名。

Ｃ 出世大黑天
●しゅっせだいこくてん

笑瞇瞇地在入口處迎接

手持小槌和福袋的大黑天神像坐鎮於本堂入口附近，參拜大黑天可以提升事業運和財運！

Ｄ 濕手觀音
●ぬれてかんのん

為我們洗淨煩惱

佇立於奧之院後方的濕手觀音。在觀音身上澆水象徵由菩薩代替自己進行灑水淨身儀式，洗淨所有煩惱。

光是看著就覺得很幸福

狛犬通常是成對的「阿哞」，嘴巴一張一閉，但仁王門前的狛犬卻是「阿阿」，也就是兩邊都是張口的。看起來就像是在微笑!?

在黑暗中體驗胎內巡遊

３ 隨求堂(慈心院)
ずいくどう(じしんいん)

祭祀據傳能夠實現所有願望的隨求菩薩。在象徵菩薩胎內的暗堂中，找尋刻有梵文的石頭祈禱，內心就會有重獲新生的感覺。

🕘9:00～16:00 ¥100円

１ 仁王門
におうもん

首先進入眼簾的是又稱赤門的朱色仁王門。左右兩旁供奉著京都最大規模的木造仁王像。

威風凜凜、色彩鮮艷的正門

不說你不知？

梟之手水缽

位於轟門旁的手水缽。乍看只有龍的手水，但缽的台座底下可以發現有貓頭鷹在四個角落支撐著。

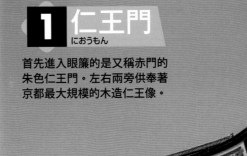

仁王門的腰貫

敲打從正面看位於門右側的腰貫，聲音會傳到另一端的腰貫。因為太多人嘗試，導致只有右側腰貫凹了一個大洞。

宝性院

鐘楼

１ 仁王門

馬駐

Ａ 首振地藏 📷

清水坂

清水新道(茶碗坂)

抵達充滿風情的石舖小路
遊訪清水寺參道

通往清水寺的參拜道路上，有伴手禮、京都甜品和美食匯集！
邊沿途逛逛邊前往清水寺也是觀光方式之一。

拿著流行的和菓子邊走邊吃♪

串和菓子 各500円
用Q彈的餡泥和寒天果凍
等串成著可愛和菓子
※左圖造型會依季節改變

伊藤軒／SOU・SOU 清水店
●いとうけんソウソウきよみずみせ　**MAP** 112 B-3

將SOU・SOU的織物圖案和伊藤軒的菓子結合的聯名店。使用流行圖案的外帶MENU是清水店限定商品。

☎0120-929-110（客服中心）
所京都市東山區清水3-315　⏰10:00～18:00
休不定休　市巴士・清水道巴士站步行5分

京 八坂布丁　550円
扎實布丁　530円
牛奶草莓布丁　600円
抹茶布丁　550円
色彩繽紛又可愛的外型令人怦然心動

新感覺的布丁專賣店

京 八坂プリン
●きょうやさかプリン

使用天然香草莢，香味芳醇濃郁的布丁專賣店。從色彩繽紛的布丁到宇治抹茶等京都風口味應有盡有。

☎075-533-8338　**MAP** 112 A-3
所京都市東山區星野町87-4
⏰11:00～17:00　休無休　市巴士・東山安井巴士站步行即到

歡迎採購傳統清水燒當伴手禮

松韻堂
●しょういんどう

販售平價熱門清水燒的專賣店。從有鄉土的溫度到繪有華麗圖案的作品都有，種類豐富。

☎075-561-8520　**MAP** 112 B-3
所京都市東山區清水3-319
⏰9:00～17:00　休無休
市巴士・清水道巴士站步行10分

小碟子 各2800円
以陶輪塑型，畫有鳥獸戲畫場景等的器皿

櫻花筷架組 3024円
上面畫著盛開的櫻花，非常可愛，也可當作小碟子使用

在名店品嘗充滿堅持的豆腐

総本家ゆどうふ奥丹 清水
●そうほんけゆどうふおくたんきよみず

創業386年的店。清水店在腹地內有豆腐工房，可品嘗到使用嚴選國產大豆和地下水的手工湯豆腐。

☎075-525-2051　**MAP** 112 B-3
所京都市東山區清水3-340　⏰11:00～16:00（週六、日、假日為～17:00）休週四（逢假日則營業，有補休）席120席　市巴士・清水道巴士站步行5分

經典全餐 3300円
口感滑順的湯豆腐附田樂等菜色的全餐

向「束猿」許願

八坂庚申堂
●やさかこうしんどう

創建於平安時代，是日本最初的庚申信仰靈場。境內奉納大量「束猿」，只要克制住欲望，就能實現願望。

☎075-541-2565　**MAP** 112 A-3
所京都市東山區金園町390
⏰9:00～17:00　休無休　¥免費
市巴士・清水道巴士站步行3分

↑束猿中間供奉著本尊御札

町家林立，充滿情趣的古道
産寧坂

五重塔為象徵
八坂通
やさかどおり

16

京都風味的和風甜品

清水京あみ ②
●きよみずきょうあみ

餅皮揉入肉桂的奶油泡芙為該店名品，有香草和抹茶2種口味，價格實惠令人欣喜。

↑觀光客也可隨興逛逛的店

☎075-531-6956　MAP112 B-4
所京都市東山区清水1-262-2　⏰10:00～17:00　休不定休　席30席　市巴士・清水道巴士站歩行10分

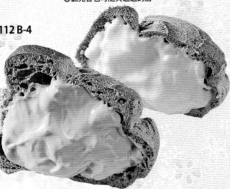

八橋泡芙
各330円
餅皮入口即化，奶油也不會過於甜膩

抹茶生起司
蛋糕套餐 1500円
使用京都產的高級抹茶，器皿是典雅的工藝作品

↑從清水寺歩行3分，距離觀光地也很近

大理石紋的蛋糕令人心動

天 ten ③
●てん

位於清水坂的雜貨咖啡廳。人氣餐點為「抹茶生起司蛋糕」，口感柔軟，還可品嘗到黑芝麻風味的塔皮。

☎075-533-6252　MAP112 B-3
所京都市東山区清水2-208-10　⏰10:30～17:30　休不定休　席約30席　市巴士清水道巴士站歩行5分

濃茶貓舌餅「茶菓」
5片裝 751円
清水坂的限定包裝也很受歡迎

購買限定的京都甜品 🎁

マールブランシュ 清水坂店
●マールブランシュきよみずさかてん

京都代表性的西點店。使用嚴選宇治茶葉的濃茶貓舌餅「茶菓」清水坂店限定包裝最適合當伴手禮。

☎075-551-5885　MAP112 B-4
所京都市東山区清水2-256　⏰9:00～17:00　休無休　市巴士清水道巴士站歩行10分

とろにゃん
各626円
裝在時髦杯子裡的「麥芽糖」。不分男女都很喜歡

可愛甜品讓人目不轉睛

二年坂 まるん 🎁
●にねんざかまるん

金平糖和京飴糖等五顏六色的可愛糖果排排站。有許多平價商品，最適合來這裡尋找伴手禮。

☎075-533-2111　MAP112 B-3
所京都市東山区八坂通二年坂西入ル　⏰10:00～18:00　休不定休　市巴士・清水道巴士站歩行5分

びこまるん金平糖 各486円
五顏六色的小瓶裝金平糖陳列在一起好可愛

可享用多種京都漬物

阿古屋茶屋 ④
●あこやちゃや

除了茄子、小黃瓜等20種季節京都漬物外，白飯、十六穀米、清粥也是無限暢享。餐後還附日本茶與和菓子。

☎075-525-1519　MAP112 B-3
所京都市東山区清水3-343　⏰11:00～16:00　休無休　席60席　市巴士・清水道巴士站歩行6分

茶泡飯吃到飽
1700円
清淡爽口、色彩鮮艷的漬物相當下飯

↑和石舖小徑相稱的沉穩外觀

清水寺參道
MAP

安井北門通
高台寺
東大谷墓地
住本寺
下河原通
圓徳院
金比羅総務社
京都靈山護國神社
靈洞院
靈山観音
坂本龍馬的墓
大統院
幕末維新ミュージアム
靈山歴史館
八坂通
Ａ八坂庚申堂
八坂の塔
(法観寺)
二年坂
正法寺
六道珍皇寺
⑤二年坂 まるん
八坂通
④阿古屋茶屋
清水道バス停
八坂プリン
産寧坂
①総本家ゆどうふ奥丹 清水
日體寺
清水三年坂美術館
東山区役所
松韻堂
西光寺
㊀伊藤軒／SOU・SOU 清水店
東大路通
③天 ten
清水坂
成就院
東山署
宝徳寺
宝性院
仁王門
三重塔
地主神社
五条坂
首振り地蔵
本堂
㊃マールブランシュ 清水坂店
清水新道(茶わん坂)
吉田屋
近藤悠三記念館
②清水京あみ
實報寺
本寿寺
妙見堂
延命院
五条坂
通妙寺
音羽の滝

鳥居連綿不絕的神秘景色

伏見稻荷大社

◆ふしみいなりたいしゃ

通往山中的朱色隧道

必訪景點 千本鳥居 せんぼんとりい

一整排名為「稻荷塗」的朱色鳥居，是敬仰神明的人們為表達祈求和感謝之心所供奉。

所需時間 120分

DATA

參拜時間
無關門時間
（祈禱為8:30～16:30）

參拜費用
境內自由參觀

MAP 115 B-4

☎ 075-641-7331
🏠 京都市伏見区深草藪之内町68 🈚無休
🚃 JR・稻荷站步行即到

狐狸是神的使者

狐狸為稻荷大神的眷屬，會將大神的神德傳遞給人們，也會將人們的心願達達給大神。

庇佑

主祭神為掌管穀物與糧食的宇迦之御魂大神，除了庇佑五穀豐饒，還擴大神德，保佑生意興隆、闔家平安。

歷史

據傳秦伊呂巨（具）供奉祭神稻荷大神於此地是在奈良時代的711年2月初午之日。2011年正好滿一千三百年。

推薦 順道景點

▼ 伏見稻荷大社 啼鳥菴內

在環繞著水池的露台座悠閒用餐
稻荷茶寮 ● いなりさりょう

位於境內八島池畔的茶寮。由伏見稻荷大社御用的椿堂茶舖監製，可享用宇治抹茶和甜點。

稻荷芭菲
1400円
有鳥居、白狐等裝飾的可愛芭菲。

☎075-286-3631　MAP 115 B-3
🏠京都市伏見区深草藪之内町68 啼鳥菴內　🕐11:00～15:30　休週三（遇假日則營業）　🪑41席
🚉JR·稻荷站步行5分

▼ 從伏見稻荷大社步行5分

稻荷煎餅的發祥店
総本家 宝玉堂 ● そうほんけほうぎょくどう

於昭和初期創業至今約90年的煎餅店。「狐狸煎餅」可愛的臉孔充滿魅力，代代相傳的白味噌風味相當受歡迎。

狐狸煎餅
大550円(3片入)、
小420円(3片入)
宛如狐狸面具的煎餅，每一片都是手工燒烤。

MAP 115 B-3
☎075-641-1141
🏠京都市伏見区深草一ノ坪町27-7
🕐7:30～17:00
休無休　🚉京阪·伏見稻荷站步行即到

▼ 從伏見稻荷大社步行8分

狐狸棉花糖
152円
狐狸臉型的棉花糖最適合當伴手禮，裡面有包巧克力。

水果串和菓子
495円
附籤紙的串和菓子。上生菓子會隨季節變換，樂趣多多。

狐狸和菓子好可愛
果菓伊藤軒 伏見稻荷店 ● かかいとうけんふしみいなりみせ

1864年創業的老字號和菓子店經營的咖啡廳。狐狸相關的串和菓子為名產，有很多讓人心動的可愛甜品。

☎0120-929-110(客服中心)
🏠京都市伏見区深草稻荷御前町82-2　🕐10:00～18:00
休不定休　🚉JR·稻荷站步行即到

伏見稻荷大社是這樣的地方

☑ 日本全國3萬座稻荷神社的總本宮
☑ 以稻荷山山頂為目標遊山可增加好運
☑ 一整排「千本鳥居」有幽玄的氣氛

樓門 ろうもん
1589年豐臣秀吉為祈求母親病癒所捐贈的樓門。帶有豐臣秀吉風格的鮮艷色彩令人印象深刻。

本殿 ほんでん
祭祀以宇迦之御魂大神為主的5尊神明的社殿。室町時代的建築，裝飾精緻優美。

一峰（上社神蹟）
いちのみね（かみしゃしんせき）
下山時會經過二峰、間峰、三峰，再從四辻回到原路。

熊鷹社 くまたかしゃ
相傳只要面向池塘拍手，朝回音傳回的方向找尋，就能掌握行蹤不明之人的線索。

遊山挑戰
若有時間和體力，可從奧社奉拜所朝稻荷山山頂的一峰為目標挑戰繞一圈的「遊山」路線。含休息時間約2小時的行程。

金閣寺

金碧輝煌的美麗舍利殿

◆きんかくじ

所需時間 60分

象徵公家文化的優雅之姿

必訪景點

金閣（舍利殿）きんかく（しゃりでん）

由下往上為寢殿造、武家造、禪宗佛殿造，將不同建築樣式完美融合。金箔總共有約20萬片、20kg！

鳳凰 ほうおう

屋頂上方裝飾著象徵天子神聖使者的鳳凰。現在的鳳凰像為昭和62（1987）年所造。

龍門瀑布 りゅうもんたき

因鯉魚躍上瀑布會變成龍的中國傳說而設置了一顆「鯉魚石」。夏天的清涼景點。

鏡湖池 きょうこち

據說是仿造極樂淨土中用7種寶石建造的七寶之池，水面上金閣倒影美麗迷人。

夕佳亭 せっかてい

由茶道宗師金森宗和所設計。據說從這間茶室看到的金閣「在夕陽的映照之下格外美麗」。

陸舟之松 りくしゅうのまつ

據說為義滿親手種植的五葉松，松樹為朝著西方前進的帆船狀。

創建於1397年，正式寺號為鹿苑寺。室町第3代將軍足利義滿接收西園寺公經的別邸，重金打造成極盡奢華的北山殿。1950年因縱火事件燒毀，這起事件也出現在三島由紀夫和水上勉的小說當中。現在的金閣為1955年重建。

DATA

參拜時間
9:00～17:00

參拜費用
400円

MAP 114 B-1

☎ 075-461-0013
🏠 京都市北区金閣寺町1　🈺無休
🚌 市巴士・金閣寺道巴士步行5分

龍安寺

引人入勝的石庭

◆りょうあんじ

讓觀者有許多想像空間

必訪景點

石庭 せきてい

以白砂和15顆石頭表現出禪宗思想的枯山水庭園。設計巧妙，無法從同一個角度看到所有石頭。

細川勝元於寶德2（1450）年創建的禪寺。方丈南側的枯山水石庭最為有名。地面鋪著白砂，築地圍牆圍起的庭院裡配置著15顆大大小小的石頭，也稱為「幼虎渡河庭」。

境內的餐廳

使用大量蔬菜的七草湯豆腐

西源院 ●せいげんいん

可一邊眺望庭園一邊享用精進料理。名菜「七草湯豆腐」裡有白菜、水菜、生麩等料，和滋味豐富的豆腐。

七草湯豆腐
1800円
好想品嘗加入7種野菜的湯豆腐。

☎ 075-462-4742　MAP 114 B-1
🏠 京都市右京区龍安寺御陵ノ下町13　龍安寺境內　🕚11:00～15:00　🈺週三、四（假日營業）
🪑60席　🚌市巴士／JR巴士・竜安寺前巴士站步行即到

知足蹲踞 ちそくのつくばい

用來清洗嘴巴和手的手水缽。中間的四方形代表口字，讀做「吾唯知足」。

DATA

參拜時間
8:00～17:00（12～2月為8:30～16:30）

參拜費用
600円

MAP 114 B-1

☎ 075-463-2216
🏠 京都市右京区龍安寺御陵ノ下町13　🈺無休　🚌市巴士／JR巴士・竜安寺前巴士站步行即到

大阪
P.50
神戶
P.78

著名社寺參拜NAVI

平等院

10円硬幣上的著名景色

◆びょうどういん

世界遺產

所需時間 **60**分

南北一對鳳凰。為2004年以後1萬鈔票背面的圖案。

鳳凰 ほうおう

阿彌陀如來坐像
あみだにょらいざぞう

◆平安時代首屈一指的佛師定朝晚年的傑作。光佛像和台座就高達4m以上。

雲中供養菩薩像
うんちゅうくようぼさつぞう

展出於鳳凰堂有26尊，鳳翔堂26尊。

熟練地演奏琵琶的北2號(鳳凰堂)

國寶

優雅舞蹈的菩薩像，南20號(鳳翔館)

譽為群像中最高傑作的北25號(鳳翔館)

必訪景點 宛如鳳凰展翅 完全對稱的建築物

國寶 **鳳凰堂**（阿彌陀堂）
ほうおうどう（あみだどう）

從上看宛如傳說神鳥鳳凰展翅之姿，故得此名。環繞本尊懸掛著的雲中供養菩薩像優美精緻。

鳳翔館 ほうしょうかん

平等院附設的博物館，經常展示雲中供養菩薩像26尊、鳳凰1對、梵鐘等國寶以及多數寺寶。復元創建當年鳳凰堂樣貌的展示室也很值得一看。

光源氏原型源融的別墅遺跡。之後改建為紫式部所侍奉的中宮之父——藤原道長的別墅，1052年由子賴通改為寺院。國寶鳳凰院（阿彌陀堂）、阿彌陀如來坐像為平安時代的傑作。

DATA

參拜時間
(服務時間～17:15)、鳳翔館為9:00～17:00(服務時間～16:45)、鳳凰堂內部為9:30～16:10

參拜費用
600円(鳳凰堂內部另收300円)
MAP **115 B-2**

📞0774-21-2861
🏠宇治市宇治蓮華116
🈺無休
🚉JR／京阪・宇治站步行10分

宇治上神社

日本最古老的神社建築

◆うじかみじんじゃ

世界遺產

供奉菟道稚郎子、應神天皇、仁德天皇的神社。過去曾為平等院的鎮守社而繁榮一時。本殿的平安後期）、拜殿（鎌倉時代）同為日本國寶，也是日本最古老的神社建築。

必訪景點 湧出名水

桐原水 きりはらすい

宇治上神社境內湧出的桐原水。宇治七名水當中唯一存留至今的最後名水，至今仍用於手水。

DATA

參拜時間
9:00～16:30

參拜費用
免費

MAP **115 B-1**
📞0774-21-4634
🏠宇治市宇治山田59
🈺無休
🚉JR・宇治站步行20分、京阪・宇治站步行10分

來到宇治就想吃這個！

宇治茶甜品

字治代表性的名茶店
中村藤吉本店
●なかむらとうきちほんてん

安政元（1854）年創業的老字號茶商。獲選為重要文化景觀的建築物內部為製茶工廠改造的咖啡廳，可品嘗到發揮茶原有風味的甜品。

味道濃郁口感絕佳的「生茶凍(抹茶)」1180円

MAP **115 A-2**
📞0774-22-7800
🏠宇治市宇治壹番10
🕙10:00～16:30※視季節、狀況有變動
🈺無休
🪑70席
🚉JR・宇治站步行即到

享受奢華的空間與甜品
辻利兵衛本店
●つじりへえほんてん

萬延（1860）年創業時為茶批發商。2015年改裝百年屋齡的茶倉和舊茶工廠為茶寮重新開張，不只帶有當年的氣息，還洋溢著時尚氛圍的頂極空間。

華麗的外觀「濃茶聖代宇治譽」1936円

MAP **115 A-2**
📞0774-29-9021
🏠宇治市宇治若森41
🕙10:00～17:00
🈺週二
🪑52席
🚉JR・宇治站步行即到

前往充滿戲劇性的 四季寺社

染上淡粉的春天、飄散著朱色哀愁的秋天、
活力十足新綠環繞的夏天。
遊逛知名寺社和觀光景點，
感受京都四季更迭的自然景觀。

觀賞時機
4月上旬～

平安神宮周邊

平安神宮
【へいあんじんぐう】

為紀念平安遷都1100年，於明治28（1895）年創建。四季花卉盛開的廣大神苑裡，一到春天會有八重紅枝垂櫻等約20種櫻花爭奇鬥艷。
☎075-761-0221　**MAP** 106 E-1
所 京都市左京區岡崎西天王町　⏰ 6:00～17:00（夏季為～18:00）、神苑8:30～17:30（視季節而異）　休 週二
¥ 境內免費參觀、神苑600円　交 市巴士・岡崎公園美術館・平安神宮前巴士站步行3分

宛如從天而降的粉紅花雨美麗絕倫

充滿高雅氣息的櫻花
飄落在朱色社殿

BEST SHOT
社殿與紅枝垂櫻的對比優美絕倫，特別推薦「南神苑」和「東神苑」

SPRING 春

祇園周邊

白川南通
【しらかわみなみどおり】

觀賞時機
3月下旬～

石舖道路上格子門町家櫛次鱗比的祇園。白川沿岸有一整排枝垂櫻和染井吉野的行道樹。料亭的燈火和熱鬧的點燈活動也別有一番風味。
LINK →P.28　**MAP** 110 E-3

花瓣在清澈的白川和石舖小徑上飛舞

BEST SHOT
櫻花花瓣隨風飄落，河面上的「花筏」充滿詩情畫意

欣賞花街特有的豔麗櫻花

琵琶湖疏水沿岸綿延不斷的櫻花隧道

↑水面上映照著花影，盛開的櫻花看起來好浪漫

BEST SHOT
水面上櫻花的倒影，與河面飄落的櫻花，可拍出水邊特有的風景

銀閣寺周邊

哲學之道
【てつがくのみち】

觀賞時機
4月上旬～

從若王子到銀閣寺約2km的散步道路。趁著一天風和日麗的春日來此漫步沉思也別有一番樂趣。櫻花凋零之際，河面上會鋪滿整片櫻花，美不勝收。
LINK →P.31　**MAP** 108 F-4

BEST SHOT
在圓山公園的櫻花當中仍是令人驚豔的存在。夜間的點燈活動也不容錯過

宛如藝妓般妖豔的花姿

↑現在的這棵枝垂櫻是第2代，高約12m，樹幹圍約2.8m

祇園周邊

圓山公園
【まるやまこうえん】

觀賞時機
3月下旬～4月上旬

首屈一指的賞花名勝，除了染井吉野之外，還有枝垂櫻、山櫻等約700棵櫻花樹林立。公園中央的枝垂櫻又被稱為「祇園的夜櫻」。
☎075-561-1778
（京都市都市綠化協會）
MAP 112 B-1
所 京都市東山區圓山町ほか　⏰ 園內自由參觀　休 無休　¥ 免費
交 市巴士・祇園巴士站步行3分

著名社寺參拜NAVI+番外篇

大阪 P.50

神戶 P.78

眼下一片赤紅色的紅葉海 美到令人屏息

↑從通天橋上可看到眼下一整片紅葉海。紅葉季需注意人潮眾多

BEST SHOT
早起趕在開門前來排隊或是關門前是賞紅葉的好時機。
※現在通天橋和臥雲橋上禁止拍照攝影

觀賞時機
11月中旬〜

京都站周邊

東福寺【とうふくじ】

創建於鎌倉時代的禪寺,以一整排威風凜凜的大伽藍建築和美麗的庭園而聞名。秋天會有2000棵紅葉點染境內,是京都首屈一指的紅葉名勝。

☎075-561-0087　MAP 106 D-4
所京都市東山区本町15-778　⏰9:00〜15:30、11月為8:30〜16:00　休無休　¥境通天橋600円(11月11日〜12月3日為1000円)、本坊庭園500円、通天橋・本坊庭園共通券1000円(11月10〜31日不受理)　🚃JR・京阪・東福寺站步行10分

AUTUMN 秋

紅葉環繞的放生池周邊是絕美的緋紅色世界

觀賞時機
4月中旬〜6月中旬

八瀨

瑠璃光院【るりこういん】

佇立於僻靜的比叡山山麓,只有在限定時期才能前往參拜。映照在桌子和地板上的楓葉有種神秘的美,令人想一直看下去。

☎075-781-4001　MAP 105 C-2
所京都市左京区上高野東山55　⏰春季與秋季特別公開時期10:00〜16:30　休有需要預約的情況,詳情請至官網確認　¥2000円　🚃叡山電車・八瀨比叡山口站步行5分

↑地板上映照著楓葉的綠

BEST SHOT
人潮眾多,建議一大早前往為佳。照亮多寶塔的夜間點燈活動也不容錯過

境內紅葉環繞 前往耀眼似錦的美景之地

紅葉環繞的放生池周邊是絕美的緋紅色世界

SUMMER 夏

BEST SHOT
調低相機曝光,就能拍出一整片美麗的楓葉之綠!

閃耀著水光般的夢幻綠世界

宛如綠色之海般美麗

銀閣寺周邊

永觀堂【えいかんどう】

觀賞時機
11月中旬〜

正式名稱為禪林寺,為空海的弟子真紹所建。境內種植約3000棵紅葉,美麗絕倫。充滿夢幻氛圍的夜間點燈也別有一番風味。

☎075-761-0007　MAP 106 F-1
所京都市左京区永観堂町48　⏰9:00〜16:00　休無休　¥600円(秋季寺寶展出期間為1000円)　🚌市巴士・南禅寺・永観堂巴士站步行即到

→從池泉迴遊式庭園中心的放生池向四周眺望的景觀也相當優美

開運景點

來去神社寺院提升運氣

戀愛、工作、財運！

在京都這個小小的城市裡，到處都有神社寺院，締結良緣、戀愛、工作、財運等，有很多開運景點喔！

↑有很多以猿猴為主題的護身符

要選哪一個護身符好呢？

良緣祈願

色彩繽紛的束猿可以為我們實現一個願望

很適合拍照打卡喔♪

清水寺周邊
八坂庚申堂
【やさかこうしんどう】

平安時期創建的古社，被暱稱為「八坂的庚申桑」。據說只要忍住一個欲望，就能實現一個願望。

MAP 112 A-3
LINK →P.16

↑將手腳捆綁在一起的「束猿」代表著能夠控制內心的人

↑色彩繽紛的束猿（各500円）。寫上願望，掛在堂前

↑指猿（各200円）為手工製作的護身符。可讓手指變得更加靈巧

斬惡緣 結良緣 想要祈求良緣，告別惡緣

從前面穿過去能斬斷惡緣，走回來可祈求良緣

↑很多希望重新展開人生的人來訪

祇園
安井金比羅宮
【やすいこんぴらぐう】

不僅締結良緣，還能去除疾病等惡緣。將心願寫在木牌上，再貼到「緣切緣結碑」。

斬斷惡緣，讓心情變得更加積極正向！

↓下心願

↑形代的寫法沒有特別規定，可隨意寫

●斬斷惡緣和祈求良緣的「緣切·緣結守」（800円、2個一組）

📞075-561-5127　MAP 112 A-2
🏠京都市東山区東大路松原上ル下弁天町70　🕐境內自由參觀（授與所9:00～17:30）　休無休　💰免費　🚌市巴士·東山安井巴士站步行即到

↑可發揮能量斬斷孽緣。「斬惡緣御守」（各500円）

可愛的 算命籤 & 護身符 大匯集

蒐集各種可愛的開運小物，光是擁有就有幸福美滿的感覺。

［山吹花守］ 800円

松尾大社
まつのおたいしゃ

春天境內盛開的金黃色棣棠花（山吹）護身符

📞075-871-5016　MAP 105 A-3
🏠京都市西京区嵐山宮町3
🕐境內自由參觀，松風苑、神像館9:00～16:00　休無休
💰松風苑·神像館共通500円
🚇阪急·松尾大社站即到

［馬籤］ 500円

上賀茂神社
かみがもじんじゃ

「葵祭」的賽馬儀式中奔馳的馬

📞075-781-0011　MAP 109 C-1
🏠京都市北区上賀茂本山339
🕐鳥居內5:30～17:00、特別參拜10:00～16:00
休無休　💰特別參拜500円
🚌市巴士·上賀茂神社前巴士站下車即到

［神鴿］ 1700円

三宅八幡宮
みやけはちまんぐう

神聖的鴿子是守護孩童的神明使者

📞075-781-5003　MAP 105 C-1
🏠京都市左京区上高野三宅町22　🕐境內自由參觀（社務所9:00～16:00、繪馬展示資料館9:30～15:00）　💰免費（繪馬展示資料館300円）
🚃叡山電車·八幡前站步行3分

［幸福鴿籤］ 500円

六角堂(頂法寺)
ろっかくどう（ちょうほうじ）

看完籤紙後綁在柳枝上

📞075-221-2686　MAP 111 C-2
🏠京都市中京区六角通東洞院西入堂之前町248　🕐6:00～17:00（納經8:30～）　休無休
💰免費　🚇地鐵·烏丸御池站步行3分

祈求美麗　使用心儀的美妝品幫鏡繪馬化妝

⬆使用具美容效果的花梨調製的「花梨美人水」（430円）

⬆在「鏡繪馬」（800円）上用手邊的化妝品化妝，並在背後寫下心願，再加以供奉

以想要成為的臉為目標♪

下鴨
河合神社
【かわいじんじゃ】

畫上理想的臉後供奉的鏡繪馬非常受歡迎。現場雖然有準備色鉛筆，但使用自己的化妝道具會更加靈驗。

📞075-781-0010（下鴨神社）
MAP108 D-3
🏠京都市左京區下鴨泉川町59 下鴨神社內
🕐9:00～17:00　休無休　¥免費
🚃市巴士·下鴨神社前巴士站步行即到

⬆匯集守護女性信仰的下鴨神社的攝社

開運　向平安時代的大明星——晴明許願

晴明井會朝該年吉利方向流出水

金閣寺周邊
晴明神社
【せいめいじんじゃ】

祭祀平安時代侍奉天皇的陰陽師安倍晴明。這裡有藉由晴明的念力湧出泉水的晴明井。

📞075-441-6460　MAP109 C-4
🏠京都市上京區晴明町806
🕐9:00～17:00　休無休　¥免費
🚃市巴士·一條戻橋晴明神社前巴士站步行即到

➡結緣御守「陰陽守」（1000円）

工作運UP　日本三大惠比須之一，祈求生意興隆

⬆將香油錢投入鳥居惠比桑底下的熊手中

➡帶來財運的「惠比須小判御守」（500円）

祇園
京都惠比須神社
【きょうとえびすじんじゃ】

1月8～12日的初惠比須祭熱鬧非凡。參拜後可敲打本殿左側木門再次許願。

📞075-525-0005　MAP106 D-2
🏠京都市東山區大和大路通四條下ル小松町125　🕐8:30～17:00　休無休　¥免費
🚃京阪·祇園四條站步行3分

暱稱「京都的惠比桑」

財運UP　金光閃閃的黃金鳥居

金色鳥居為標記

➡圖案為銀杏神木，「銀杏守」（1000円）

二條城周邊
御金神社
【みかねじんじゃ】

祭祀掌管礦山、礦物等金屬類的神明——金山毘古神。最近因能保佑中彩券、提升財運而出名。

📞075-222-2062
MAP111 A-1
🏠京都市中京區押西洞院町614　🕐境內自由參觀　休無休　¥免費　🚃地鐵·烏丸御池站步行6分

⬆只要在黃色的「福包守」（2000円）裡放入彩券或新鈔，說不定就能提升財運!?

因幡藥師（平等寺）
いなばやくし（びょうどうじ）❀

【無病消災護身符】
虎皮鸚鵡（左）、肉桂文鳥（右）、無病消災護身符守護著我們

各700円

📞075-351-7724　MAP107 C-2
🏠京都市下京區因幡堂町728　🕐6:00～17:00（護身符授與為9:00～）　休無休　¥免費　🚃地鐵·五條站步行5分

市比賣神社
いちひめじんじゃ❀

【姬籤】
1000円

守護女性慈愛的姬神大人之宮

📞075-361-2775　MAP106 D-3
🏠京都市下京區河原町通五條下ル一筋目西入ル本塩竈町　🕐9:00～16:30　休無休　¥免費　🚃市巴士·河原町五條巴士站步行即到

豐國神社
とよくにじんじゃ❀

【太閤黃金守】
1000円

效仿秀吉朝出人頭地之路一口氣邁進

📞075-561-3802　MAP106 D-3
🏠京都市東山區大和大路正面茶屋町530　🕐境內自由參觀、寶物館9:00～16:30　¥境內自由參觀、寶物館500円　🚃市巴士·博物館三十三間堂前巴士站步行3分

大原野神社
おおはらののじんじゃ❀

【神鹿籤】
700円

傳遞神旨卷軸的神聖之鹿

📞075-331-0014　MAP105 A-3
🏠京都市西京區大原野南春日町1152　🕐境內自由參觀（社務所、授與所8:30～17:00）　休無休　¥免費　🚃阪急巴士·南春日町巴士站步行10分

菅原院天滿宮神社
すがわらいんてんまんぐうじんじゃ❀

【牛籤】
500円

天神大人的使者可愛的牛

📞075-211-4769　MAP109 C-4
🏠京都市上京區烏丸通下立売ル堀松町408　🕐7:00～17:00　休無休　¥免費　🚃地鐵·丸太町站步行4分

蒐集御朱印

帶回參拜的證明

美麗的毛筆字加上獨特的章印，就是瀟灑的御朱印帳……蒐集御朱印是遊訪寺社的最新樂趣，拜拜許願完之後，蒐集該寺院御朱印的人激增中♪

今宮神社
【いまみやじんじゃ】

金閣寺周邊

4月舉行的夜須禮祭，據說只要走進花傘底下，就能遠離災厄，健康一整年。

☎ 075-491-0082　MAP 109 B-2
所 京都市北區紫野今宮町21　⏰休 境內自由參觀（社務所為9:00～17:00）　休 無休　¥ 免費　市巴士今宮神社前站下車步行即到

圖樣為夜須禮祭的花傘

廟方會同時授予和歌御朱印和帳冊（1500円）

⬆ 祭典中使用的花傘章印很可愛

寶藏寺
【ほうぞうじ】

金閣寺周邊

江戸時代中期繪師伊藤若冲的菩提寺。以若冲的「髑髏圖」為概念的御朱印上有嶄新的骷髏圖案，顏色有粉紅色和彈珠汽水色等，隨著季節有不同種類可挑選。

☎ 075-221-2076
MAP 110 D-3
所 京都市中京區裏寺町通蛸藥師上ル裏寺町587　⏰ 10:00～16:00（僅御朱印）　休 週一（逢假日、緣日則翌日休，有臨時休業）　¥ 自由參觀　阪急・京都河原町站步行5分

粉紅色 300円
⬆ 髑髏朱印

伊藤家菩提寺

是髑髏圖的菩提寺

伊藤若冲的菩提寺是髑髏圖印

六道珍皇寺
【ろくどうちんのうじ】

清水寺周邊

在迎接祖先靈魂的六道詣（8月7～10日）時授與的御朱印。「閻魔大王」的金字充滿地獄王者的風範與魄力。

☎ 075-561-4129
MAP 112 A-3
所 京都市東山區松原通東大路西入ル小松町595　⏰ 特別參拜（春季寺寶特別公開5月黃金週前後、秋季寺寶特別公開9月彼岸時節、11月上、下旬）為9:00～　休 無休　¥ 境內免費參觀（堂內臨時參拜1000円、特別參拜600円）　※需確認官網　京阪・清水五條站步行15分
⬆ 除了4天限定的御朱印「閻魔大王」之外，還有「藥師如來」等3種

陰間與陽間的分界線

⬆ 切繪御朱印（黑櫻）1200円

簡直就是藝術！色彩繽紛的切繪

勝林寺
【しょうりんじ】

東福寺周邊

保佑勝運、財運，毘沙門天像為本尊。平時無法參拜，但可預約坐禪或抄寫經文體驗。每季的御朱印中，以切繪型態的朱印最為時髦。

☎ 075-561-4311　MAP 106 D-4
所 京都市東山區本町15-795　⏰休 平時不公開，需確認官網　¥ 一般參拜800円　JR・東福寺站步行8分

⬆ 切繪御朱印（向日葵）1400円

領取御朱印的禮儀

❶ 一定要先去參拜
御朱印是與神佛結緣的證明，一定要先到手水舍洗手，再前往本殿或本堂參拜

❷ 前往領取御朱印的地方
神社通常在社務所或授與所，寺院通常在納經所或御朱印所

❸ 別忘了道謝
寫御朱印時要靜心等候，別忘了心懷感謝，向用心寫下朱印的神職人員說聲謝謝

瞭解佛教教義溫暖畫風的法語印

⬆⬇ 含繪法語印 500円（只有文字為300円）

佛光寺
【ぶっこうじ】

烏丸

真宗佛光寺派的本山。使用的不是御朱印，而是法語印，每3個月會換一次圖案，會畫上配合節分、女兒節等節日的畫。附有詳細的法語說明書。

☎ 075-341-3321　MAP 111 C-4
所 京都市下京區新開町397　⏰ 9:00～16:00（法語印授領為15:30）　休 無休（請在Facebook確認參拜中止時間）　¥ 免費　地鐵・四條站步行8分

製造令人雀躍的回憶

京體驗

想要接觸京都的傳統文化，可以直接來挑戰坐禪和製作和菓子！這些體驗初學者也能樂在其中，可為旅遊增添一頁美好的回憶。

【清水寺】

レンタル着物 岡本 清水店

【レンタルきものおかもときよみずてん】

岡本織物店創立的和服租賃發祥店。有1000套以上的和服可供租借，推薦由專業店員全套搭配的「經典裝扮方案」。也有髮型設計（附髮飾540円）等選配項目。

📞 075-525-7115　MAP 112 B-3
🏠 京都市東山区清水2-237-1-1
🕐 9:00~18:00　無休
🚌 市巴士‧五条坂巴士站步行10分

體驗INFO
時間 隨時　費用 套裝方案3278円~
預約 電話或電子郵件 ※可當天申請

② 如果不知道該選擇什麼圖案，可以向店員諮詢
③ 選擇喜歡的髮飾
④ 調整腰帶背影也變得華麗動人

所需時間：約30分

和服

體驗重點

也可當天再決定方案！

配件也可選擇♪

配件可搭配和服的花色挑選，讓整體更有統一性

① 有很多京都風格的華麗和服

所需時間：60~90分

和菓子

⊖ 製作3種4個上生菓子。其中1個可在現場搭配抹茶享用，剩下的可帶回家

⊕ 從學習製作和菓子的基礎開始體驗。將內餡捏成圓形修飾形狀

由現職和菓子師傅從基礎開始親手教導

體驗重點

【京都站周邊】

七條甘春堂本店

【しちじょうかんしゅんどうほんてん】

慶應元（1865）年創業的和菓子店。以銀河為概念的藝術羊羹、紅豆豆腐等，各種運用職人技巧誕生的獨創和菓子充滿魅力。京都站前的「KYOTO TOWER SANDO」（→P.51）2樓也可體驗製作和菓子。

📞 075-541-3771　MAP 106 D-3
🏠 京都市東山区七条本町東入ル西之門町551
無休　🚃 京阪‧七条站步行5分

體驗INFO
時間 10:00~、13:00~、15:00~　費用 和菓子製作體驗2200円（附抹茶）　預約 電話或電子郵件（前一天12:00前）※當天需洽詢

所需時間：80分

坐禪

① 面向庭園坐禪，消除雜念，讓內心變得舒暢

體驗重點

① 80分鐘裡坐禪60分，可自由參拜或自由冥想
② 坐禪結束後可欣賞美麗的庭園，剩下20分

【祇園周邊】

兩足院【りょうそくいん】

平時並未對外開放，坐禪體驗為預約制。體驗時會詳細解說作法，初學者也能安心參與。

📞 075-561-3216　MAP 110 F-4
🏠 京都市東山区大和大路通四条下ル4丁目小松町591 建仁寺山内　坐禪體驗為不定休　🚃 京阪‧祇園四条站步行7分

體驗INFO
時間 需確認官網　費用 坐禪體驗80分 2000円
預約 電話或電子郵件 ※當天需洽詢

所需時間：60分

京唐紙

【四条烏丸】

緣結びの意味合いの「鉄線」をはじめ、文様は9種類

唐丸【からまる】

京唐紙主要使用在紙門或壁紙。在唐丸用迷你版木印製明信片的體驗活動特別受歡迎。明信片和顏料色彩可自由組合。

📞 075-361-1324　MAP 111 C-4
🏠 京都市下京区高辻通柳馬場西入ル泉正寺町460
週一、日、假日　🚃 阪急‧烏丸站、地鐵‧四条站步行8分

體驗INFO
時間 14:00~、16:00~　費用 2400円
預約 在官網填寫表格報名或打電話，需在前一天15點前預約

① 將顏料放在版木上放上紙張，用手掌印出圖紋
② 調配顏料，製作喜歡的顏色再印出來，十分有趣！

體驗重點

可從9種圖紋中選擇喜歡的款式，可印5~6張。

在充滿京都風情的街上
華麗散步♪

這裡是有很多人前來參拜神社寺廟和享用美食的區域，同時保留濃厚京都風情的花街・祇園。現在仍能看到舞妓來來往往的身影，可盡情感受「這就是京都!」的景色。

祇園
（ぎおん）

好想走在石板路連綿的花街

因是八坂神社的門前町而繁榮起來的花街祇園，可見舞妓來來往往的身影。
紅殻格子牆及茶屋林立的街道充滿了京都風情。

朱色玉牆連綿的美麗石舖小徑

所需時間約3小時

金閣寺　曼殊院門跡
元離宮二条城　銀閣寺
廣隆寺　知恩院
　　　　祇園
京都駅　清水寺
桂離宮

趁人少的早晨來拍照♪

▲白川沿岸有許多美食和甜品名店林立。

◀穿和服拍照，留下美好的回憶。這裡有很多租借和服的店。

白川南通
●しらかわみなみどおり

白川沿岸約200m的道路。路上的茶屋、楊柳行道樹、燈籠、石舖小路都充滿著京都情懷，也經常有人在此拍攝廣告和海報。
MAP 110 E-3

花見小路
●はなみこうじ

祇園的主要街道。北起三条通，南至建仁寺，全長約1km。四条通以南為石舖小路。 **MAP 110 F-4**

茶屋和料亭林立充滿花街風情的小路

散步路線

有很多宛如花街的街道和小路，也是著名的拍攝景點。如果想要邊拍邊走路，建議選擇人比較少的早上前來。

祇園巴士站 ← 步行3分 八坂神社 ← 步行6分 花見小路 ← 步行5分 白川南通 ← 步行5分 祇園四条站

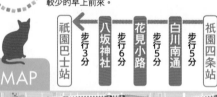

MAP

白川南通
青蓮院門跡
ぽっちり 祇園本店
いづ重　八坂神社
Cafe BLUE FIR TREE
建仁寺
花見小路

ACCESS

從這裡出發!　京阪・祇園四条站

🚌 巴士	🚃 電車
JR・京都站	JR・京都站
步行 | 即到	2分 | JR奈良線
京都站前巴士站	東福寺站
20分 230円 | 市巴士86・206系統	5分 300円 | 京阪本線
祇園巴士站	祇園四条站
步行 | 即到	步行 | 5分
祇園	祇園

京都

祇園

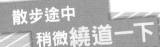

散步途中 稍微繞道一下

午餐 Lunch

上箱壽司
2376円
小鯛魚、鮮蝦、鳥蛤、烤魚、厚煎蛋的押壽司。

いづ重 ●いづじゅう

鯖壽司「いづう」的分號，創業超過100年的老店。以古老柴火灶炊煮的米飯和豆皮都是絕品，鯖壽司和豆皮壽司最為有名。
☎075-561-0019　MAP 110 F-3
所京都市東山区祇園町北側292-1　⏱10:30～18:30　休週三、四（逢假日則營業）
席20席　交京阪・祇園四条站步行10分

購物 Shopping

舞妓雅卡爾織布4.0
押口口金包（上）2200円
經典雅卡爾織布4.7
親子口金包（下）3080円
有京都風情的圖案和簡單的素色款，大小、顏色、圖案等種類豐富，挑選時也很有趣。

ぽっちり 祇園本店
●ぽっちりぎおんほんてん

錢包、化妝包、包包等種類豐富的口金包專賣店。除了京都之外，所以品項都是出自日本國內職人之手，使用手感也很超群。
☎075-531-7778　MAP 110 F-3
所京都市東山区祇園北側254-1　⏱10:30～20:30　休不定休
交京阪・祇園四条站步行3分

咖啡廳 Cafe

愛心鬆餅　800円
旁邊附入口即化的鮮奶油。奶油也是愛心形狀超可愛！

Cafe BLUE FIR TREE
●カフェブルーファーツリー

愛心形狀的超可愛鬆餅厚達4.5cm！表面酥脆，內裡鬆軟，是令人懷念的味道。可以淋上楓糖漿品嘗。
☎075-541-1183　MAP 110 E-4
所京都市東山区大和大路四条下ル大和町6-1　⏱9:00～18:00　休週一（逢假日則營業）
交京阪・祇園四条站步行即到

大阪 P.50

神戶 P.78

巽橋
●たつみばし
橫跨白川上的小橋。和有紅殼格子和「犬矢來」圍欄的町家林立的小路相連。

辰巳大明神
●たつみだいみょうじん
可保佑才藝精進、生意興隆，因此深受花街的人喜愛。

◈ 寺院藝術也是樂趣之一

◀在八面紙門上畫著眼神銳利的龍充滿魄力！（展示為複製品）

海北友松筆『雲龍圖』

建仁寺 ●けんにんじ

建於約800年前的禪寺，與日本臨濟宗開山祖師榮西禪師淵源深厚。有許多值得參觀的地方，包括巨大的『雙龍圖』、枯山水式的大雄苑、青苔綠意的潮音庭、『風神雷神圖』的複製品等。
☎075-561-6363　MAP 110 F-4
所京都市東山区大和大路四条下ル小松町
⏱10:00～16:30
休4月19、20日、6月4、5日等　¥600円
交京阪・祇園四条站步行5分

▶位於「華頂殿」，出自木村英輝之手的彩色紙門畫

青蓮院門跡 ●しょうれんいんもんぜき

代由皇族擔任住持的天台宗門跡寺院。走廊上連接著「宸殿」和「小御所」等雅緻建築物，出自相阿彌和小堀遠州之手的池泉迴遊式庭園也相當幽美。
☎075-561-2345　MAP 106 E-2
所京都市東山区粟田口三条坊町69-1
⏱9:00～16:30
休無休　¥600円
交地鐵・東山站步行5分

欣喜的庇護
有許多令女孩子
可求結緣＆美肌水

八坂神社
●やさかじんじゃ

平安京以前創建的古神社，因保佑消災解厄、去除疫病、生意興隆而香火鼎盛。橫跨整個7月的「祇園祭」為八坂神社的祭典。

MAP 112 A-1
☎075-561-6155
所京都市東山区祇園町北側625
⏱境內自由參觀　¥免費　交市巴士・祇園巴士站步行即到
◀位於四条通東方的西樓門是祇園街道的象徵

▲夜間的燈籠燈光呈現出和白天不同的成熟氛圍

▼拐進小巷又能看到不同的風景

▲鋪在街道上的標示也很可愛

銀閣寺周邊

充滿日式簡樸之美

●ぎんかくじしゅうへん

銀閣寺代表室町時代盛行的東山文化，已登錄為世界遺產，將「侘寂」之心傳遞至今。疏水道沿岸的散步道路「哲學之道」也一定要前來一遊。

接觸日本的「侘寂」美學

必看1.
觀音殿（銀閣）
●かんのんでん（ぎんかく）
象徵東山文化的雙層建築觀音殿。雖然名為銀閣，但並沒有貼上銀箔。

仔細逛逛
所需時間
約2小時

銀閣寺境內圖

登上石階
從這裡可看到銀閣寺全貌
展望台
茶井
據傳為足利義政飲茶時使用的水
弁財天
可拍到美麗的沙面和本堂
洗月泉
白鶴島
樹齡500年的羅漢松
東求堂
千代羅漢松
座禅石
弄清亭
錦鏡池
以銀閣為背景拍紀念照片
本堂
銀沙灘
向月台
優美的沙堆
濯錦橋
茶室新書院
浮石
銀閣
庫裏
銀閣寺垣
中門
參拜售票處
WC
長約50m的圍牆，底層為矮石牆，上層為竹柵欄
總門
北

銀閣寺境內圖

銀閣寺（慈照寺）

世界遺產

●ぎんかくじ（じしょうじ）

足利義政興建的山莊，義政歿後改為禪寺，正式名稱為慈照寺，源自義政的法名。國寶銀閣和東求堂為象徵東山文化的建築物，具靜謐優雅之感。已登錄為世界遺產。

☎075-771-5725
MAP 108 F-4
所 京都市左京区銀閣寺町2
⏰ 8:30〜17:00（12〜2月為9:00〜16:30）　休 無休
¥ 500円（特別參拜時期費用另計）
市巴士銀閣寺前巴士站步行5分

必看4
銀閣寺垣
●ぎんかくじがき
參道的圍牆長約50m，由矮的石牆、竹牆和高的樹籬組成，為連結下界與淨土的道路。

展望台 ●てんぼうだい
可一覽整個境內的絕佳觀景點。樹木環繞的空間宛如義政所描繪的淨土。

必看2
向月台與銀沙灘 ●こうげつだいとぎんしゃだん
方丈前整片白砂的庭園。據說圓錐形的向月台是為了坐在上頭賞月而設，而銀沙灘則是為了反射出美麗的月光而造。

※ 季節性樂趣
雪景
反映出禪宗思想的境內景色讓雪景更添增魅力。尤其是從方丈的「花頭窗」向外眺望的銀沙灘美到令人屏息。

必看3
東求堂 ●とうぐどう
東山殿營建時留下來的貴重建築物，與銀閣一同指定為國寶。

ACCESS

從這裡出發！ 銀閣寺前巴士站

🚌 巴士

JR・京都站
↓ 步行　即到

京都站前巴士站
↓ 35分　市巴士
　230円　5、17號系統

銀閣寺道巴士站
↓ 步行　5分

銀閣寺

潺潺流水沿岸自然環繞的散步道
悠閒漫步 哲學之道

四季景色更迭的河邊散步道。水鳥的姿態療癒人心，還可在咖啡廳小休片刻，可隨心所欲前往漫遊。

紅葉
11月中旬～下旬
覆蓋疏水道的深紅紅葉。落葉鋪成的小徑看起來相當浪漫。

櫻花
4月上旬～中旬
不管是櫻花盛開的時期，還是花瓣飄落將河面染成一片粉紅的時期都很優美。

初夏
5月中旬～6月中旬
盎然的綠意和美麗的繡球花盛開的季節。夜間還有螢火蟲飛舞。

↑ 茅草屋頂的山門。秋天的紅葉、春天的山茶花優美

什麼是哲學之道？ MAP 108 F-4
疏水道沿岸從銀閣寺到熊野若王子神社間約2km的道路。哲學家西田幾多郎每天都會來此散步，因而得名。櫻花行道樹為在附近定居的日本畫家橋本關雪夫妻所植。

↑位於哲學之道沿岸40年以上的老字號和風雜貨店
↑地下室有和風雜貨的販售空間
↑在附設的咖啡廳可品嘗到甜點師傅烹製的正統甜品

在美如畫的洋館中逛和風小物
➊ 忘我亭 哲學之道店
●ぼうがていてつがくのみちてん
販售皺綢包、小物、帆布、衣物改製單品等地和風選物店。2023年4月重新開張，附設的咖啡廳也供應甜點。

☎ 075-771-5541 MAP 108 F-4
所 京都市左京区浄土寺上南田町86 ⌚ 10:30～17:00
休 無休 ⊞ 市巴士‧浄土寺巴士站步行5分

寂寥風情的山門
➋ 法然院 ●ほうねんいん

江戶時代於法然上人淵源之地再次復興的寺院。堂內僅春秋季對外開放，平時可從緣廊參拜本尊阿彌陀如來像。

☎ 075-771-2420 MAP 108 F-4
所 京都市左京区鹿ケ谷御所ノ段町30
⌚ 境內自由參觀、本堂4月1～7日、11月18～24日為9:30～16:00 休 無休 ￥ 本堂800円（春‧秋）⊞ 市巴士‧浄土寺巴士站步行10分

可愛的狛鼠
➍ 大豐神社 ●おおとよじんじゃ

↑山茶花時期會插髮簪點妝打扮

平安時代因宇多天皇病痛痊癒而創建的敕願社。境內末社的大國社前有狛鼠坐鎮，其他還有狛蛇、狛猿、狛鳶。

☎ 075-771-1351 MAP 106 F-1
所 京都市左京区鹿ヶ谷宮ノ前町1 ⌚ 境內自由參觀 休 無休 ￥ 免費 ⊞ 市巴士‧宮ノ前町巴士站步行5分

↑供奉少彦名神、應神天皇、菅原道真

當地最有人氣的咖哩烏龍麵店
➎ 日の出うどん ●ひのでうどん

↑特咖哩烏龍麵（1000円）

濃郁的湯頭和咖哩辛香味道絕配。麵可選擇烏龍麵、蕎麥麵、中華麵，辣度有普通到激辣4種可選擇。

☎ 075-751-9251 MAP 106 F-1
所 京都市左京区南禅寺北ノ坊町36
⌚ 11:00～15:00（湯頭售完打烊）
休 週日 ⊞ 40席
⊞ 市巴士‧宮ノ前町巴士站步行即到

用美麗的器皿妝點餐桌
➌ SIONE 京都銀閣寺本店
●シオネきょうとぎんかくじほんてん

保留原本旅館意趣的和風時尚店家。以「讀器」為概念，提供有故事性的餐具、茶具、織物。可特別關注細膩又設計精美的器皿。

☎ 075-708-2545 MAP 108 F-4
所 京都市左京区浄土寺石橋町29 ⌚ 11:30～17:30 休 週二～四（有其他不定休）
⊞ 市巴士‧銀閣寺道巴士站步行2分

↑迷你杯子‧星之信號（3850円）

↑白以白色為基調的空間中，器皿宛如藝術作品的一部分融入其中。
鮮明的作品
店內陳列著許多細膩又特色

地圖

ふろうえん
お菜ところ
←白川通 銀閣寺道
ぶんぶく茶屋
SIONE 京都銀閣寺店
Qu-an 花樣術
名代おめん 銀閣寺本店
風の館 風子のモビール
銀閣寺橋
銀閣寺
GOSPEL
器の店 うるしの常三郎
➌ 忘我亭 哲學之道店
喫茶 再願
洗心橋
こし さ起
➋ 法然院
Pomme
法然院橋
桜橋
安楽寺
霊鑑寺
ちりめん
山椒 樂珍
哲學之道
寺ノ前橋
➍ 大豐神社
大豐橋
➎ 日の出うどん
叶 匠壽庵 京都茶室棟
文学のこみち 交流記念碑
白川通 天王町
熊野若王子神社

美食 購物 寺院 神社

春天櫻花、夏天新綠，春夏秋冬
無論什麼季節來訪都很美麗。

① 渡月橋
（とげつきょう）

位於嵐山的中心，橫跨桂川上全長155m的大橋。鎌倉時期因龜山上皇曾於橋上望月感嘆「有如滿月渡橋」，因而得名。7～9月中旬還可看到鷺鷥捕魚。

MAP 113 C-4
📍京都市右京区嵯峨天龍寺芒ノ馬場町　🕐自由參觀
🚃嵐電・嵐山站步行3分

自古以來就深受喜愛
風雅的象徵之橋

春　渡月橋周邊約有1500棵櫻花樹盛開
秋　眺望紅葉嵐山的絕佳景點

嵐山一帶有天龍寺等寺社散布在各地，也是著名的賞櫻和紅葉名勝。穿過涼爽的竹林之道，在平安時代貴族最愛的嵐山悠閒散步吧。

嵐山 周邊
（あらしやましゅうへん）

同絕美景色 一起享受京都美味

仔細逛逛
所需時間
約2小時

在風光明媚的名勝散步
陶醉在京都首屈一指的風景勝地

遊訪嵐山

平安時代就備受京都宮廷之人喜愛、充滿意趣的風景勝地：嵐山。
可在此散步遊訪雄偉的大自然美和神社寺院。也有豐富的美食和伴手禮。

法堂天花板上畫的是日本畫家加山又造繪製的「雲龍圖」，不管從哪裡看都有被怒視的感覺。※「雲龍圖」僅在春夏秋季的特別參拜期間或週六，日，假日開放參觀。

可眺望嵐山絕景
盡情感受世界遺產的庭園

白砂優雅畫出弧形的洲濱，和對岸石塊的對比相當獨特的曹源池庭園。

世界遺產
② 天龍寺
（てんりゅうじ）

足利尊氏為弔祭後醍醐天皇所創建的寺院。池泉迴遊式曹源池庭院出自初代住持夢窗疏石之手，借景嵐山的景色魄力十足。百花苑有四季花卉盛開。

📞075-881-1235　MAP 113 B-3
📍京都市右京区嵯峨天龍寺芒ノ馬場町68　🕐8:30～17:00
🕐無休　💰庭園500円，諸堂參拜追加300円　🚃嵐電・嵐山站步行即到，JR・嵯峨嵐山站步行13分

③ 天龍寺 篩月
（てんりゅうじしげつ）

天龍寺經營的精進料理店。飲食也是一種修行，精進料理是在鎌倉時代隨著禪的推廣而發展的素齋，可在庭園內的「龍門亭」享用。

五菜一湯「雪」3300円
（參觀庭院需另收參拜費500円）
命名高雅風流的精進料理全餐

MAP 113 B-3
📞075-882-9725
📍京都市右京区嵯峨天龍寺芒ノ馬場町68　🕐11:00～14:00　🕐無休　💰250席
🚃嵐電・嵐山站步行5分

在寺內享用精進料理

遊訪嵐山 推薦路線

START
JR・嵯峨嵐山站
步行11分
① 渡月橋
步行4分
② 天龍寺
步行即到
③ 天龍寺 篩月
步行8分
④ 竹林之道
步行即到
⑤ 野宮神社
步行8分
⑥ パンとエスプレッソと嵐山庭園
步行12分
GOAL
JR・嵯峨嵐山站

ACCESS

從這裡出發！ 嵐電・嵐山站
🚃 電車

JR・京都站
　17分
　240円　JR嵯峨野線
JR・嵯峨嵐山站
　步行　8分
嵐電・嵐山站

附著樹皮的
罕見黑木鳥居

在清涼的境內
祈求締結良緣

⑤ 野宮神社
ののみやじんじゃ

《源氏物語》的「賢木之卷」中登場的古社。野宮大神（天照皇大神）可保佑締結良緣，有許多來自日本各地的女性前來祈求戀愛成就，還有保佑學業、求子安產等神明。

☎075-871-1972 MAP 113 B-3

所京都市右京区嵯峨野宮町1 ⏰9:00～17:00
休無休 ¥免費 嵐電・嵐山站步行5分

用這個締結良緣就沒問題了!緣結守各500円

在夢幻的竹林之道中
悠閒散步

即使在夏天空氣也較為涼爽，冬天則是更能感受大自然綠意的清新感。

下雪時景色會更加優美。可以欣賞到竹子因雪的重量而彎曲的景象。

午茶時光
一邊眺望庭園，一邊享用自家製麵包的

⑥ パンとエスプレッソと嵐山庭園
パンとエスプレッソとあらしやまていえん

能在京都府指定文化財的的建築物內用餐是珍貴的體驗

將立方體狀的土司做成法式土司。抹茶法式土司1000円

將舊小林家住宅改建為咖啡廳。腹地內有麵包店和咖啡廳2棟，也能欣賞日本庭園。除了午餐和咖啡，使用京都蔬菜的麵包也很受歡迎。

MAP 113B-4

☎075-366-6850
所京都市右京区嵯峨天龍寺芒ノ馬場町45-15
⏰8:00～18:00
休無休 嵐電・嵐山站步行3分

④ 竹林之道
ちくりんのみち

從野宮神社經由天龍寺北門前直達大河內山莊的道路旁，有著一大片高大挺拔的孟宗竹林，呈現一幅幽美的非日常光景。可享受天然竹香和夢幻的氣氛。

MAP 113 B-3 嵐電・嵐山站步行6分

推薦紅葉景點精選

嵐山有很多紅葉名勝!
一起去欣賞染成一片鮮紅色的絕景吧

二尊院 ◆にそんいん

供奉釋迦如來、阿彌陀如來2尊本尊。從總門道本堂的參道稱為「紅葉的馬場」，長度約150m的道路被紅葉覆蓋的畫面相當震撼。

☎075-861-0687 MAP 113A-2
所京都市右京区嵯峨二尊院門前長神町27
⏰9:00～16:30
休無休
¥500円
嵐電・嵐山站步行15分

秋天紅葉會覆蓋在參道上

寶嚴院 ◆ほうごんいん

迴遊式山水庭園「獅子吼之庭」有超過300棵楓樹以及青苔，美不勝收。內有功德同等於西國三十三所巡禮的觀世音菩薩和田村能里子氏所畫的紙門繪。

☎075-861-0091 MAP 113B-4
所京都市右京区嵯峨天龍寺芒ノ馬場町36 ⏰通常不公開，春秋特別公開3月中旬～6月底、10月上旬～12月上旬9:00～17:00、夜間特別參拜11月中旬～12月上旬17:30～20:30 休公開期間無休 ¥700円（夜間特別參拜需至官網確認） 嵐電・嵐山站步行4分

將著名庭院染上一片美麗的紅色

常寂光寺 ◆じょうじゃっこうじ

建於小倉山麓的日蓮宗寺院。本尊供奉著十界大曼荼羅。重要文化財多寶塔在檜皮葺屋頂，採用和樣與禪宗樣兩種不同的建築樣式。

☎075-861-0435 MAP 113A-3
所京都市右京区嵯峨小倉山小倉町3
⏰9:00～17:00（服務時間為～16:30）
休無休
¥500円
嵐電・嵐山站步行20分

據傳為定家的山莊遺址的古寺

享受和風氛圍的
午餐＆咖啡廳

生麩豆皮的京都烏龍麵
1090円

可品嘗到香氣濃郁湯頭的京都烏龍麵。＋500円就有附臏豆腐和蒸飯的套餐

軟Q滑順的
自製麵條京都烏龍麵

嵐山うどん おづる
○あらしやまうどんおづる

MAP 113B-3

☎075-881-5514

具有嚼勁、口感滑順的自製麵條為該店招牌。使用鯛魚、鰹魚、鯖魚的魚乾片的湯頭風味濃郁，跟沾烏龍麵等充滿原創性的烏龍麵搭配絕佳。

京都市右京区嵯峨天龍寺芒ノ馬場町22-4
11:00～20:00 無休 50席 嵐電・嵐山站步行5分

ぎゃあてい
御膳 **2500円**

可品嘗到12種季節謹製甜點的京都傳統家庭料理

大量使用當季食材和京都蔬菜的
京都傳統家庭料理

嵐山ぎゃあてい
○あらしやまぎゃあてい

MAP 113 C-3

☎075-862-2411

使用京都名產豆皮和生麩，以及當季食材的京都傳統家庭料理每道都是極品。搭配色彩鮮艷的小鉢料理也很令人雀躍。

京都市右京区嵯峨天龍寺造路町19-8
11:00～14:30 不定休 72席 嵐電・嵐山站步行即到

位於嵐山・嵐山站出來即到的超方便地理位置

出自藝術家木村英輝之手的紙門畫

可欣賞美麗庭園的
日本家屋藝術咖啡廳

eX cafe
京都嵐山本店
○イクスカフェ
きょうとあらしやまほんてん

用舊宅底改裝的正宗巷弄咖啡廳。藝術紙門繪和古董家具布置的空間，所有位子都能眺望400m²寬廣的日本庭園。招牌餐點為「暖呼呼糰子套餐」。

☎075-882-6366 **MAP** 113C-4

京都市右京区嵯峨天龍寺造路町35-3
8:00～17:30 無休 67席
嵐電・嵐山站步行3分

暖呼呼
糰子套餐
1650円

七輪烤爐會一起送上桌，可自行決定喜歡的燒烤程度。可沾紅豆泥和日式甜醬油享用

京都風格的壯觀大門在外迎接

可欣賞到溪流景色的露台座
是讓人雀躍的特等席

在大自然包圍的露台座
眺望保津川的時光

抹茶
翡翠麻糬
1500円

以翡翠色的保津川為概念所製作的Q彈葛餅

茶寮 八翠
○さりょうはっすい

眼前是大自然環繞的群山和保津川溪流，這個能讓人好好休憩一番的空間，位於屋齡100年以上的舊「八賞軒」建築物內。可眺望四季更迭的景色，享用和風甜品。

☎075-872-1222 **MAP** 113B-4

京都市右京区嵯峨天龍寺芒ノ馬場町12
11:00～17:00 無休 40席
嵐電・嵐山站步行6分

站前商場

美食&伴手禮應有盡有

也有足湯唷!

マールブランシュ 嵐山店
マールブランシュあらしやまてん

茶茶棒 401円
濃郁抹茶冰夾心的酥脆口感閃電泡芙。

本家西尾八ッ橋
ほんけにしおやつはし

八橋霜淇淋
400円
放了八橋當配料,口味有香草、抹茶、濃草莓3種。

涼爽的風車裝飾也很美♪

まめものとたい焼き
まめものとたいやき

鯛魚燒
紅豆奶油
370円
鬆軟的外皮為自豪之處,奶油馬上就會融化,最佳享用時間為1分以內!

京つけもの 西利
きょうつけものにしり

烤飯糰京漬物
茶泡飯
540円
可選擇想要的漬物和配料

嵐山 昇龍苑
◆あらしやましょうりゅうえん

1樓有京都代表性的甜點、伴手禮,2樓則是聚集了介紹傳統魅力的老店。

MAP 113C-4
☎075-873-8180
🕐10:00~17:00(營業時間、公休日需在官網確認)
休無休 所京都市右京區嵯峨天龍寺門前 嵐嵐電・嵐山站步行即到 P無

嵐山駅はんなり・ほっこりスクエア
◆あらしやまえきはんなりほっこりスクエア

嵐山站的複合設施。不但有人氣美食,還有商店的便利場所,可以作為休息場所。

☎075-882-5110 **MAP** 113C-4
🕐1樓10:00~18:00、2樓11:00~18:00 ※有變更的情況
休無休 所京都市右京區嵯峨天龍寺造路町20-2 嵐嵐電・嵐山站內 P無

也有自行車出租和ATM

供應許多精緻的嵐山限定商品

和服之森
使用京友禪布料打造的600根繽紛圓柱,到了晚上會呈現出夢幻的氣氛。

SASAYA IORI+
ササヤイオリプラス

華麗
宇治抹茶芭菲
650円
由京菓子老店・笹屋伊織所監製

アリンコ 嵐山本店
アリンコあらしやまほんてん

濃厚抹茶 800円
餅皮、醬汁、冰淇淋全是抹茶的奢華可麗餅。

くろちく 嵐山店
くろちくあらしやまてん

鬆軟迷你手帕(琴音)
715円
觸感舒適,吸汗性良好的迷你手帕。

嵐山桃肌こすめ 本店
あらしやまももはだこすめほんてん

濃密的
日式洗面霜
各350円
桃子配方的洗面霜,店舖限定。

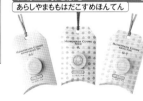

老店 嵐山伴手禮

鶴屋長生 嵐山店
◎つるやちょうせいあらしやまてん

傳承京菓子技術的老店。每天手工製作的生麩饅頭口感Q彈滑順,是在地粉絲相當多的人氣逸品。

☎075-366-6470 **MAP** 113C-3
🕐9:00~17:00 休無休 所京都市右京區嵯峨天龍寺今堀町4-1 嵐JR・嵯峨嵐山站步行即到 P無

京都生麩
饅頭
496円(2顆裝)
有紅豆泥、抹茶餡2種口味。

嵯峨豆腐 森嘉
◎さがどうふもりか

江戶時代安政年間創業,招牌豆腐不但深受司馬遼太郎等文人喜愛,也受專業廚師讚賞。

☎075-872-3955 **MAP** 113B-2
🕐9:00~17:00 休週三(逢假日則翌日休)、週二不定休 所京都市右京區嵯峨釈迦堂藤ノ木町42 嵐市巴士・嵯峨釋迦堂前步行即到 P有

嵯峨豆腐
小324円
大519円
使用嵯峨野地下水的豆腐口感相當滑順。

琴きき茶屋
◎ことききちゃや

熟練職人製作的白色櫻餅最為有名。在店內可搭配抹茶享用,可在散步途中進來坐坐。

☎075-861-0184 **MAP** 113C-4
🕐11:00~16:30 休週四、週三不定休 所京都市右京區嵯峨天龍寺芒ノ馬場町1 嵐嵐電・嵐山站步行即到 P無

櫻餅禮盒
(10顆裝)1620円
有櫻花葉包的櫻餅和裏紅豆泥2種。

町家午餐

午餐就在悠閒沉靜的美好空間內享用

充滿季節感的庭院、可感受到木頭溫暖的店內，在京都特有融合古今的空間，享用精緻多元的美食。

品嘗法式鹹派
度過悠閒時光的和風咖啡廳

町家POINT
穩重的町家為設有格子門和蟲籠窗的典型樣式

法式鹹派盤
1100円（平日限定）
lunch time
11:00～16:00

河原町周邊 cafe marble
咖啡廳 **佛光寺店**
●カフェマーブルぶっこうじてん

位於佛光寺附近，與街景渾然一體的咖啡廳。散發奶油香的法式鹹派，還有6種以上加入堅果乾果等的塔派，都是令人想品嘗的經典口味。

☎ 075-634-6033
所 京都市下京区仏光寺通高倉東入ル西前町378
⌚ 11:00～20:30
休 每月最後的週三　席 41席
交 地鐵・四条站／阪急・烏丸站步行5分
MAP 111 C-4

↑刻劃了約100年歷史的町家裡，有寬敞的挑高空間
↓法式鹹派有酥脆的外皮和滿滿的餡料，附沙拉和湯品

在屋齡約80年的町家
拍照打卡享用午餐

河原町周邊 AWOMB
和食 **西木屋町**
●アウームにしきやまち

首推擺盤繽紛、藝術感十足的「手織壽司」，內含京都傳統家庭料理、天麩羅、生魚片、水果等。可使用有明產海苔包起丹波產越光米醋飯，打造只屬於自己的獨創壽司。

☎ 050-3177-5277
所 京都市下京区難波町405
⌚ 11:30～14:00、17:00～18:30
休 不定休　席 28席
交 京阪・五条站步行5分
MAP 106 D-2

町家POINT
牆柱和燻黑的樑柱都有屋齡90年的歷史感。入口的小路和庭院也很優美。

手織壽司「養」
3630円
lunch time
11:30～14:00

↑擺盤宛如紡織品般的「手織壽司」。佐料種類也很豐富，令人不知如何下箸

京町家值得關注的看點

蟲籠窗（むしこまど）
為了採光和通風而設置在2樓，如蟲籠般的格子窗

出格子（でごうし）
特徵為採光、通風良好，同時也不容易從外看到裡面

鍾馗（しょうき）
出現在中國皇帝夢中的驅魔神祇，蓄鬍持劍為其特徵

在花街的京町家
享用親手烹製的京都傳統家庭料理定食

店長推薦的午餐。除了主菜之外，還附6道京都傳統家庭料理小菜，最適合老饕。

ろじうぜん
1450円
🕐 12:00～14:00

⤴每日更換的午餐。這一天的主菜是炸雞塊。

彩りおばんざい御膳
2000円
🕐 12:00～14:00

祇園　咖啡廳　町家カフェろじうさぎ
●まちやカフェろじうさぎ

在有庭院的屋齡100年左右的町家咖啡廳，享用親手烹製的餐點。每日更換的午餐「ろじうぜん」套餐的主菜為肉和魚，和3道京都傳統家庭料理小菜。豆乳豆皮粥的御膳也很受歡迎。京都早餐（1200円）最好事先預約。

📞075-551-0463
🏠京都市東山区下柳町176宮川町歌舞練場上ル一筋目東入ル
🕐8:00～10:30、12:00～16:00　🈳不定休
🪑19席　🚃京阪・祇園四条站歩行5分
MAP 110 E-4

町家POINT
利用屋齡約100年的町家改建的咖啡廳。庭院和書櫃都充滿舊氣氛。

⤴1樓和2樓有和式座位，可在此享受早餐、午餐、咖啡。

⤴季節性擺設和庭院的設置等富有京都風情、服務令人心曠神怡的花街咖啡廳。

町家POINT
原本為染坊的町家。土屋旁的房間有下嵌式座位

無拘無束享用
手打義大利麵和葡萄酒的餐飲店

推薦午間餐點
pranzoB
2500円
lunch time
🕐 11:30～14:00

⤴紅殼風的牆上掛著白色義大利風的布簾別有風味

二条城周邊　義大利菜　il pozzo
●イルポッツォ

使用手打義大利麵、新鮮海產、來自丹波龜岡的時蔬、嚴選肉品的正宗義大利菜大受歡迎。推薦午間餐點有自選義大利麵和9種前菜，並附甜點與飲料的豐盛全餐。

📞075-257-8282
🏠京都市中京区西洞院通三条下ル柳水町77-2
🕐11:30～14:00、17:30～22:00　🈳週一（逢假日則翌日休）　🪑28席
🚌市巴士・堀川三条巴士站歩行4分
MAP 111 B-2

使用爐灶炊煮而成的
古民宅中國菜

雪梅花便當
2300円
（附杏仁豆腐為2500円）
lunch time
🕐 11:30～15:00

町家POINT
屋齡100年的町家室內為中國風裝潢，充滿古典氛圍

⤴入口處的土間有爐灶，現在仍用來蒸煮食物，可看到蒸氣裊裊而上

⤴有蒸物和炸物等6種豐富多元的菜色，附湯品和白飯。可加點杏仁豆腐

河原町周邊　中菜　雪梅花 菜根譚 蛸藥師
●しぇいめいほぁさいこんたんたこやくし

從契約農家進京都蔬菜和根菜的家常中菜館。Q彈的鮮蝦韭菜包是使用町家爐灶蒸出的自信料理。招牌料理「藥膳太極鍋」可喝到麻辣湯和充滿膠原蛋白的白湯。

📞075-254-1472
🏠京都市中京区井筒屋町417
🕐11:30～14:00、17:00～21:00
🈳無休　🪑50席　🚌市巴士・四条高倉巴士站歩行5分
MAP 111 C-3

京都傳統家庭料理

歡迎詢問
推薦菜色喔！

享用京都
家庭溫暖
的味道

什麼是京都傳統家庭料理？
京都代代相傳的家庭料理。經常使用京都蔬菜、炸物和麩等食材。通常會在店內吧檯上大盤大盤的排成一列，多為簡樸但滋味豐富的料理。

四条河原町
あおい

店面小巧精緻，在約有6個座位的吧檯上，陳列著煮根菜、炸物等大盤的京都傳統家庭料理。也有桌椅席，但最好事先預約。

MAP 110 E-2
☎075-252-5649
所京都市中京区材木町181-2
ニュー京都ビル1階奥
⏰17:00～23:00
休週一、日、假日不定休
席12席 🚉京阪・三条站步行5分

豆皮壽司 250円
蘘荷、紫蘇梅小魚等，裡面的料會每日更換

信田卷 780円
包豬肉、白菜的白味噌風味炸豆皮卷

生腐皮 880円
宛如厚煎蛋般圓潤的口感

羅勒麩與溫蔬菜 880円
色彩豐富、蒜油令人食指大動的料理

菜單
- 老闆娘咖哩 ⋯⋯⋯ 680円
- 奶油煎南瓜麩 ⋯ 780円
- 高湯煎蛋卷 ⋯⋯⋯ 780円
- 沙丁魚乾片 ⋯⋯⋯ 680円

坐在吧檯一起享受
談話與料理的樂趣吧

「京都傳統家庭料理」是京都美食的代表。
溫馨淡雅的風味，
可以品嘗到京都特有的氛圍。

四条烏丸
にこみや岳
●にこみやがく

陳列在吧檯上的是充滿懷舊風味的京都傳統家庭料理。使用新鮮牛雜的燉菜和關東煮是不可錯過的人氣菜色。仔細品嘗精心熬煮的燉菜吧。

☎075-256-1080 **MAP 111 A-3**
所京都市中京区山田町529-1
⏰17:00～22:00 (L.O.21:00)
休不定休
席30席 🚉地鐵・四条站／阪急・烏丸站步行5分

京都傳統家庭料理拼盤 1000円
每日替換的菜色可想到推薦的京都傳統家庭料理。

燉牛雜 650円～
自創業以來傳承的味噌和高湯基底富含濃郁美味。

菜單
- 關東煮拼盤 ⋯⋯⋯⋯⋯750円
- 芥末山藥 ⋯⋯⋯⋯⋯⋯450円
- 香味醬汁炸雞塊 ⋯⋯⋯750円
- 微香料咖哩 ⋯⋯⋯⋯⋯650円～

在古色古香的町家
大啖燉煮料理

有如在自家的沉穩空間享用料理

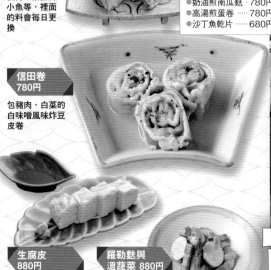

溫馨的氣氛大受
女性歡迎的餐廳

菜色會每天替換，歡迎每天光臨

四条河原町
お数家 いしかわ
●おかずやいしかわ

位於小巷裡的餐廳。吧檯上陳列馬鈴薯沙拉、鯡魚茄子等10多種京都傳統家庭料理。為了不讓客人吃膩，會每天更換使用魚和蔬菜烹製的菜色。

☎075-344-3440 **MAP 111 C-4**
所京都市下京区高倉通四条下ル
高材木町221-2
⏰17:00～21:00
休週三 席29席
🚉地鐵・四条站步行5分

辣炒蒟蒻絲與青辣椒 570円
非常適合下酒

醋味噌拌花枝與九条蔥 650円
醋味噌拌菜在京都多為花枝與九条蔥

菜單
- 馬鈴薯沙拉 ⋯⋯⋯⋯⋯⋯ 600円
- 馬鈴薯燉肉 ⋯⋯⋯⋯⋯⋯ 700円
- 生初產雞蛋醬油拌飯 ⋯⋯ 580円
- 味噌美乃滋拌南瓜與生麩 ⋯⋯ 650円

暢享心曠神怡的
河風和夜景

鴨川景觀晚餐

一到晚上，店家燈火映照在鴨川河面閃閃發亮的光景相當夢幻，還有夏天特有的「納涼床」。

什麼是納涼床？
鴨川沿岸設置的高台，可用餐飲酒。每年5月1日到9月30日開放，需注意中午的納涼床僅有5月和9月這兩個月份提供。

和食×法國菜的創意料理餐廳

木屋町
みます屋MONAMI
●みますやモナミ

◀感受下木屋町沉靜的氛圍

這間餐廳可品嘗到融合法國菜與和食優點的餐點，對京都的在地蔬菜和地雞等食材也相當講究。也有提供平價的單點料理。 ※川床期間僅供應全餐

☎075-341-1766 MAP 110 E-4
所京都市下京区木屋町通松原上ル和泉屋町160 1階101 ▶17:30～23:00
休不定休 圓88席
阪急・京都河原町站步行7分

▲使用大量蔬菜的「東山全餐」4950円(2人以上起餐)

【輕鬆體驗川床】
將咖啡文化和京都傳統文化精彩融合

木屋町三条
星巴克咖啡 京都三条大橋店
●スターバックスコーヒー きょうとさんじょうおおはしてん

位於三条大橋旁的星巴克咖啡館。有可眺望京都街道和鴨川的季節限定川床體驗。

☎075-213-2326 MAP 110 E-2
所京都市中京区三条通河原町東入中島町113 ▶8:00～23:00(納涼床為5、9月11:30～22:00、6～8月16:00～22:00)
休不定休 圓121席
京阪・三条站步行即到

▲夏天有川床，冬天可在和式座位吃火鍋，暖和身子

先斗町
先斗町 魯ビン
●ぽんとちょうろビン

利用屋齡150年的京町家開設的京都料理店，可品嘗來自日本各地的時蔬和海產烹調的純和食。晚間除了單點料理之外，還有主廚精心製作的全餐。

☎050-3628-2022 MAP 110 E-2
所京都市中京区先斗町若松町137-4 ▶11:30～13:30、17:00～21:30
休無休 圓56席 京阪・三条站步行5分

在京町家暢享主廚使出所有看家本領的全餐

◀以鴨川和東山為背景

▲夏天當季的海鰻料理也排入套餐
▶呈現河川流動的冷盤

木屋町
佛沙羅館
●ぶっさらかん

可在昭和初期的京町家，享用以宮廷料理為基礎的正宗泰國菜。運用泰國香草和調味料的異國風味維持原貌，辣度則是調整成日本人偏好的溫和味道。

☎075-361-4535 MAP 106 D-2
所京都市下京区木屋町通松原上ル美濃屋町173-1 ▶11:30～15:00、17:00～22:00 休週三
圓30席 阪急・京都河原町站步行7分

在休閒氛圍中享用正統泰國菜

▶主食為綠咖哩的「清邁全餐」5500円
▶鮮味十足的泰式酸辣湯是該店的人氣料理

▲不管哪個位子都是可以看到鴨川和東山的特等席

閃耀光彩的透明寒天
闡述四季更迭之美

琥珀流

850円

> **美食料理筆記**
> 滑順的寒天搭配季節糖蜜，再加以果實點綴。4月為以櫻為主題的「櫻花」

↑店內面對庭院，可度過悠閒時光

↑刻劃了屋齡140年時光，充滿風情的建築。也販售四季不同的美麗乾菓子

大極殿本舖六角店
河原町周邊
甘味処栖園

※だいごくでんほんぽろっかくみせあまみどころせいえん

「大極殿本舖六角店」附設的甜品店。基於「美味、美麗、趣味」而誕生的原創甜品「琥珀流」，以寒天搭配每月更換的糖蜜與配料，是經典的人氣逸品。

☎ 075-221-3311　　MAP 111 C-3

所 京都市中京区六角通高倉東入ル南側
營 10:00〜17:00（販售為9:30〜18:00）
休 週三　席 18席　交 地鐵・烏丸御池站步行6分

在高雅成熟的咖啡廳享用
頂級甜品

和風咖啡廳

一個人也能隨興來訪，
充滿獨特風格的甜品店匯聚一堂。
想在高品味的空間度過優美的時光。

和洋的交會共鳴
京都甜品的完美樣貌

裝飾羊羹

390円〜

← 滑順的口感也是人氣的祕密

↓ 2樓設有內用區

> **美食料理筆記**
> 加上水果和鮮奶油，宛如西點般華麗

うめぞの茶房
金閣寺周邊
※うめぞのさぼう

老字號甜品店「梅園」的姊妹店。招牌甜品為使用寒天和蕨粉凝固紅豆泥的「飾羊羹」。除了可可、抹茶、覆盆莓等經典口味之外，加上季節限定共有8種口味。

☎ 075-432-5088　　MAP 114 C-1

所 京都市北区紫野東藤ノ森町11-1
營 11:00〜18:00
休 不定休
席 13席
交 市巴士・大德寺前巴士站步行5分

自家焙煎的黃豆粉
甜美誘人

焦黃豆粉芭菲

1390円

美食料理筆記
桌上的黃豆粉可無限添加！最後可再加上滿滿的自家製黑蜜

吉祥菓寮 祇園本店
祇園
※きっしょうかりょうぎおんほんてん

↑改建自古民宅。2樓為茶寮

江戶中期創業的菓子舖經營的茶寮。生菓子和芭菲使用風味濃郁的自家焙煎黃豆粉，大受好評，黃豆粉的人氣也直線上升中。現場有5～6種黃豆粉，可買來當伴手禮。

☎ 075-708-5608　MAP 110 F-3
所 京都市東山区古門前通東大路東入石橋町306
⏰ 11:00～17:30
休 無休　席 24席
交 地鐵·東山站步行5分

滑順葛餅和烘焙茶搭配絕佳

葛餅

1700円（套餐）

美食料理筆記
Q彈滑順入口即化的口感令人一吃上癮

↑在咖啡廳度過靜謐時光

ZEN CAFE
祇園周邊
※ゼンカフェ

江戶中期創業，以「葛切」聞名的老店「鍵善良房」創建的咖啡廳。有很多總店沒有的菜單，不同季節推出不同的精緻和菓子，可在洗練的空間享用甜品。歡迎前來度過一段奢華的時光。

☎ 075-533-8686　MAP 110 E-4
所 京都市東山区祇園町南側570-210
⏰ 11:00～17:30
休 週一（逢假日則翌日休）　席 17席
交 京阪·祇園四条站步行3分

↑帶有鳳梨酸甜美味的水果三明治
1300円（水果視季節而異）

美食料理筆記
上頭的生薑長崎蛋糕增添了風味，味道濃醇而爽口

在午後的悠閒時刻享用三星級料亭的和風甜品

濃抹茶芭菲
附飲料套餐

2530円

美食料理筆記
Q彈滑順入口即化的口感令人一吃上癮

無碍山房 Salon de Muge
祇園周邊
※むげさんぼうサロンドムゲ

↑可眺望美麗苔庭的店內
↓在富有意趣的茶屋建築眺望的東山景觀美不勝收

位於三星級料亭「菊乃井」旁的高級沙龍。可在料亭的服務下悠閒享用名產「時雨便當」和老闆村田吉弘精心講究的甜品，度過令人流連忘返的優雅時光。

☎ 075-561-0015　MAP 112 B-2
所 京都市東山区下河原通高台寺北門前鷲尾町524
⏰ 11:30～17:00　休 週二
席 34席　交 市巴士·祇園巴士站步行10分

美食料理筆記
和栗奶油會在點餐後才會擠出，可讓底部的蛋白霜維持酥脆口感！

在高級空間品嘗甜品和飲品的極致組合

現做蒙布朗與抹茶套餐

1540円

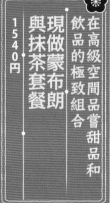

↑可眺望庭院度過靜謐時光的寬敞店內

万治カフェ
祇園
※まんじカフェ

可品嘗到正宗手工甜品的町屋咖啡廳。使用柚子和山椒等和風食材的烤餅乾組合可買來當伴手禮。

↑以花街為主題的「祇園餅乾萬治特選組合」

☎ 075-551-1111　MAP 110 F-4
所 京都市東山区祇園町南側570-118
⏰ 11:00～18:30　休 週二、三　席 20席
交 京阪·祇園四条站步行5分

甜品

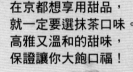

京都甜品的首選就是這個

在京都想享用甜品，就一定要選抹茶口味。高雅又溫和的甜味，保證讓你大飽口福！

淡淡的甜味也深受甜品男子喜愛！

B 抹茶巴巴露亞芭菲　1600円

抹茶巴巴露亞和抹茶長崎蛋糕，多層次口感和甜味和諧交融，充滿魅力，分量也滿點。

生奶油也都是抹茶！高度達25cm，分量令人滿足

抹茶巴巴露亞如絹豆腐般滑嫩的口感令人陶醉

抹茶甜品的金字塔總是大排長龍的人氣芭菲

傳統與革新所誕生的有故事的甜品

自家製黑糖蜜優質可口，可一次享用2種口味

推薦可一邊咬碎最中餅皮一邊享用♡

蕨餅、求肥湯圓和炒核桃的口感在嘴裡和諧交融

D 抹茶芭菲　1430円

彷彿將茶席間享用的抹茶和菓子一體化，充滿豐富層次抹茶風味的芭菲。

C 抹茶芭菲　1350円

奢侈大方地使用宇治抹茶的蛋糕和冰淇淋充滿存在感。吃到一半再加入黑糖蜜，可品嘗到兩種不同的味道。

A 特選都路里芭菲　1595円

抹茶果凍、抹茶長崎蛋糕，滿滿的宇治抹茶。可品嘗抹茶原始風味的一道奢華甜品

D 河原町周邊
笹屋伊織 別邸
●ささやいおりべってい

1716年創業的京都老字號菓子店所經營的咖啡廳，特色是融合傳統和革新的菜色。形似石庭的芭菲在秋天以紅葉點綴，春天放入櫻花羊羹。

☎075-322-8078
🏠京都市下京区朱雀堂ノ口町20-4 ホテルエミオン 京都1階 🕙10:00～17:00 🈂無休 🪑40席
🚃JR・梅小路京都西站步行即到
MAP 107 B-3

C 祇園周邊
二軒茶屋（中村樓）
●にけんちゃややなかむらろう

室町時代創業時是八坂神社門前茶屋「中村楼」的甜品店。在採用「KARIMOKU」傢俱的時尚空間品嘗精緻甜品，度過一段療內心放鬆的美好時光。

☎075-561-0016
🏠京都市東山区祇園八坂神社鳥居内 🕙11:00～17:00 🈂週三 🪑36席 🚃京阪・祇園四条站步行10分
MAP 112 A-1

B 祇園周邊
ぎをん小森
●ぎをんこもり

建在祇園白川河畔，充分發揮前身茶屋風情的京町家。對吉野葛等素材的講究更添特色，蕨餅和餡蜜也十分受歡迎。可品嘗到用心精緻的甜品。

☎075-561-0504
🏠京都市東山区新橋通大和大路東入ル元吉町61 🕙11:00～19:30 🈂週三（逢假日則營業）🪑112席
🚃京阪・祇園四条站步行7分
MAP 110 F-3

A 祇園周邊
茶寮都路里 祇園本店
●さりょうつじりぎおんほんてん

宇治茶名門「祇園辻利」的甜品店。有芭菲等豐富的抹茶甜品，也提供茶蕎麥麵等輕食。

☎075-561-2257
🏠京都市東山区祇園町南側573-3 🕙10:00～22:00(L.O.21:00)，週六、日、假日為10:00～22:00(LO 20:30) 🈂無休
🪑72席 🚃京阪祇園四条站步行5分
MAP 110 F-4

抹茶

層層重疊的冰和茶粉宛如拿鐵拉花般的表面相當美麗

抹茶和冰交織而成的新口感

H 祇園冰（抹茶）
`1000円`

頂級茶粉加鬆軟的冰，打造全新口感。充滿設計感的京都「SIONE」器皿也值得欣賞。

精心講究的抹茶為茶匠的獨家調製

在眼前擠出直徑1mm的奶油入口即化，口感驚人

味道濃郁的現擠蒙布朗

E 現擠濃郁抹茶蒙布朗
`1780円`

使用嚴選高級抹茶「金天閣」的奶油和蛋白霜、鮮奶油、傑諾瓦士蛋糕3層組成。

大量使用宇治抹茶和國產本蕨餅粉等頂級素材

E 翠泉芭菲
`1350円`

抹茶鮮味特別明顯的濃茶霜淇淋，上頭有烤菓子、三笠燒、抹茶捲等，將翠泉的精華全數呈現的奢華芭菲。

層層又疊疊 視覺上看起來也好愉悅

震撼上桌！京都第一間！泡沫冰

F 茶師十段的特選抹茶冰淇淋芭菲「五重-GOJU-」
`1210円`

奢侈大方地使用日本最高段位茶鑑定士酢田恭行氏所挑選的抹茶，主角為抹茶冰淇淋的芭菲。

G 抹茶泡沫冰
`1280円`

冰上面的是使用6杯淡抹茶與和三盆糖製成的巨大輕盈抹茶慕斯。配料為紅豆、湯圓、煉乳。

使用茶臼磨製的宇治抹茶泡沫冰，絕妙的風味令人一吃上癮

濃厚的抹茶冰與香草冰淇淋是絕配！

H 祇園周邊

けずりひや京都 祇園
●けずりひやきょうとぎおん

除了抹茶粉外還有焙茶粉和紅茶粉。全都使用京都伏見「椿堂茶舖」的產品。

☎075-541-2650

所京都市東山区祇園町南側555 アパホテル京都祇園エクセレントB1階
🕐12:30～17:00 (8月為11:00～18:00)
休不定休（11～翌年2月為冬季休業）
🪑20席 🚉京阪・祇園四条站步行5分
MAP 110 F-4

G 三十三間堂周邊

清水一芳園カフェ京都本店
●しみずいっぽうえんカフェきょうとほんてん

位於三十三間堂附近，茶批發商直營的咖啡廳，提供優質茶甜品。「抹茶泡沫芭菲」（980円）也相當受歡迎。

☎075-202-7964

所京都市東山区本瓦町665 🕐11:00～17:00 休週一（逢假日則翌日休）
🪑33席 🚉市巴士・東山七条巴士站即到／京阪・七条站步行8分
MAP 106 D-3

F 清水寺周邊

普門茶屋
●ふもんちゃや

位於清水寺參道的甜品店。提供各式各樣的抹茶甜品，也有很多外帶餐點。店後方還有可招來福氣的「百福石門」等獨特的能量景點。

☎075-533-8282

所京都市東山区清水2-246
🕐12:00～17:00 休無休
🪑58席 🚉市巴士・五条坂巴士站步行10分
MAP 112 B-4

E 烏丸御池周邊

茶寮 翠泉 烏丸御池店
●さりょうすいせんからすまおいけてん

在融入和風的摩登空間享用人氣的精緻抹茶甜品，可品嘗到剛完成時最美味的瞬間。享用正宗抹茶的微微苦味和濃郁風味，度過美好的幸福時光。

☎075-221-7010

所京都市中京区両替町押小路上ル金吹町461 烏丸御池メディカルモール1階
🕐10:30～17:30 休不定休 🪑24席 🚉地鐵・烏丸御池站步行5分
MAP 111 B-1

讚不絕口的京都伴手禮

京菓子

廣受好評的伴手禮選這些準沒錯

有季節感的和菓子和抹茶風味的糕點等
洗練之美全都令人陶醉，
購買伴手禮的同時，也偷偷為自己買一份吧♡

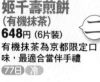

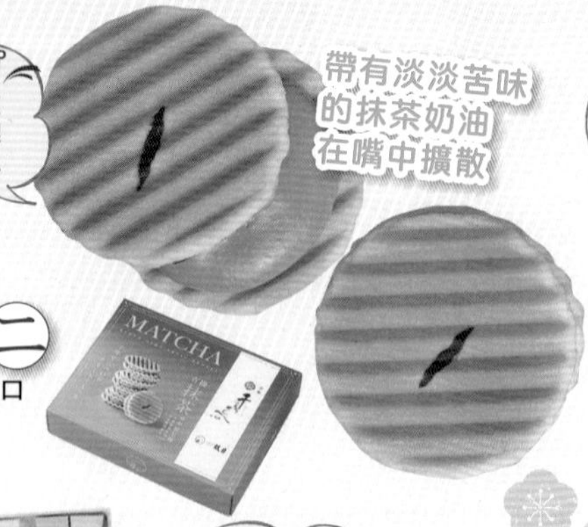

獲讚POINT
波紋狀的鬆餅外皮酥脆可口，搭配裡面的奶油夾心，入口即化。

帶有淡淡苦味的抹茶奶油在嘴中擴散

二 姬千壽煎餅（有機抹茶）
648円（6片裝）
有機抹茶為京都限定口味，最適合當伴手禮
77日 冷

獲讚POINT
穿著「圈環」和「七寶」等傳統圖紋白巧克力的小蛋糕。

宛如身著和服的美麗蛋糕

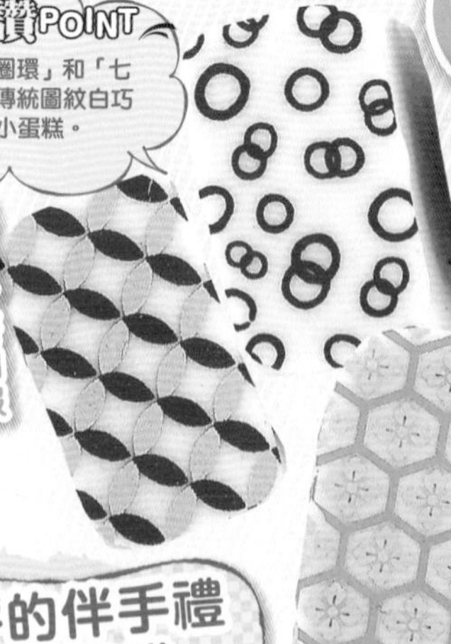

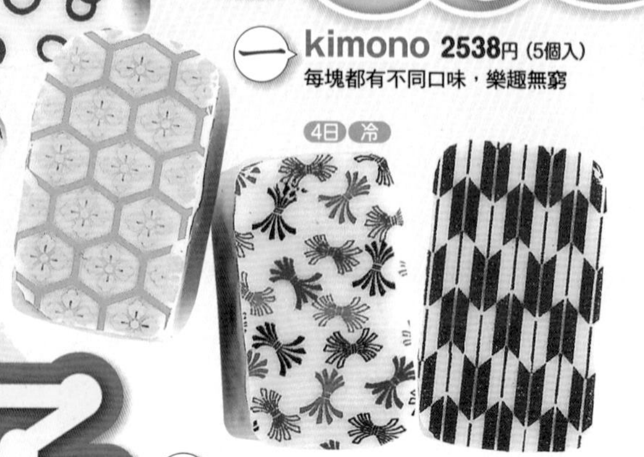

一 kimono 2538円（5個入）
每塊都有不同口味，樂趣無窮
4日 冷

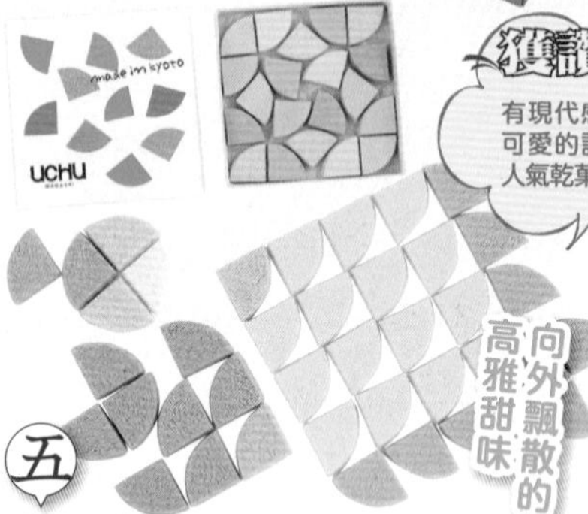

獲讚POINT
有現代感的口味和可愛的設計融合的人氣乾菓子。

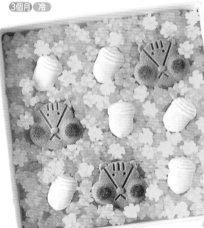

向外飄散的高雅甜味

五 drawing 834円（20個裝）
視覺上也很有趣的粉彩色
3個月 冷

三 季節生菓子
1個**324**円
可以吃到生八橋獨特原始Q彈口感的生菓子
當天 冷

獲讚POINT
不拘泥於傳統形狀的動物和四季樣式，可愛設計深受歡迎。

色彩粉淡的可愛生菓子令人心動不已♡

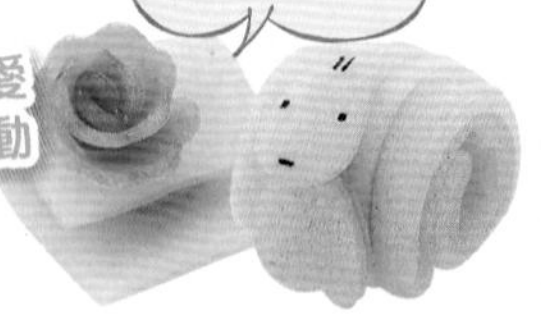

獲讚POINT
松鼠旁邊塞滿了滿滿的金平糖和落雁糕！

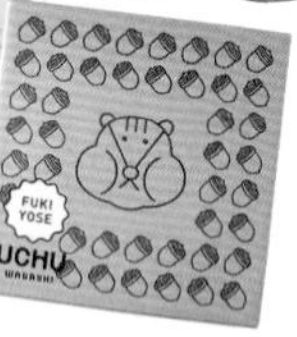

五 松鼠與橡果
1586円
9～11月底期間限定販售
3個月 冷

獲讚POINT
能夠一口吃的小巧可愛菓子令人心動。

以童話故事為主題的高雅菓子

四 御伽草子
1242円（9塊裝）
羊羹和薯蕷饅頭等不同口感和風味組合在一起
5天 冷

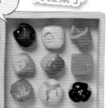

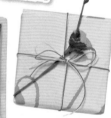

五 京都御所周邊
UCHU wagashi 寺町本店
【ウチュウワガシてらまちほんてん】

「UCHU wagashi」以使用精選素材與和三盆糖製作的落雁糕最為有名，並透過各種素材和設計的組合推陳出新。

☎075-754-8538
MAP 106 D-1
所 京都市上京区寺町通丸太町上ル信富町307　L 10:00～17:00　休 週二
電 京阪・神宮丸太町站步行10分

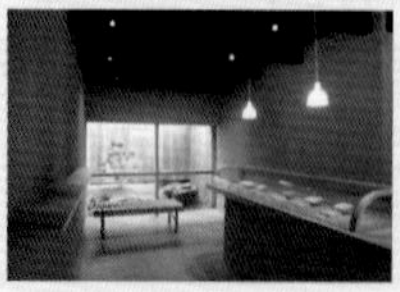

←穿過店門口，就能看到簡約洗練的空間

四 北大路
吉廼家
【よしのや】

表現出「將四季更迭的自然之美做成和菓子」主旨的和菓子種類豐富，視覺上也很享受。

☎075-441-5561
MAP 109 C-2
所 京都市北区北大路室町西入ル
L 9:00～18:00
休 不定休
電 地鐵・北大路站步行即到

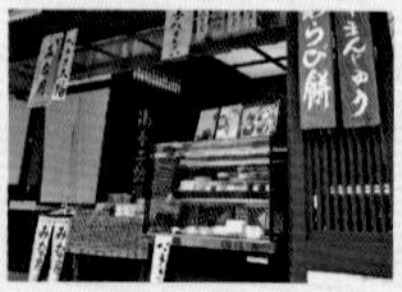

←靜靜座落在北大路沿岸的京町家和菓子店

三 四条河原町
nikiniki
【ニキニキ】

「聖護院八ッ橋總本店」的新型態八橋。宛如京都歲時記的限定甜品絕對要搶先下手。

☎075-254-8284　MAP 110 E-3
所 京都市下京区四条西木屋町北西角　L 11:00～18:00　休 不定休（營業時間、公休日的最新資訊需在官方Instagram確認）
電 阪急・京都河原町站步行即到

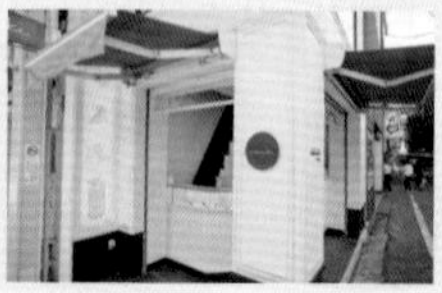

←店面非常小巧，小心不要走過頭喔

二 嵐山
京菓子處 鼓月 嵐山店
【きょうがしどころこげつ あらしやまみせ】

推出保留京都風情和傳統、同時因應時代需求商品的京菓子店。甜奶油夾心煎餅「千壽煎餅」是鼓月的招牌商品。

☎075-871-9483
MAP 113 C-4
所 京都市右京区嵯峨天龍寺芒ノ馬場町40-16　L 9:00～18:00　休 無休
電 嵐電・嵐山站步行即到

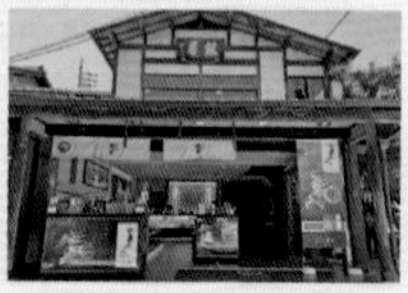

←位於站前，渡月橋和天龍寺都在附近，方便順道而來

一 五条烏丸
京纏菓子 cacoto
【きょうまといかしカコト】

明治創業的祖衣店所經營的菓子店。以「著裝」為主題的傳統樣式全新設計的菓子成為熱門話題。

☎075-351-2946
MAP 107 C-2
所 京都市下京区東洞院通松原下ル大江町553-5　L 10:00～17:00
休 週日（另有不定休）
電 地鐵・五条站步行4分

←粉紅色和白色瓷磚組成的外觀可愛又簡約

按編號來確認一下吧！　00日 保存期限　冷 需冷藏

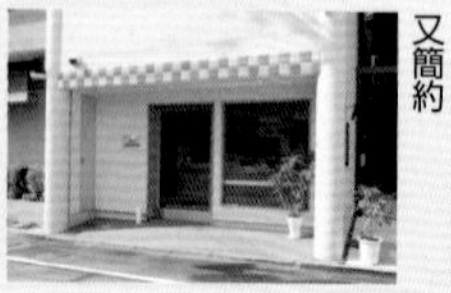

傳統美味

讓京都的美味出現在平時的飯桌上

廚師愛用的調味料、長年深受喜愛的老店名品等，將京都特有的味道帶回家。只要在餐桌上添增一兩樣，就能讓平常的三餐變成令人嚮往的京都風！

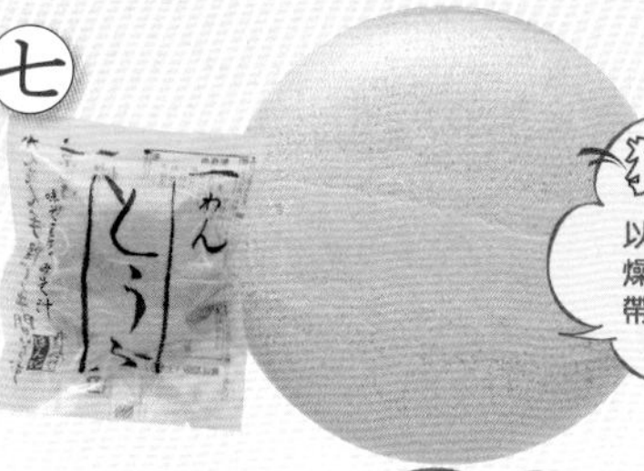

一碗味噌湯 七
648円（3份裝）
放入碗中，注入熱水，就是一碗高雅的味噌湯
6個月 冷

獲讚POINT
以麩燒包裹冷凍乾燥的味噌，可輕鬆帶回家。

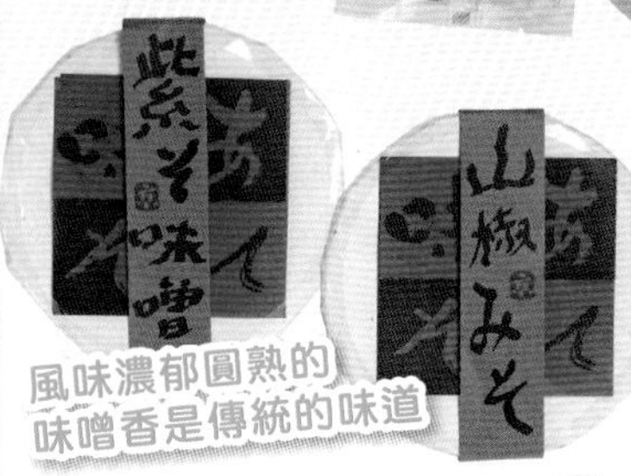

風味濃郁圓熟的味噌香是傳統的味道

配菜味噌 各**540**円（110g裝） 七
放一點在熱騰騰的飯上即是絕頂美味
30天 冷

獲讚POINT
除了紫蘇和山椒之外，還有生薑、納豆等共5種口味，也很適合當下酒菜。

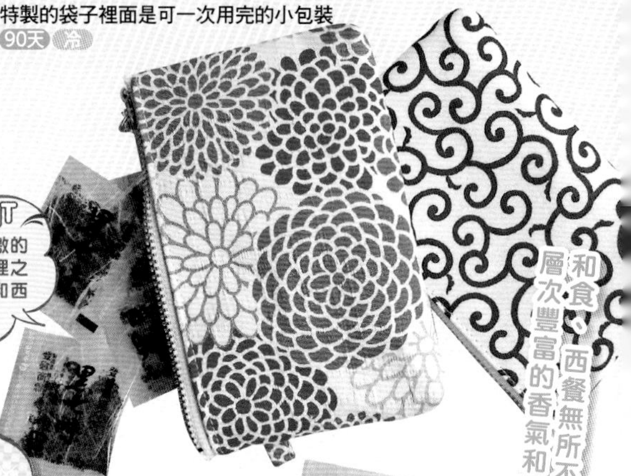

黑七味袋 六 **715**円（10個裝）
特製的袋子裡面是可一次用完的小包裝
90天 冷

獲讚POINT
濃郁的香氣和刺激的辣味除了日本料理之外，也能為中菜和西餐增添風味。

和食、西餐無所不搭
層次豐富的香氣和味道

黑七味（木筒） 六
1210円
也可加入美乃滋當沾醬
90天 冷

獲讚POINT
內含玉露、煎茶、焙茶3種茶，正適合試試口味。

茶包組合702円（上）
5個月 冷

抹茶條 十
10條裝**1296**円
可輕鬆享用抹茶的單包裝類型 6個月 冷

煎茶薰風 十
2700円（90g）
甜味和澀味的平衡符合日本人的喜好
6個月 冷

茶罐的復古包裝也很可愛♪

獲讚POINT
金色為鮪魚和羅臼昆布綠色為蔬菜，黃色為柴魚，紅色為沙丁魚和鯖魚。

能夠溫順地引導出食材原有的美味

高湯料理包 九
金**1653**円、綠**1620**円、黃**1588**円、紅**1469**円
正宗高湯的方便小包裝
6個月 冷

獲讚POINT
使用剛捕獲的魩仔魚，講究素材和風味平衡的優質小魚乾。

山椒小魚 八
1404円（35g×2袋裝）
和山椒籽爽口的辣味絕配
20天 冷

鬆軟酥脆發揮精湛手藝炊煮出絕妙的味道

十 京都市役所周邊

一保堂茶舖
【いっぽどうちゃほ】

1717（享保2）年創業，提供高級京銘茶的專賣店。在喫茶室可搭配季節和菓子，從沖泡開始享受茶品。

075-211-4018
MAP 110 D-1
所 京都市中京区寺町通二条上ル常盤木町52 L 10:00～17:00(喫茶室～16:30) 休 第2週三 交 地鐵·京都市役所站步行5分

平時為咖啡色布簾，初夏～9月會換成白色布簾

九 京都站周邊

うね乃
【うねの】

老闆親自到當地精選食材。為傳遞高湯文化，也有經營烏龍麵和關東煮等系列店。

075-671-2121
MAP 107 B-4
所 京都市南区唐橋門脇町4-3 L 10:00～18:00(週六為～16:00) 休 第2週六、日、假日 交 JR·西大路站步行5分

五重塔的布簾為其標識。店面氣氛看起來很沉穩靜謐

八 祇園

やよい

職人使用小鍋子炊煮的「山椒小魚」口感綿密鬆軟，深受歡迎。也有附設咖啡廳。

075-561-8413
MAP 112 A-1
所 京都市東山区祇園下河原清井町481 L 10:00～17:00 休 無休 交 市巴士·祇園巴士站步行5分

距離八坂神社也很近，宛如日本住家的店面

七 京都御所周邊

本田味噌本店
【ほんだみそほんてん】

江戶時代傳承至今的味噌老店。有特徵為圓融甜味和淡色的西京白味噌等精心製造的商品。

075-441-1131
MAP 109 C-4
所 京都市上京区室町通一条558 L 10:00～18:00 休 週日 交 地鐵·今出川站步行6分

1830年創業。是許多知名人士的御用店家

六 祇園

原了郭
【はらりょうかく】

以一子相傳的傳統製法，炮製精心調合七種材料的「黑七味」以及風味清爽的「香煎」。

075-561-2732
MAP 110 F-3
所 京都市東山区祇園町北側267 L 10:00～18:00 休 無休 交 市巴士·祇園巴士站步行3分

大木筒黑七味的外觀裝飾令人印象深刻

大阪 P.50
神戶 P.78

忍不住一見傾心♡
超級可愛

和風小物

從傳統古風的設計，到現代流行的風格，各種誘發少女心的和風小物應有盡有。不妨善用這些小物配件，搭配出和他人不同感覺的穿搭吧。

圓底束口袋「愛心紋」
（紅／白與白／黑）
各4180円
將平常隨身攜帶的小物放進可愛的束口袋裡，心情也會跟著上揚♪

手巾
（左）福福招財貓
（右）騎得真快哪
各2200円
使用原創木綿布料，觸感滑順。

觸感溫和的繽紛手巾

祇園

永樂屋細辻伊兵衛商店 祇園店
【えいらくやほそつじいへえしょうてんぎおんみせ】

江戶初期創業，延續14代的綿布商「永樂屋」。昭和初期的復刻圖案和現今當家所發表的新圖案等，通常會有300多種圖案可選擇。

☎ 075-532-1125　MAP 110 E-3
所 京都市東山区四条通大和大路東入祇園町北側242
時 11:00～22:00
休 無休　交 京阪・祇園四条站步行即到

獲讚POINT
顏色圖案款式豐富的手巾，也可裝框當成室內裝飾。

→2樓附設紅茶為招牌的咖啡廳

金閣寺周邊

京都 おはりばこ
【きょうとおはりばこ】

販售職人手工製作的髮飾和小物配件的店家。2樓工房製作的手捏花髮飾在1樓販售。每天都有日式布花體驗（預約優先・可當日報名）

☎ 075-495-0119
MAP 109 B-2
所 京都市北区紫野下門前町25
時 10:00～17:00　休 週三　交 市巴士・大德寺前巴士站步行3分

獲讚POINT
可依個人喜好訂製顏色，使用京都產的手染布料。

一秒就能變得華麗的鮮艷髮夾

菊花髮夾
各3630円
簡單的設計添增淡淡高雅

←位於大德寺總門前的配件小物店

四条河原町周邊

SOU・SOU 布袋
【ソウソウほてい】

將適合搭配和服的包袱巾、布袋等許多配件設計為流行風樣式，全是能在日常生活中輕鬆使用的款式。

☎ 075-212-9595
MAP 110 D-3
所 京都市中京区新京極四条上ル中之町569-10
時 12:00～20:00　休 週三
交 阪急・京都河原町站步行5分

→將商品美美的掛在店裡

獲讚POINT
職人採用手捺染出的時尚又鮮艷的花色為其特徵。

伊勢木棉 小巾折
（上）寒菊1760円
（下）疊花 萌黃1760円
可用作提包或購物袋。

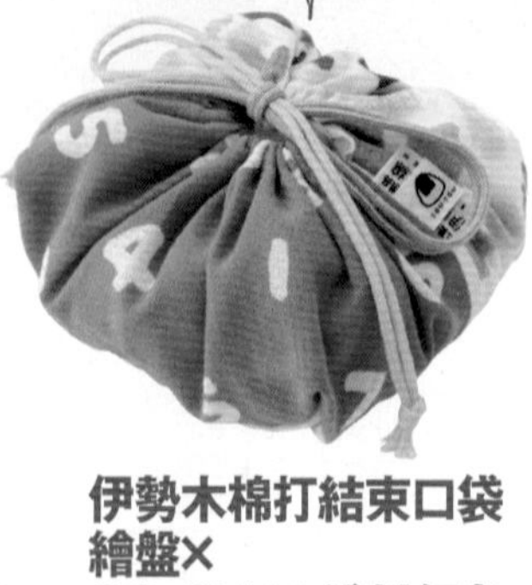

伊勢木棉打結束口袋
繪盤×
SO-SU-U 淺粉紅色
1012円
小巧可愛的圓形束口袋

有很多適合搭配和服的可愛配件

京都市役所周邊

まつひろ商店 三条本店
【まつひろしょうてんさんじょうほんてん】

每一個口金包都是職人親手製作，設計和尺寸款式豐富。為了讓顧客永久使用，提供免費維修。

☎ 075-761-5469　MAP 110 F-2
所 京都市東山区三条通大橋東入ル三町目12　時 11:00～18:00　休 無休　交 地鐵・三条京阪站／京阪・三条站步行5分

←店面陳列著五顏六色的口金包

口金包3.3寸
圓零錢包
各1078円

手掌大小的口金包使用起來相當方便

天滿名片包
1870円

最適合拿來放證件和集點卡

小小的口金包♡拿來放小東西剛剛好

3.8寸印鑑包
1210円
長12cm，比正式印章稍大的印鑑也能放入。

獲讚POINT
二手衣和流行圖樣等布料種類豐富多。看到喜歡的商品千萬別錯過。

京都

京都 🐦

讚不絕口的京都伴手禮

大阪
P.50

神戶
P.78

每天都想使用！
令人嚮往的京都

美妝品&文具

京都美人御用的美妝品和令人內心平靜的和風文具等，是相當受歡迎的伴手禮！讓京都元素不經意地融入生活當中吧♪

四条烏丸周邊

上羽絵惣
【うえばえそう】

擁有創業二百六十多年歷史，日本畫用畫具的老字號專賣店。運用日本畫白色顏料「胡粉」製成的胡粉指甲油色彩飽滿圓潤，深獲好評。

📞075-351-0693 MAP 107 C-2
🏠京都市下京區東洞院通高辻下ル燈籠町579 🕐9:00～17:00 🈲週六、日、假日 🚇地鐵四条站步行10分

店 與 和 風 色 彩 的 專 門 提供日本傳統色彩

胡粉肥皂
90g 1833円
具備保溼效果的高級手工洗面皂。 也有10g（234円）的款式

畫具店推出的豐富色彩令人心情雀躍

胡粉指甲油
各1452円～
溫和不傷指甲，顏色款式豐富。

雅讚POINT
不含有機溶劑，無刺激性臭味，塗感輕柔，方便卸除。

銀閣寺

京都ちどりや
【きょうとちどりや】

販售以天然山茶花油為基底的「舞妓香皂」和「檜木霜」等對肌膚溫和的商品。千鳥紋路的包裝也大受好評。

📞075-751-6650
MAP 108 F-4
🏠京都市左京區淨土寺上南田町65-1
🕐10:00～17:00
🈲週四、六、日 🚌市巴士・銀閣寺前下車徒步5分

雅讚POINT
運用日本自古以來的素材，完全有機的化妝品，對肌膚相當溫和

舞妓香皂
1980円
天然素材對肌膚也很溫和

旁 道 平 行 的 鹿 谷 通 ← 位於和哲學之

模特兒跟女演員也愛用的吸睛商品

檜木霜
2860円
配方有手工擠製的山茶花油和檜木精油

soothe & smooth
hinoki balm
chidoriya

四条

竹笹堂
【たけざさどう】

日本引以為豪的傳統工藝「京版畫」專賣店。有職人設計的書衣、布料、室內裝飾品等豐富商品。

📞075-353-8585 MAP 111 B-4
🏠京都市下京區綾小路通西洞院東入ル新金座町737 🕐11:00～18:00
🈲週三 🚇地鐵四条站步行8分

← 靜 靜 地 位 立 於 小 巷 中 的 町 家 格 子 外 觀

雅讚POINT
和紙的暖意搭配京都情懷的設計，令人內心感到沉靜。

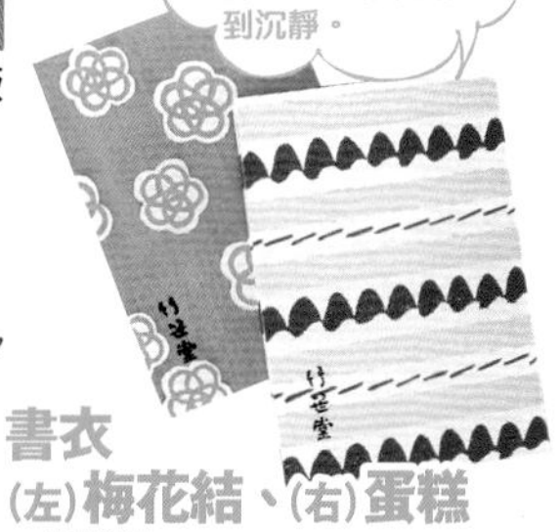

每 一 張 都 是 職 人 親 手 製 作 的 書 衣

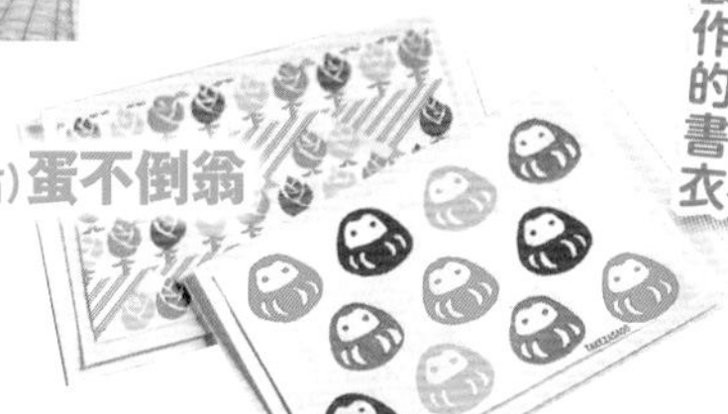

書衣
（左）梅花結、（右）蛋糕
各1595円
約有100款圖案，手感舒適，方便好拿。

問候卡
（左）花束、（右）蛋不倒翁
各1595円
贈人配合季節的各式圖案。

四条烏丸周邊

嵩山堂はし本
【すうざんどうはしもと】

昭和28（1953）年創業，販售明信片、紅包袋等原創和紙製品的店家。製作商品時最重視人的溫暖。

📞075-223-0347 MAP 110 D-3
🏠京都市中京區六角通麸屋町東入る八百屋町110
🕐10:00～18:00 🈲無休
🚇阪急・京都河原町站步行10分

← 老 文 具 店 位 於 有 很 多 老 店 和 旅 館 的 六 角 通 。

（上）信封Bag兔子 550円
（下）鯛魚信封袋 880円
顛覆信封袋概念的可愛形狀。

文乃香配送
（左）小狗
（右）貓咪
各990円
可放進信封裡的香包。

雅讚POINT
配色柔和的圖案讓人心頭一暖，飄散出來的京都香氣療癒人心。

贈送風格獨特的信封袋給心中的那個人

京都美人御用的美妝品和令人內心平靜的和風文具等是相當受歡迎的伴手禮！讓京都元素不經意地融入生活當中吧♪

車站 周邊 4大商場

讚不絕口的 京都伴手禮

京都車站周邊的購物商場不斷翻新。眾多新品牌和老店的原創商品，全面網羅熱門的京都伴手禮。

NEXT 100 YEARS
●ネクストワンハンドレッドイヤーズ

水果羊羹
1784円

甘夏橘、水蜜桃、葡萄的水果羊羹和白豆沙融合，口味清爽

といろ by Tawaraya Yoshitomi
●といろバイタワラヤヨシトミ

都色～京都不倒翁
9塊裝 864円

運用乾菓子技術的草莓口味彈珠汽水。造型是吉祥的不倒翁

◆JR京都站南北自由通道

JR京都伊勢丹
●ジェイアールきょうといせたん

除了觀光客之外，也很受當地人喜愛的百貨公司。有京都名店新開的店舖和人氣甜品等，具備百貨公司才會有的豐富品項。

☎075-352-1111（總代表號）　MAP 114 B-4
🏠京都市下京区烏丸通塩小路下ル東塩小路町　🕐10:00～20:00、餐廳為11:00～22:00※視店舖而異
🈺不定休　🚇直通各線・京都站

伊藤軒／SOU·SOU
●いとうけん／ソウソウ

SO·SU·U· 羊羹長崎蛋糕(和三盆)
10塊裝 1458円

用和三盆羊羹包覆加入滿滿雞蛋的長崎蛋糕

品味在發光 特別關注名店美味！

村上開新堂
●むらかみかいしんどう

俄羅斯蛋糕
12塊裝 3024円

古典的烤菓子，有杏桃、葡萄乾等4種口味 ※進貨日限定商品

京あめ クロッシェ 袿(uchigi)
●きょうあめクロッシェウチギ

濃茶手鞠、白絹手鞠、言祝
各540円

京あめ的老店監製的商品。帶有京都風味的淡色系相當美麗

梅園 oyatsu
●うめぞのオヤツ

餡泥花束
1盒(3塊裝) 972円

Q彈的外皮包覆著伯爵奶茶和焦糖餡泥，全新感覺的銅鑼燒

京都 かりんとう あめんぼ堂
●きょうとかりんとうあめんぼどう

花林糖
各420円～

質樸的古早味和「喀哩」的酥脆口感，一吃就上癮！

將京都料理做成便當輕鬆享用！

難得來這裡，就到JR京都伊勢丹地下2樓的名店購買便當，在新幹線上品嘗吧。數量有限，事先在線上商店訂購會比較安心。

魚三樓
●うおさぶろう

行樂便當
2970円

魚、蔬菜堅持使用當地食材，料理都使用伏見的銘水

下鴨福助
●しもがもふくすけ

季節裝盒便當
3240円

手鞠壽司、散壽司、燉物、烤物等當季美味全部裝盒的便當

紫野和久傳
●むらさきのわくでん

鯛魚散壽司
2916円

以鯛魚黑醋壽司為主，搭配炊煮蔬菜等季節性菜色盛裝滿滿

讚不絕口的京都伴手禮

大阪 P.50
神戶 P.78

洋菓子のバイカル
●ようがしのバイカル

幸福的漩渦派

5塊裝 **1500円**

下鴨老字號西點店的招牌商品蘋果派做成迷你大小

天狗の横綱あられ
●てんぐのよこづなあられ

招牌禮盒（黑胡椒、沙拉醬、七味辣椒粉）

810円

誕生於京都的餅乾,使用高品質麵粉高溫油炸,口感酥脆,一吃就上癮

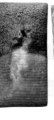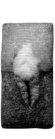

FUMON-AN
●フモンアン

京法費南雪

5個入 **756円**

法國甜點師傅和茶師十段酢田氏監修的費南雪餅乾

當地備受喜愛的零食進化為現代版

外帶 京都美食

Porta KITCHEN
●ポルタキッチン

位於京都Porta東區,有許多特製的外帶商品,可輕鬆購買名店美味,令人雀躍。

京つけもの 西利
●きょうつけものにしり

京漬物壽司 **972円**

用季節性京漬物做的握壽司,最適合當旅遊和觀光的良伴

土井志ば漬本舗
●どいしばづけほんぽ

柴漬炸雞塊（100g）**400円**
柴漬可樂餅（1個）**238円**

除了有使用柴漬完美調配的可樂餅和炸雞塊之外,還有很多使用漬物的京都傳統家庭料理

✦ 京都站前地下街、京都站大樓B2～2F、11F

京都Porta●きょうとポルタ

☎075-365-7528　**MAP** 114 B-4

🏠京都市市下京区東塩小路町902
🕐伴手禮7:30～22:00
（視不同樓層而異）
休不定休　🚇各線・京都站即到

直通京都站的地下街,2018年新增東區伴手禮專區,2022年新增西區的飲食專區。如今已是京都站內最熱門的景點。

尋找可愛和風伴手禮

nikiniki à la gare
■ニキニキアラギャール
☎075-662-8284　🕐10:00～20:00

carré de cannelle 各110円～（販售1個僅內用）

餡泥和糖封可和生八橋自由調配,製作自己喜好的甜品

鶴屋吉信IRODORI
●つるやよしのぶイロドリ
☎075-574-7627　🕐10:00～20:00
（咖啡廳、外帶為～19:00）

有平糖 5根裝 **864円**

每個配色都表現出京都的名勝。
有高雅的甜味和入口即化的口感

JR京都站八条口

ASTY ROAD
●アスティロード

餐廳、咖啡廳、和風雜貨、伴手禮等,有許多說到京都就會想到這裡的赫赫名店齊聚一堂的區域。新幹線驗票口內也有店家,可在移動前去看看也很方便。

☎075-662-0741　**MAP** 114 B-4
（JR東海關西開發／平日9:00～17:00）　🏠京都市市下京区東塩小路高倉町8-3
🕐視店舖而異
休無休　🚇各線・京都站即到

✦ 京都塔大樓B1～2F

KYOTO TOWER SANDO
●きょうとタワーサンド

地下一樓是可以享用京都美食的美食專區,1樓有人氣咖啡廳和伴手禮店集結。2樓有和菓子和傳統工藝的體驗教室,建議來此製造旅遊的回憶。

☎075-746-5830　**MAP** 114 B-3
🏠京都市市下京区東塩小路町721-1
🕐1樓11:00～23:00、1樓9:00～21:00、2樓10:00～19:00　※視部分店家而異
休無休　🚇各線・京都站即到

都松庵
●としょうあん

MIYAKO MONAKA

432円

口感酥脆的最中餅容器中,放入特製粒餡和求肥的手工最中餅

很少有地方可以買到的微稀伴手禮

zarame-gourmet cotton candy-
●ザラメグルメコットンキャンディ

京綿菓子 綿束口袋

各410円

使用丹波產黑豆粉牛奶與桃子的棉花糖。三角包裝好可愛

1 大阪風格的代表性商圈「新世界」(→P.68)
2 道頓堀的招牌人偶「食倒太郎」(→P.60)
3 來到大阪怎麼可以不吃粉食!?(→P.52)
4 擺好姿勢跟風格獨特的招牌一起拍照留念(→P.61)
5 登上天守閣體驗高人一等的感受(→P.71)

徹底享受美食&爆笑的風情濃厚城市!

大阪

以梅田為中心、摩天大樓林立的西日本最大購物區域「北區」，以及擁有道頓堀和美國村等特色景點的熱鬧區域「南區」。以這兩大開區為主，讓我們徹底體驗充滿活力又熱情洋溢的大阪吧。

遊玩這個地區的小訣竅

搭乘環狀線&御堂筋線移動
將大阪市區以大型圓圈連結的JR大阪環狀線，以及連結新大阪、梅田、心齋橋、難波和天王寺等主要車站的大阪地鐵御堂筋線是交通的主幹線。首先掌握這2條路線，就能前往大部分的觀光景點。

南區的飯店數量更為眾多
雖然大阪站周邊&難波周邊住宿便利，但大阪站周邊同時也是商業區，飯店時常客滿。建議觀光客選擇飯店數量眾多，能遊玩到深夜的南區!

在USJ需要整整一天!
USJ無論遊樂設施、表演、美食或購物都是豐富多元，可以的話建議空出一整天盡興遊玩。還會販售期間限定15時開始的半天門票「星光票」，參考看看吧!

用划算票券讓旅途更加愉快!

票券 (販售地點)	價格	自由乘坐區間	不同目的的推薦重點
1日乘車券 Enjoy Eco Card (Osaka Metro站內的自動售票機等)	820円 (1日) ※週六、日、假日為620円	Osaka Metro、大阪都市巴士全線(部分路線除外)	市中心區域的移動幾乎毫無問題。只要出示乘車券，沿線觀光設施也都有折扣
スルッとKANSAI 大阪周遊卡 (Osaka Metro各站、大阪觀光服務所等)	2800円 (1日)	Osaka Metro、大阪都市巴士全線(部分路線除外)、大阪市內區域的私鐵(JR除外)	可免費參觀超過40座的觀光景點。適合以觀光為主的人

●Osaka Metro·客服專線☎06-6582-1400／大阪周遊巴士(公益財團法人 大阪觀光局))☎06-6282-5900
※部分路線(IKEA鶴濱／前往日本環球影城的巴士、機場巴士、預約巴士)除外
※依感染症相關各設施的對應·對策，刊載資訊會有所變更，請先確認最新狀況。

從京都·神戶前往大阪的交通方式

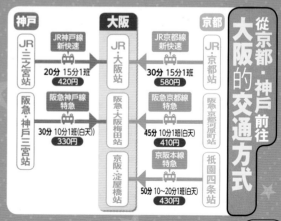

神戶		大阪		京都
JR·三之宮站	JR神戶線 新快速 20分 15分1班 420円	JR·大阪站	JR京都線 新快速 30分 15分1班 580円	JR·京都站
阪急·神戶三宮站	阪急神戶線 特急 30分 10分1班(白天) 330円	阪急·大阪梅田站	阪急京都線 特急 45分 10分1班(白天) 410円	阪急·京都河原町站 祇園四條站
		京阪·淀屋橋站	京阪本線 特急 50分 10~20分1班(白天) 430円	

從大阪站搭電車5分

新大阪
しんおおさか　P.76

新幹線停靠的新大阪站有許多新設施陸續開幕。伴手禮和美食一應俱全，勢必要抽空造訪。

從大阪站搭電車12分　書前附錄

日本環球影城
ユニバーサル・スタジオ・ジャパン

世界級的主題樂園

以電影世界為主題的世界級主題樂園。享受熱門的遊樂設施和表演，度過興高采烈的一整天吧。

來這裡玩吧 ・超級任天堂世界

從大阪站搭電車20分

海遊館
かいゆうかん　P.74

海洋生物和巨大水槽令人感動！

世界屈指可數的巨大水族館，擁有鯨鯊和海獺等眾多的明星海洋動物。在充滿魄力的大水槽能近距離觀察動物的「新體感區」等值得一見。

來這裡玩吧 ・海遊館　・天保山市場街

從大阪站搭電車13分

新世界・天王寺
しんせかい・てんのうじ　P.68

下町風情滿溢的深奧世界

通天閣所在的昭和懷舊新世界，以及日本第一摩天高樓阿倍野HARUKAS所聳立的天王寺地區。十分推薦登上大阪的新舊地標作為觀光的紀念！

來這裡玩吧 ・通天閣　・阿倍野HARUKAS

JR大阪・梅田站　這裡為起點
ジェイアールおおさか・うめだえき　P.72

新景點陸續誕生的洗鍊都會區

JR、私鐵和地鐵等交錯的大型交通轉運站。車站周遭為百貨公司和商店林立的購物據點！也不容錯過日本首次登場的甜點店等流行最先端的資訊。

來這裡玩吧 ・LUCUA osaka　・GRAND FRONT OSAKA

從大阪站搭電車10分

大阪城
おおさかじょう　P.71

在名城沉浸於歷史情懷

太閤秀吉所建造的大阪象徵，還可參觀城內的展示品。遙想太閤秀吉功績的同時參觀學習。和戰國武將真田幸村也有極深的淵源，是歷史迷們所憧憬的觀光景點。

來這裡玩吧 ・大阪城天守閣、大阪公園　・JO-TERRACE OSAKA

十三駅

JR大阪・梅田站 區域
梅田スカイビル・梅田站・大阪站

大阪城 區域　大阪城公園駅

淀川

阪神なんば線

西九条駅

日本環球影城 區域

弁天町駅　京セラドーム大阪　JRゆめ咲線　JR大阪環状線

九条駅

四ツ橋駅

美國村

道頓堀

難波花月劇場

南海なんば駅　難波

難波・道頓堀・心齋橋區域

海遊館 區域

大阪港駅

今宮駅

阪神高速道路

大阪港

新世界・天王寺區域

通天閣・新世界

天王寺駅

阿倍野HARUKAS

JR大和路線

從大阪站搭電車10分

難波・道頓堀・心齋橋
なんば・どうとんぼり・しんさいばし　P.60

光彩奪目的華麗看板 THE 難波

大阪特色「巨大招牌」連綿的道頓堀、搞笑殿堂「難波花月劇場」，以及百貨公司和品牌商店雲集的心齋橋等，是大阪旅行必去的地區。章魚燒和大阪燒等色彩濃厚的大阪美食餐廳數量眾多。

來這裡玩吧 ・道頓堀的巨大招牌　・美國村

這就是大阪的粉食料理！
大阪燒

從簡單的豬肉蛋口味到摩登燒和蔥燒等特殊口味，在聖地大阪品嘗種類豐富多變的大阪燒吧。

從道頓堀步行即到的南區代表性熱門餐廳！

⬆ 位於道頓堀主要街道附近，人潮絡繹不絕

山藥燒 1720円
麵糊不使用麵粉而用100％山藥，和豪華食材是最完美的搭配

美津燒 1500円
包括豬肉、花枝、鮮蝦和干貝等6種食材在內的綜合燒

道頓堀
道頓堀 お好み燒 美津の

●どうとんぼりおこのみやきみづの

昭和20（1945）年創業後僅在道頓堀營業，別處吃不到的好滋味。使用獨家調配的麵糊和從當地專賣店進貨的優質食材，提供堅持品質的大阪燒。

山藥燒剛開始吃時口感鬆軟，之後則是鬆脆可口！

☎06-6212-6360 **MAP** 124 C-2
所大阪市中央区道頓堀1-4-15
🕐11:00～21:00 休週四 席38席 地鐵‧難波站15號A出口步行5分

大阪燒化身為畫布！逗趣美乃滋藝術

豬肉蛋 950円
蒸煎翻面後，將正中央緊緊壓實為特色

難波
おかる

昭和21（1946）年創業，現在由直爽的第二代老闆娘所經營。簡單卻吃不膩的懷舊口味大阪燒，以甜味和辣味的雙重醬料勾勒出滋味。

海報等充滿昭和懷舊氛圍的店內讓人傾心

☎06-6211-0985 **MAP** 124 C-2
所大阪市中央区千日前1-9-19
🕐12:00～14:30、17:00～21:30
休週四、第3週三 席40席
地鐵‧難波站15號出口步行即到

「按壓麵糊」「蓋上蓋子」「靜心等候」的料理風格！

不說你不知？
大阪燒的基礎知識

★大阪燒的歷史為何？

據說大阪燒肇始在戰國時代，大阪出身的千利休於茶會時所提供的「麩燒」。大正到昭和初期，開始在攤販販售將麵糊薄煎煎後加入食材的洋食。由於可加入喜「好」的食材，所以從昭和30（1955）年開始固定被稱為「お好み燒（御好燒）」。

★大阪燒的種類有幾種？

正因為是加入喜「好」的食材煎燒而得名的お好み燒，所以食材組合有無限多種。猶豫不決時可從經典的3種「經典的3種」中挑選，或是向店員詢問推薦的種類。

豬肉蛋
大阪燒食材經典中的經典，油脂豐富的美味滲入麵糊，帶出有層次感的滋味。

摩登燒
大阪燒加上炒麵之間，將麵夾於麵糊是中間以雞蛋，或以同店鋪做法不各不同理殊的粉食料理。

蔥燒
煎薄的麵糊擺上大量的青蔥，淋上特製的醬汁，是道口享用，醬味的特殊粉食料理。

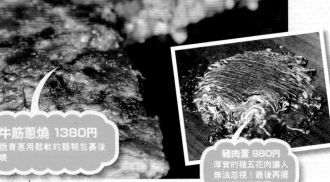

難波

ねぎ焼き お好み焼き 福太郎

●ねぎやきおこのみやきふくたろう

僅設吧檯座的本館和設置桌椅座位的別館相鄰。從簽約的農家進貨食材等，堅持蔬菜和肉類的品質。利用絕佳的火候孕育出的口感是受歡迎的秘密。

☎06-6634-2951 MAP122 D-4
🏠大阪市中央区千日前2-3-17 🕐17:00～23:30、週六、日、假日為12:00～23:00 休無休 🪑68席
🚉地鐵・難波站1號出口步行5分

↑緊鄰「難波花月劇場」，推薦在看秀的前後造訪

↑在富有臨場感的吧檯觀看大阪燒的製作過程

半熟蛋和炒麵相互結合
店家獨創的摩登燒

摩登燒 940円
將炒麵淋上添加高湯的蛋液後煎燒成半熟狀態

牛筋蔥燒 1380円
香脆青蔥用鬆軟的麵糊包裹後煎燒

豬肉蛋 980円
厚實的豬五花肉讓人無法忽視！最後再擺上滑稠的半熟蛋

難波

はつせ

為了讓初次體驗者也能煎燒得好吃，而使用混合4種麵粉的魔法麵糊。和切細的高麗菜相得益彰，煎燒得鬆軟可口。店內全為包廂讓人能輕鬆享用美食。

MAP122 D-4
☎06-6632-2267
🏠大阪市中央区難波千日前11-25 🕐11:30～23:00、週六、日、假日為11:00～ 休無休 🪑150席
🚉地鐵・難波站1號出口步行5分

以自助煎燒風格讓人開心享用的大阪燒

↑昭和20(1945)年創業。店鋪位於千日前

豬肉蛋 968円
柴魚＆昆布高湯風味再加上柴實豬肉的鮮美

梅田

きじ

位於新梅田食道街，從昭和25（1950）年起橫跨3代經營。加上爽口的青紫蘇讓大阪燒的口感更富變化是本店的特徵。和甜醬可謂完美的結合。

☎06-6361-5804 MAP120 D-2
🏠大阪市北区角田町9-20 新梅田食道街2階 🕐11:30～21:30 休週日 🪑23席
🚉JR・大阪站御堂筋口步行3分 ※不接受預約

↑店家在2樓，但入口位於1樓請多加留意

從麵糊的間隙流出
濃～稠的起司

起司燒 1680円
放入大量切達、再製起司、豪達、莫札瑞拉、融漿5種起司！

梅田

お好み焼 ゆかり 曽根崎本店

●おこのみやきゆかりそねざきほんてん

於昭和25（1950）年創業。麵粉、醬料和麵條皆為店家獨創，以海藻飼料雞蛋調製麵糊及美乃滋等，處處能見到店家對品質的堅持。起司燒等特殊口味也獲得好評。

☎06-6311-0214 MAP120 E-3
🏠大阪市北区曽根崎2-14-13 🕐11:00～22:00
休不定休 🪑96席
🚉JR・大阪站御堂筋口步行7分

↑僅在梅田一代就開設4家店鋪的熱門餐廳

以熟練的技巧煎燒成
青蔥香脆口感

章魚燒是大阪的靈魂食物，店鋪也是為數眾多。為了初次造訪大阪不知該選擇哪間店鋪的人，在此從口味、配料和章魚大小等角度徹底剖析知名店鋪的章魚燒！

徹底比較！

青蔥和半熟蛋的相互融合！

Check!!
從想製作冷掉也好吃的章魚燒開始，以各種麵粉經過無數次試做後，終於誕生現在混合7種麵粉的絕佳麵糊

半熟蛋和爆量青蔥
6個650円
將滑稠的半熟蛋戳破後和香脆的青蔥攪拌在一起。和獨家的高湯醬油也是完美的搭配。內用則為680円(不含稅)

4.5cm

道頓堀
くれおーる道頓堀店

●くれおーるどうとんぼりてん
位於道頓堀的大排長龍名店。將冷掉後也好吃的章魚燒淋上獨門醬料或高湯醬油享用。店內也提供大阪燒和串炸等大阪的著名料理。

MAP 124 B-1
☎06-6212-9195
所大阪市中央區道頓堀
1-6-4
🕙10:00～22:00
休無休
席70席
🚇地鐵・難波站14號出口步行5分

↑位於道頓堀主要街道的著名店鋪

3cm

章魚燒檔案
口感	外脆內稠
醬	醬料、高湯醬油、老饕醬料（獨門配料等8種）
食材	蔥、生薑、蛋、炸麵糊等
創業	1999年

以極度新鮮的活跳跳章魚為自傲之處

Check!!
店員雙手皆手持挑棒的左右開弓製法為特徵。將極度新鮮的章魚和高湯入味的麵糊，用迅猛速度翻轉的技巧讓人看得目不轉睛

美國村
甲賀流 本店

●こうがりゅうほんてん
發明美乃滋的網狀淋法，轉瞬間就擄獲了美國村年輕人的心。把大塊Q軟的章魚放入摻有7種高湯和山藥的麵糊當中。放入大量青蔥的柚醋青蔥也大受歡迎。

MAP 123 C-2
☎06-6211-0519
所大阪市中央區西心齋橋
2-18-4
🕙10:30～20:30、週六、假日前日為～21:30
休無休
席20席
🚇地鐵各線・心齋橋站7號出口步行5分

↑位於三角公園前方，每天都有無數年輕人光顧

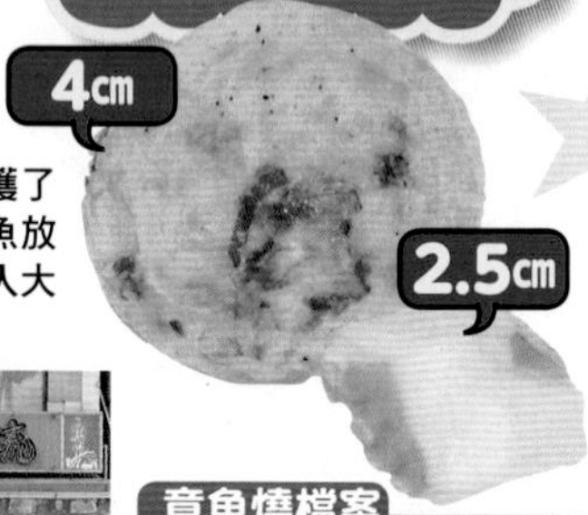

醬料美乃滋 10個550円
大塊Q軟章魚和順口的麵糊淋上醬料與美乃滋。從最受歡迎的基本口味開始享用吧！

4cm

2.5cm

章魚燒檔案
口感	外軟內稠
醬	醬料、柚子醋、醬油、黑胡椒
食材	蔥、生薑、蛋等
創業	1974年

道頓堀
たこ燒十八番 道頓堀店

●たこやきじゅうはちばんサンズドウトンボリてん
將奶油狀的麵糊倒於鐵板上，再加上章魚、紅薑、小蝦粉和高品質的炸麵糊等多到令人難以置信的配料燒製。有其他店家吃不到的特殊口感。

MAP 124 B-1
☎06-4256-2818
所大阪市中央區道頓堀
1-8-26
🕙11:00～22:00
休無休
席無
🚇地鐵・難波站14號出口步行5分

↑在章魚燒競爭激烈的道頓堀也是熱門店家

酥脆爽口感毫不猶豫選擇這裡

Check!!
加入高湯和牛奶、味道濃厚的奶油狀麵糊，放入有如小山的炸麵糊讓外皮酥脆爽口，這口感擄獲了許多粉絲

章魚燒檔案
口感	外脆內奶油狀
醬	鹽、獨門醬料
食材	牛奶、炸麵糊、小蝦、生薑等
創業	1999

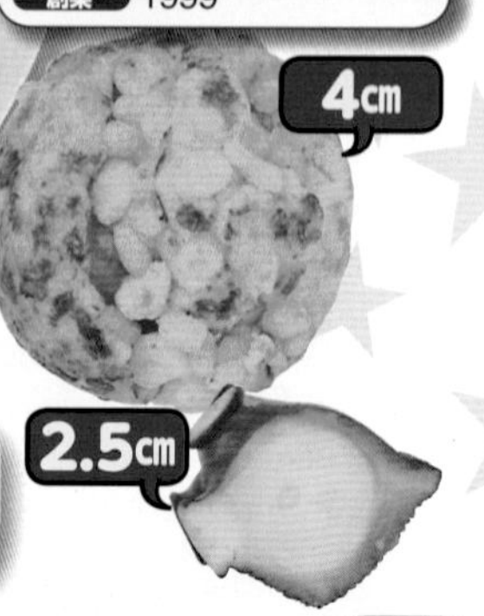

4cm

HALF & HALF
10個960円
能嘗到鹽+海苔絲和醬料+柴魚片2種口味的熱銷章魚燒。大量放入的小蝦也很可口

2.5cm

吃遍大阪美食

輕鬆享用浪花的大眾速食
章魚燒

創意章魚燒也要 check！

披薩章魚球8個500円
放入起司和粗絞肉香腸的披薩風章魚燒。搭配番茄醬和美乃滋享用的特殊料理

自製麵粉的洋風章魚燒
美國村

だいげん 美國村店

●だいげんアメリカむらてん

使用27種提味食材的高湯和家傳秘方的麵粉等，提供處處可見堅持的洋風章魚燒。醬料帶有辣味，和美乃滋十分匹配。

☎06-6251-1500 **MAP**123 C-2
🏠大阪市中央区西心斎橋1-7-11
🕐11:00～21:00 休週二 🪑27席
🚇地鐵・心齋橋步行4分

章魚熱狗380円
Q彈的烤餅放入大量蔬菜，再夾入章魚燒的驚人美食

提供種類豐富的粉食
千日前

たこやき座

●たこやきざ

章魚燒奢侈地使用3種昆布、沙丁魚、鰧魚和雞骨等熬製的高湯。另販售章魚熱狗、炒麵和大阪燒等料理。

☎06-6644-0086 **MAP**122 D-4
🏠大阪市中央区難波千日前12-2 🕐10:00～24:00，週六、日、假日前日為9:00～
休無休
🪑100席 🚇地鐵・難波站4號出口步行5分

不說你不知？
章魚燒的基礎知識

★章魚燒是何時出現的？
昭和初期，在住吉經營收音機燒店鋪的「會津屋本店」店長，從客人那裡聽聞明石燒而獲得靈感，在收音機燒的麵中放入章魚誕生出章魚燒。是熱愛美食且腦筋靈活的大阪商人才能孕育出的大眾美食。

★每家都有一台章魚燒機
說到章魚燒機的普及率，大阪絕對是冠軍。在超市有販售做章魚燒的麵粉和醬料，章魚燒派對也屢見不鮮！也想買一台的你現在就去道具屋筋商店街吧！

★章魚燒的種類有哪些？
醬料加上柴魚片、青海苔，再依喜好添加美乃滋是最常見的吃法。有些對高湯有自信的店家，會不淋上任何醬料或是僅提供鹽巴。吃得清淡的人則推薦柚子醋或醬油。加上配料青蔥也很受歡迎。

帶有焦香的外皮和鬆軟濃稠的麵糊搭配絕妙

章魚燒（醬汁）
5個450円
特製高湯入味的醬油質地香氣四溢，柔軟的麵糊和章魚感絕頂美味。

Check!!
除了章魚燒和大阪燒，也可以盡情享用明石燒、炒麵等關西美食

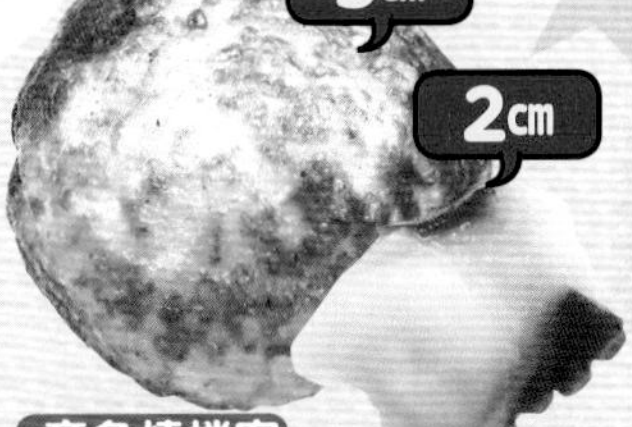

5cm
2cm

章魚燒檔案

口感	外酥脆內鬆軟
醬	水果風味的特製甜醬
食材	蔥、炸麵糊、紅薑等
創業	1980年

道頓堀

たこ八 道頓堀總本店

●たこはちどうとんぼりそうほんてん

由專人在店家用銅板烤製的章魚燒，口感鬆軟可口。2、3樓除了章魚燒之外，也可邊欣賞道頓堀邊享用大阪燒、炒麵、鐵板燒等。

MAP124 C-1
☎06-6211-4684
🏠中央区道頓堀1-5-10
🕐10:00～21:00（2、3樓為11:00～14:00、17:00～20:00）
休無休
🪑65席 🚇地鐵・難波站14號出口步行5分

↪1樓為立式吧檯、2樓為吧檯座、3樓為餐桌席

道頓堀

たこ家道頓堀くくる 本店

●たこやどうとんぼりくくるほんてん

獨家調配的麵粉、口感絕佳的章魚，以及濃厚的特製醬汁營造出完美平衡的熱門章魚燒店鋪。店內除了著名的「嚇一跳章魚燒」外，還提供章魚涮涮鍋等豐富的章魚料理。

MAP124 A-1
☎06-6212-7381
🏠大阪市中央区道頓堀1-10-5 白亞ビル1階
🕐11:00～21:00、週六、日、假日為10:00～
休無休
🪑42席
🚇地鐵・難波站14號出口步行5分

↪在和式座位悠閒品嘗

Check!!
使用口感嚼勁極佳的超大塊章魚，為了做出蓬鬆又濃稠的章魚燒而使用くくる特製麵粉製作麵糊

大塊章魚明顯突出的超大尺寸章魚燒！

名物嚇一跳章魚燒
8個1980円
從麵糊中突出的大塊章魚令人嚇一跳！只在這裡才吃得到，既然來了一定要吃吃看

4cm
2.5cm

章魚燒檔案

口感	外軟內稠
醬	水果風味的特製醬料
食材	炸麵糊、蔥、生薑等
創業	1985年

油炸後一字排開讓客人自由挑選想吃的串炸

酥脆的口感多少都吃得下！

串炸

上班族的愛店！在車站地下街站著吃串炸

牛肉、豬肉、海鮮和蔬菜等，將種類豐富的食材油炸而成的串炸。也請將焦點放在各間店鋪費心製作的麵衣和醬料！

鮮蝦
160円
酥脆麵衣和Q彈蝦肉的口感讓人上癮

嫩雞肉
180円
炸得酥脆的大分量帶骨嫩雞

牛串
120円
說到大阪的串炸就是這個！超經典＆最受歡迎

不說你不知？
串炸的基礎知識

★醬料禁止沾第二次
串炸吃過一口後，禁止沾第二次醬是所有店鋪共通的準則。將整串串炸在醬料裡快速浸一下的量剛剛好，醬料不夠時可用高麗菜沾取補足。

★高麗菜無限量享用
店家提供的大片高麗菜基本上可無限量享用。是吃串炸時不可或缺的清口小菜。

★下酒菜首選土手燒
燉煮牛筋被稱為「土手燒」。在配菜菜單上必定榜上有名，在串炸炸好之前是最佳的下酒菜。

梅田
松葉總本店
●まつばそうほんてん

在新梅田食道街經營近50年，北區的代表性串炸店。摻入高筋麵粉的薄麵衣用芥花油油炸的串炸，口感酥脆又健康，和特製的甜醬十分相配。

☎ 06-6312-6615　MAP 120 D-2
所 大阪市北区梅田角田町9-25　新梅田食道街1階　⏰ 14:00～21:40、週六為11:00～、週日、假日為～21:10
休 無休　席 僅有站位
JR・大阪站御堂筋口步行即到

位於地下街能輕鬆自由造訪的正宗庶民風串炸店

↑位於JR大阪站和阪急梅田站附近

黑毛和牛
396円
酥脆的麵衣和肉料搭配得恰到好處的高級食材串

蘆筍
143円
口感清脆＆水嫩多汁受到女性的高度支持

串炸搭乘電車登場主題樂園風格的串炸店

心齋橋
元祖串かつだるま
心齋橋店
●がんそくしかつだるましんさいばしてん

用平板點餐及用桌面電車運送餐點的風格，是別間店鋪沒有的嶄新樣式，因而蔚為話題。由於是新世界熱門串炸店「だるま」的分店，所以美味自然不在話下。

☎ 06-6121-5594　MAP 122 D-2
所 大阪市中央区心齋橋筋1-5-17
⏰ 11:00～22:00
休 無休　席 145席
地鐵各線・心齋橋站6號出口步行3分

↑一整面描繪大阪名勝的牆壁也不容錯過

特價串炸
時價
每月不同的特價串炸。採訪時為炸火腿30円

難波
ヨネヤ
難波南區店
●ヨネヤなんばミナミてん

粗磨的麵包粉帶出美味的特製麵衣，為了創造酥脆的口感而加入生啤酒。爽口的酥脆口感讓人想一吃再吃。香魚或牡蠣等依季節不同而推出的特殊食材令人期待。

☎ 06-6213-0938
MAP 123 C-3
所 大阪市中央区難波2-1-4なんばウォーク南1番街
⏰ 11:00～21:45
休 奇數月的第3週三　席 16席+站位
直通地鐵・難波站

↑位於難波地下街，觀光時能順道拜訪

洋蔥
180円
將3～4cm的小型洋蔥油炸得酥脆可口

雞肉
200円
鬱金香形狀的雞翅肉。手拿骨頭大快朵頤

也提供串炸拼盤或附喝酒的各種優惠套餐喔！

紅薑
143円
恰到好處的酸味讓人上癮，大阪才吃得到爽口串炸

元祖串炸
143円
細緻的麵包粉有著酥脆口感。清爽醬汁也很精采

水針魚
時價
用山芹菜包住水針魚的串炸
※季節限定

明蝦
660円
整隻日本產明蝦搭配檸檬和鹽享用

竹筍
時價
新鮮水嫩的素材本味在發光

難波
串の坊 大阪法善寺本店
●くしのぼうおおさかほうぜんじほんてん

旅館改裝充滿意趣的特色串炸店。油和麵包粉使用的是創業當時從未變過的獨家配方，供應酥脆口感的串炸。2樓也有包廂。

傳承創業美味的大阪串炸老店

☎ 06-6211-1161　MAP 124 B-2
所 大阪市中央区難波1-5-6　⏰ 11:30～22:00　休 無休　席 92席　地鐵・難波站15A出口步行4分

↑氣氛如料亭的古風店內

梅田
新世界 串カツ いっとく
阪急梅田東通店
●しんせかいくしかついっとくはんきゅうめだひがしどおりてん

位在對觀光客而言交通方便的梅田，極易到達的熱門串炸店鋪。雖是庶民風格但薄麵衣有著高雅的口味，受到女性顧客的好評。酥脆爽口吃再多也不膩。

能輕鬆享用到高品質的串炸

☎ 06-6366-9499　MAP 120 E-2
所 大阪市北区堂山町3-12 ステージスカラプレビル地下1階　⏰ 17:00～翌日0:30、週五為～翌日1:30、週六、日、假日為11:00～翌日1:30　休 無休　席 64席　JR・大阪站御堂筋口步行7分、地鐵・東梅田站1號出口步行5分

串炸
1支 121円～
麵衣薄所以更能嘗到食材的滋味。串炸拼盤10支1404円

↑附近有東通店與河童橫丁店

熱騰騰&辣呼呼 咖哩拌飯的起始店

名物咖哩
800円
被稱為「薄口」的高湯是美味的關鍵。配料單純，只有洋蔥和牛肉

狐狸烏龍麵
880円
入味的油豆腐和香脆青蔥襯托美味

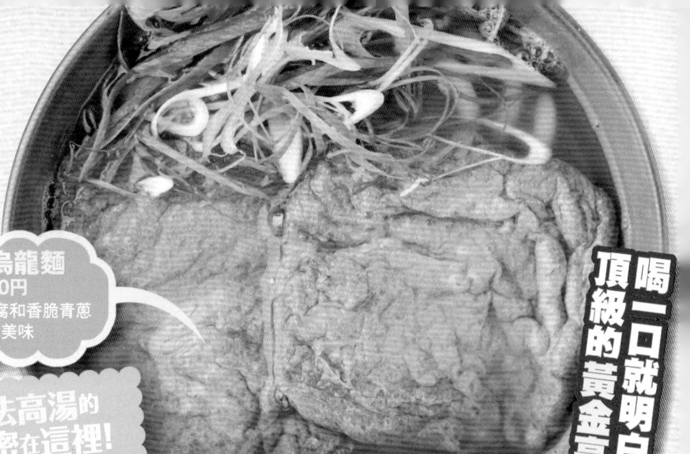

喝一口就明白！頂級的黃金高湯

將生雞蛋攪拌後再享用會更美味喔！

魔法高湯的秘密在這裡！

秘密1
毫不手軟地使用北海道黑口濱的天然昆布，以及九州產的青花魚柴魚&鰹魚柴魚等奢侈的食材

秘密2
「高湯的命根在於新鮮度」，堅持一天內履次製作新鮮高湯，絕不事先做好存放

難波
自由軒
●じゆうけん

明治43（1910）年創業，大阪首間的西式料理餐廳。在沒有白飯保溫容器的時代，為了提供熱騰騰的咖哩而發明出「將咖哩醬拌入白飯的風格」，現在已是知名料理。

☎06-6631-5564　MAP 122 D-3
所大阪市中央区難波3-1-34
⏰11:00～20:00、視情況可能有所變動
休週一（逢假日則翌日休）　席38席
🚇地鐵・難波站11號出口步行3分

↑作家織田作之助曾光顧本店，並且在作品中介紹

道頓堀
道頓堀 今井
●どうとんぼりいまい

即使位於濃厚色彩招牌的道頓堀正中央，帶有歷史風采的建築仍引人矚目。美味的高湯大獲好評，甚至被稱為「高湯的今井」，受到不分年齡層的喜愛。

☎06-6211-0319　MAP 124 B-1
所大阪市中央区道頓堀1-7-22　⏰11:30～21:00
休週三　席138席　🚇地鐵・難波站14號出口步行5分

↑位於道頓堀的風情建築。以柳樹為標識

親子蓋飯（附湯品）1350円等也很受歡迎

大阪居民所深愛的
浪花知名美食

對味道講究但討厭排隊的大阪居民就算排隊也要吃到！在此介紹餐廳的自傲美食。

被鬆軟的雞蛋包裹的柔和滋味

↑和風空間與西洋料理的組合令人耳目一新

↑設有中庭，料亭般的氛圍極其美好

雞肉蛋包飯
1080円
口味柔和的雞肉飯和使用蔬菜與雞骨製作的番茄醬汁十分匹配

美國村
北極星
●ほっきょくせい

大正11（1922）年創業，因發明蛋包飯而名聞遐邇的西式料理店。使用2個雞蛋的蛋包飯淋上特製番茄醬汁，每吃一口都感到幸福。

☎06-6211-7829　MAP 123 C-3
所大阪市中央区心斎橋2-7-27
⏰11:30～21:30
休無休　席65席　🚇地鐵・難波站25號出口步行5分

超級熱賣！代表性的大阪伴手禮

難波
551蓬莱 本店
●ゴーゴーイチほうらいほんてん

店鋪只在關西地區開業，豬肉包為代表性的大阪伴手禮，1天約可賣到17萬顆的中華料理店，燒賣和粽子也很受歡迎。不僅可以外帶，也可以在店內享用中華料理和剛出爐的豬肉包。

☎06-6641-0551　MAP 122 D-3
所大阪市中央区難波3-6-3
⏰10:00～21:30、餐廳為11:00～
休第1、3週二　席120席　🚇地鐵・難波站11號出口步行即到

↑本店總是大排長龍，平日上午前往會比較少人

豬肉包 4個裝
840円
有嚼勁的外皮裡有滿滿的豬肉餡和洋蔥

花枝燒 187円
デラバン 242円
1天賣出1萬個的大阪名產人氣商品
※價格為內用價

大阪庶民愛吃的點心

梅田
阪神名物 いか燒き
●はんしんめいぶついかやき

雖然名為「花枝燒」，但不是一般攤販賣的整隻烤花枝，而是將特製的麵糊加入花枝，上下用高溫專用鐵板夾壓燒烤而成的美食。Q彈的口感讓人一吃上癮。

☎06-6345-1201（阪神梅田本店）
MAP 120 D-3
所大阪市北区梅田1-13-13 阪神梅田本店B1階スナックパーク　⏰10:00～21:30（有變更的情況）　休不定休
🚇阪神・大阪梅田站步行即到

↑無時無刻大排長龍，但隊伍消化速度快

KIKI's奶油茶點
（古典）2079円
英國老店陶器品牌「Burleigh」
的餐盤也好好看

← 日光照進大片窗戶，
可在充滿開放感的店
內悠閒度過

梅田
TEA ROOM KIKI 紅茶&司康專門店

●ティールームキキこうちゃアンドスコーンせんもんてん

提供可品嘗紅茶和司康套餐的英式飲茶習慣「奶油茶點」。凝脂奶油和果醬等全是自製，「Tea free」套餐中可喝到20種以上的紅茶。

← 司康和蘋果派等也能外帶

☎ 06-6371-8255　MAP 121 C-2

🏠 大阪市北区大深町4-20 グランフロント大阪 南館2階　🕐 11:00~18:30、週六、日、假日為~19:10 ※80分輪替號碼券制(週六、日、假日為70分)　休 不定休　🪑 17席　🚃 JR・大阪站中央北口步行即到

對餅皮有相當講究，適合拍照打卡的可麗餅

巧克力香蕉
781円
3種巧克力加鮮奶油的濃郁美味

草莓巧克力
781円
自製草莓慕斯加草莓當配料

咖啡廳
in 南區&北區

在觀光完大阪後，就會想要品嘗咖啡、甜品，小憩片刻。以下介紹鄰近南區與北區中心地帶的推薦咖啡廳！

梅田
YORKYS Creperie/PIECE OF BAKE

●ヨーキーズクレープリー／ピースオブベイク

餅皮口感Q彈的可麗餅，和輕盈甜味自然的鮮奶油搭配絕佳。每種口味的外型都相當時髦，因為是在美食大廳裡，有很多座位，可在這邊悠閒享用。

☎ 06-6292-5622
MAP 120 D-1
🏠 大阪市北区芝田1-1-3 阪急三番街北館B2階(UMEDA FOOD HALL)　🕐 10:00~22:30(飲品為~22:45)　休 不定休　🪑 1500席　🚃 JR・大阪站御堂筋口步行6分

↑ 位於UMEDA FOOD HALL裡，有很多座位

鄰近車站可輕鬆前往！
北區

商業設施匯集，流行時尚、美食店家豐富的地區。設施內有許多時髦的咖啡廳！可以順便逛街，好愉快。

水果芭菲
happy1540円
裝滿9種水果的芭菲。水果種類視季節而異

鳳梨船1188円
在切成一半的鳳梨裡，裝滿新鮮水果

色彩繽紛的水果大量裝盤！全是主角級的美味

悠閒享用道地奶茶

北新地
ロンドンティールーム 堂島本店

●ロンドンティールームどうまほんてん

1983年創業的老字號紅茶店。使用茶葉熬煮的奶茶取名為「皇家奶茶」，重新英國家庭口味的店。可在復古風格的店內度過悠閒時光。

☎ 06-6347-0107　MAP 121 C-4
🏠 大阪市北区曽根崎新地2-1-23 JPR堂島ビル地下1階　🕐 8:00~19:30　休 無休　🪑 80席　🚃 JR・大阪站御堂筋口步行15分

梅田
キムラフルーツ 三番街店

●キムラフルーツさんばんがいてん

1910年創業，將葡萄柚推廣至日本的老字號水果芭菲專賣店。使用高品質水果的料理每道都很美味。店頭還有販售當季水果和蛋糕。

☎ 06-6372-8033　MAP 120 D-2
🏠 大阪市北区芝田1-1-3 阪急三番街南館B2階　🕐 11:00~20:00(販售為10:00~21:00)　休 不定休　🪑 20席　🚃 JR・大阪站御堂筋口步行5分

← 位於阪急三番街，逛街回來時購買也很方便

皇家奶茶
700円
不苦澀，味純順口。搭配司康套餐

→ 半包廂的私人式空間讓人放鬆

← 也有餐點料理，不管什麼時段都很適合來

白蘭地NON
1480円
白蘭地風味和巧克力冰淇淋的搭配絕妙

梅酒NON
1480円
柚子和葡萄的雪酪襯托出梅酒的香氣

奶油水果夾心
825円
新鮮水果和櫻桃白蘭地風味的簡單口味

法式奶油燒餅
1100円
包著蝦子和菠菜奶油,再放上煙燻鮭魚

與酒的結合
調製而成大人的餐後芭菲

水果NON
1650円
點餐後會在銅板上一片一片烘烤的鬆軟口感鬆餅

難波

洋風外觀相當吸睛的法式燒餅專賣店

クレープリー・アルション
黃色牆壁的時尚店面,可以吃到道地的法式可麗餅和法式燒餅。粗磨的日本產玄蕎麥粉烤出香氣十足的法式燒餅,最適合拿來當晚餐,加可麗餅的套餐1890円~。

☎06-6212-2270 MAP 124 B-2
🏠大阪市中央区難波1-4-18
🕐11:30~21:15、週六、日、假日為11:00~ 休不定休 🪑50席 🚇地鐵・難波站14號出口步行5分

↑1952年建蓋充滿意趣的洋館

CAFE ANNON
●カフェアンノン
店內充滿木頭的暖意,使用琉球榻榻米等營造出和風氛圍。加入酒精的果凍和水果組合的「餐後芭菲」是該店招牌,有很多人為此而來。

☎06-6631-7441 MAP 122 D-4
🏠大阪市中央区難波千日前4-20
🕐11:00~22:00 休不定休 🪑39席
🚇地鐵・難波站4號出口步行5分

↑在夜晚也很熱鬧的裏難波,能夠靜靜度過的地方

稍作休息
前往珍藏的

特製鬆餅套餐
1200円
淋上特製糖漿享用,早餐為880円

綜合果汁
770円
使用牛奶和當季水果,味道濃郁

從老字號到現代咖啡廳都有!
南區
南區聚集了許多經典觀光地,四處都有知名的老字號咖啡廳。可以暢享有大阪風味和充滿現代氛圍等風格獨特的咖啡廳。

蛋糕甜點套餐
1430円~
可從隨季節變化的甜點中選擇一道。照片為今日的塔派

↑連續的圓弧形屋簷,相當有特色的外觀

難波

Tsuchi
●ツチ
保留新歌舞伎座創意的飯店當中的咖啡廳。堅持使用田地剛採收的新鮮食材,料理以能看到創作者表情的「Farm to table」為概念。不僅咖啡廳,午餐、晚餐的餐點也很豐富。

☎06-6641-2680 MAP 123 C-4
🏠大阪市中央区難波4-3-3 ホテルロイヤルクラシック大阪1階 🕐11:00~23:00,視日期有變更 休不定休 🪑67席 🚇地鐵・難波站12號出口步行即到

↑為新國立競技場的著名設計師隈研吾所設計

自然光打造明亮空間
品嘗溫和美味大嚼舌根

道頓堀

純喫茶アメリカン
●じゅんきっさアメリカン
1946年創業以來,就深受觀光客和在地人的喜愛,是道頓堀著名的咖啡廳。招牌為自家焙煎咖啡和奶油風味特製鬆餅套餐。可邊眺望充滿風情的內裝邊享用餐點。

☎06-6211-2100 MAP 124 C-2
🏠大阪市中央区道頓堀1-7-4
🕐10:00~21:45、週二為~21:15 ※假日、假日前日除外 休每月3次週四不定休 🪑245席 🚇地鐵・難波站15號A出口步行3分

沉浸在復古氛圍裡的昭和風味純喫茶

↑豪華吊燈光輝耀眼,充滿昭和氛圍
↓彷彿回到過去,充滿意趣的店內令人雀躍

難波‧道頓堀‧心齋橋

人聲鼎沸的浪花夢幻奇境

◎なんば・どうとんぼり・しんさいばし

熱鬧非凡的道頓堀和搞笑聖地「難波花月劇場」等，娛樂設施應有盡有。在此掌握無所不有繁華鬧區的遊逛方式！

所需時間 約**3**小時

仔細挺挺

大阪第一的觀光地

道頓堀 的遊逛方式

除了豪華絢爛的招牌外，還有章魚燒美味比拚，特色濃厚的伴手禮等。體驗全部大阪特有的逗趣搞笑吧！

美照 📷 拍攝秘訣
由於熱門到假日會出現大排長龍的合影隊伍，所以要盡快擺好姿勢按下快門！稍微斜角度拍攝就能連背後的大鼓也拍進去。

打鼓度過68年歲月！即使如此心態還是很年輕喔

A 食倒太郎

誕生於1949年，原為「大阪名產吃到破產」的招牌人偶。現在設置於「中座食倒大樓」的前面，打著鼓歡迎訪客的到來。

看板info
誕生 昭和24（1949）年
尺寸 身長168cm
特技 打鼓等

美照 📷 拍攝秘訣
最佳拍照地點並非是在螃蟹正下方，而是道路的正中央。將相機稍微壓低，抓好角度後在臉頰旁比出雙YA手勢拍照吧。

在道頓堀的入口蟹蟹來光臨～♪

B かに道樂的螃蟹

位於戎橋旁，目前是第3代招牌。高3.6m、寬8m的巨大螃蟹，據說做成螃蟹鍋可供16000人享用。

看板info
誕生 1922年
尺寸 高約4m、寬約8m
特技 搶曝光度

ACCESS

從這裡出發！**地鐵‧難波站**

🚃 **電車**

JR‧大阪站
步行 3分

地鐵‧梅田站
9分 240円　地鐵 御堂筋線

地鐵‧難波站
步行 5分

| 道頓堀 |

D 固力果的跑跑人

使用14萬3976個LED燈,呈現出美麗的圖案。奔跑多年的固力果跑跑人,其變化多端的背景也不容錯過!

看板info
誕生 2014年(第6代)
尺寸 高約20m、寬約10m
特技 跑步

在長年愛戴中進入今天也爽朗地全力奔跑!第6代

美照拍攝秘訣
由於戎橋上總是很擁擠又是斜拍,所以建議下橋後隔著河川在道頓堀河畔散步路拍照。姿勢當然要擺固力果YA!

眼睛發光觸手擺動 在頭上跳起章魚舞♪

C たこ家 道頓堀 くくる 本店的大章魚

在道頓堀川「固力果」旁的是章魚爸爸。位於店家招牌的是長男,章魚媽媽和次男則是在「道頓堀麵粉製品博物館」。

看板info
誕生 平成12(2000)年
尺寸 寬約3.5m
特技 監視

美照拍攝秘訣
從下方往上拍攝,利用遠近法拍出好像用雙手抬起河豚的照片。加上表情會更加逗趣!

遊逛方式1

和豪華絢爛的招牌合照!

和固力果招牌與食倒太郎合影留念是來到大阪的必做之事

串かつだるま的 達摩大臣 F

以過去是第4代社長、現在是名譽董事的上山先生為原型。雖然面目猙獰,但不必擔心,店鋪可輕鬆入內。店門口設有全身人像!

看板info
誕生 2008年
尺寸 高6.4m、寬4.1m

美照拍攝秘訣
滿臉凶狠的達摩大臣會花1個小時旋轉,想辦法拍到正面吧!學學他擺出猙獰的表情!

充滿魄力的表情 緊迫盯人!

翱翔天際的飛龍在天!

金龍ラーメン的金龍 E

鑽破深紅的牆壁,展現充滿躍動感的姿態。據說金龍手持的紅色和金色寶珠,能實現眾人的心願。

看板info
誕生 1992
尺寸 體長約6m

美照拍攝秘訣
由於位於十字路口所以拍照難度較高!但因為是24小時營業所以可挑人潮較少的早晨和夜晚。

たこ家 道頓堀 くくる 本店 大章魚

心齋橋筋商店街

唐吉訶德 惠比壽&唐企鵝

かに道樂 螃蟹

串かつだるま 達摩大臣

戎橋

道頓堀川

太左衛門橋

御堂筋

C D B F

固力果跑跑人

●TSUTAYA 戎橋店

中座食倒大樓 食倒太郎

A

E

●大阪松竹座

戎橋筋商店街

元祿壽司

法善寺

浮世小路

金龍ラーメン 金龍

秘傳的湯頭味道絕佳！
どうとんぼり神座 千日前店
●どうとんぼりかむくらせんにちまえてん

昭和61（1986）年道頓堀店開始營業。西餐出身的廚師推出的西式湯頭和滿滿蔬菜的拉麵，受到男女老幼的喜愛。

MAP 124 C-2
☎06-6213-1238
所大阪市中央区道頓堀1-7-3
⏰10:00～翌日7:00（週五為10:00～翌日8:00、週六為9:00～翌日8:00、週日為9:00～翌日7:00）
休無休　席40席　地鐵·難波站14號出口步行5分

美味拉麵
740円
食材的美味和層次感濃縮於一碗湯頭，讓身心都感到溫暖

嶄新的糖果風格型態
TARO's PARLOR
●タローズパーラー

以「太郎的野餐」為概念的冰果攤，僅供外帶。販售綜合果汁和冰沙等。

MAP 124 B-1
☎06-7652-9164
所大阪市中央区道頓堀1-7-21 中座くいだおれビル1階
⏰11:00～19:00
休無休　席無
地鐵·難波站14號出口步行5分

糖葫蘆（大）
550円
將當季的水果裹上麥芽糖

聳立於道頓堀的大阪燒大樓
千房 道頓堀大樓店
●ちぼーどうとんぼりビルてん

有充滿現場感的吧檯座及和式座位等的大阪燒店，依不同情境可選擇座位。朝氣蓬勃的店內空間也成為了觀光名勝之一。

☎06-6212-2211　**MAP** 124 C-1
所大阪市中央区道頓堀1-5-5
⏰11:00～22:00　休無休
席200席　地鐵·難波站14號出口步行7分

道頓堀燒 1950円
集蒟蒻燉牛筋和起司等熱門食材於一身

遊逛方式 2

嘗遍道頓堀的
美食！

粉食或拉麵等
特色美食琳瑯滿目
讓人目眩神迷

◆色彩繽紛的水果光看就讓人心情雀躍

金龍拉麵
600円
味道比看起來的外觀更加清淡，適合做為收尾的最後一道餐點

24小時營業的壓軸拉麵
金龍ラーメン 道頓堀店
●きんりゅうラーメンどうとんぼりてん

只有社長才知道製作方法的特製湯頭是以豬骨為基底再加上醬油調味。桌上的自製泡菜或韭菜可無限享用。

☎06-6211-6202　**MAP** 124 B-1
所大阪市中央区道頓堀1-7-26　⏰24小時　休無休
席36席　直通地鐵·難波站的NAMBA Walk B20號出口步行3分

BeefOne
990円
燉煮的黑毛和牛碎肉沾特製的醬汁享用，極致奢華。山椒是很好的搭配

精肉店的頂級和牛丼
はり重 カレーショップ
●はりじゅうカレーショップ

1919年創業的精肉店「はり重」附設的店家，可輕鬆享用使用頂級和牛的料理。BeefOne是最受歡迎的菜單。
MAP 124 A-1

☎06-6213-4736　所大阪市中央区道頓堀1-9-17　⏰11:30～20:00　休週二（逢假日則營業、12月無休）　席40席　地鐵·難波站14號出口步行即到

可暢享豐富多姿的螃蟹美食
かに道楽 道頓堀本店
●かにどうらくどうとんぼりほんてん

松葉蟹、鱈場蟹、毛蟹等，有各式各樣的螃蟹料理。店內有到6樓，可選擇要餐桌席、和式座位還是包廂。在店頭販售的螃蟹包等也大受好評。

☎06-6211-8975　**MAP** 124 B-1
所大阪市中央区道頓堀1-6-18　⏰11:00～22:00
休無休　席308席
地鐵·難波站14號出口步行5分

太啖嚴選食材的串炸
串カツ しろたや
●くしカツしろたや

大胃王選手巨人白田所經營的串炸店。也有120g的絞肉等巨大尺寸的串炸，很受歡迎。

☎06-6213-1360　**MAP** 124 B-1
所大阪市中央区道頓堀1-7-21 中座くいだおれビル3階
⏰12:00～15:30、17:00～22:00　休無休　席42席
地鐵·難波站14號出口步行5分

串炸 130円～
尺寸驚人的巨人串炸（各530円）很受歡迎

螃蟹壽司拼盤 2052円
含有螃蟹握壽司、味噌螃蟹握壽司、螃蟹方形壽司、螃蟹捲、螃蟹黃瓜卷等的外帶壽司

なにわ名物 いちびり庵 道頓堀店
●なにわめいぶついちびりあんどうとんぼりてん

販售浪花濃厚風情的商品，種類品項最為齊全！讓人看了每一項都好想買，不知不覺買過頭。

☎06-6212-5104 MAP 124 B-1
所 大阪市中央区道頓堀1-7-21 中座くいだおれビル1階 営 10:00～20:00、週六、日、假日為～21:00 休無休 交地鐵・難波站14號出口步行5分

軟綿布偶（章魚）1100円
圓滾滾的眼睛好可愛，將觸感Q彈的布偶帶回家吧

食倒太郎襪子 各495円
襪子上是表情正經八百的食倒太郎，相當有視覺衝擊

遊逛方式3

特色濃厚的商品 GET！
買下重視視覺效果的產品和大阪孕育的商品作為伴手禮

大阪方言帽子 各1100円
使用華麗色彩的時尚國旗都大受好評，連外國旅客都大受好評

章魚燒餅乾（10袋裝）540円
章魚燒風味的餅乾，流行的小包裝，推薦拿來當分送用的伴手禮

大阪方言墨鏡 各660円
人氣偶像戴過而掀起熱潮。道頓堀的特色商品就屬這個！

食倒太郎護手霜 517円
大阪名產綜合果汁的香味，使用起來也很舒適

わなか 章魚燒麵粉（400g）594円
使用高湯入味的麵粉重現名店口味。約可作80顆章魚燒

ちとせ的肉末 378円
難波老字號烏龍麵店的招牌菜變成調理包了，只要用微波爐烹調即可

鼓食品的無花果醬汁（500ml）594円
使用南河內產的無花果，特色是芳醇、味道層次豐富

唐吉訶德道頓堀店 道頓堀大摩天輪「惠比壽塔」
●ドン・キホーテどうとんぼりてん どうとんぼりだいかんらんしゃえびすタワー

所需時間 約15分

在道頓堀引人注目的幾點，高77.4m的世界首座橢圓形摩天輪，經過10年歲月於2018年重新開始營業，可用和一般人不同的視角欣賞道頓堀。搭上水平旋轉的摩天輪，沿著道頓堀上空來趟15分鐘的空中散步吧。

☎06-6214-6511 MAP 124 B-1
所 大阪市中央区宗右衛門町7-13 営 16:00～22:00 休週二、五 交地鐵・難波站14號出口步行5分

information
費用 1名600円・VR車廂1600円（majica會員為1000円）
受理 1車廂最多4人

開展15分的空中散步！道頓堀地標就此復活！

⊃頂到最上方甚至能見到阿倍野HARUKAS

附逗趣導覽的道頓堀遊船！

⊃從河面仰望豪華絢爛的招牌令人感到新奇

遊逛方式4

體驗道頓堀的娛樂！
煩惱現在該做什麼的時候，就來道頓堀這裡玩耍不是最好的嘛♪

道頓堀水上觀光船
所需時間 20分

約花費20分的道頓堀水上遊船，還可聆聽大阪導覽員的觀光解說。

MAP 124 B-1
☎06-6441-0532（一本松海運）
所 大阪市中央区宗右衛門町7-13（太左衛門橋船着場）交地鐵・難波站14號出口步行5分
HP http://www.ipponmatsu.co.jp

information
費用 大人1200円
出港時刻 每時00分／30分（11:00～21:00）
※第一班和最後一班船的時間可能會變更，或期間可能會有部分停航
乘船處 太左衛門橋碼頭
※第一班船開船的1小時前。於售票處開始販售指定船班的單日船票。傍晚之後的船班可能於白天便售罄。不接受電話預約

道頓堀麵粉製品博物館
●どうとんぼりくくるコナモンミュージアム

☎06-6214-6678 MAP 124 B-1
所 大阪市中央区道頓堀1-6-12 営 11:00～21:00、週六、日、假日為10:00～ 休無休 交地鐵・難波站14號出口步行5分

所需時間 30分

整棟大樓都能享受到粉食樂趣的粉食料理主題樂園。能體驗親手燒烤有個人風格的章魚燒，或是製作蠟製章魚燒模型。

在章魚燒的發祥地學習、專業製作技術！

章魚燒體驗
information
費用 章魚燒職人方案2800円（章魚燒15個＋食材＋原創頭巾）
時間 11:30～19:15、週六、日、假日為10:30～

⊃用專業器材挑戰自己製作章魚燒！

⊃體驗製作章魚燒模型，還附贈原創頭巾（2000円）

來到大阪，當然要看搞笑！

難波花月劇場

難波花月劇場是大阪人的搞笑聖地，提供各式各樣大阪風格的娛樂表演，每天上演令人捧腹大笑的舞台。

保證爆笑！
難波花月劇場的玩樂方式

想看現場的搞笑舞台表演！可是到底該怎麼做呢？為了這樣的人，以下將介紹票券購買方式和公演內容！

確認票券購買方式！

可在難波花月劇場一樓的售票處購買預訂的門票。亦可購買當天的門票，並查看上方顯示當天的節目單。

難波花月劇場
● なんばグランドかげつ

除了劇場外還提供美食和伴手禮的娛樂空間。在此舉辦從老手道菜鳥、各具特色藝人的漫才、落語、短劇和吉本新喜劇表演。之所以能每天推出如此充實的表演，也只有搞笑基礎深厚，且對於搞笑有嚴格標準的這塊土地才做得到！

MAP 122 D-4

☎0570-550-100（FANY票券預約洽詢專線）
🏠大阪市中央区難波千日前11-6
🚇地鐵・難波站3號出口步行5分

↑總是熱鬧非凡的大門口

票券資訊

電話購買
☎0570-041-356（10:00～18:00／全年無休）

在FANY票券專線也能購買。電話僅能預約，需在規定期間在FamilyMart或劇場窗口另外付費和取票。※在FamilyMart付款、取票須另外支付手續費

網路購票
🌐https://yoshimoto.funity.jp/

在「FANY票券WEB」購買（信用卡支付、劇場窗口取票）的情況，不會另外收手續費。在FANY票券購票需要登陸「FANY ID」（免費）。

劇場・店鋪購票
從各公演日前兩個月1號的一般發售日隔天，到公演前一天為止，在難波花月劇場售票處發售預售票。各公演的當日票的販售時間為平日10:00～、週六、日、假日9:00～。

公演INFORMATION

開演時間	平日 11:00～、14:30～ 週六 10:00～、13:00～、16:00～、19:00～ 週日、假日 10:00～、13:00～、16:00～ ※每日不同，請在官網確認
票價	預售票和當日票同為1樓座位4800円、2樓座位為4300円〈全為對號座〉
內容	漫才、落語等（約80分）＋吉本新喜劇（約45分）

☺人氣公演通常當天買不到票，最好先預約比較安心。

64

大阪

難波・道頓堀・心齋橋

神戸
P.78

某日表演內容的一例

| 開場 10:30 | 開演 11:00 |

桂文珍／
海原やすよともこ／
ザ・ぼんち／テンダラー／
ギャロップ／
もりやすバンバンビガロ／
藤崎マーケット／
ダブルヒガシ

休息
吉本新喜劇
終演 13:15左右

演出的
搞笑藝人

超級豪華的公演內容！

可看到從老手到新手的漫才、到落語界的大前輩，以及新喜劇等豐富多元的表演。另外還有人氣搞笑藝人的活動和期間限定的舞台等，不管來多少次，還是能看到豐富精彩的內容。

●海原やすよともこ
うなばらやすよともこ
姊姊ともこ（右）和妹妹やすよ（左）的姊妹組合。2度獲得上方漫才大賞，實力驚人。在關西有許多冠名節目，人氣超群。

●桂文珍
かつらぶんちん
2010年獲得紫綬褒獎、2014年獲得大阪市民表揚文化功勞獎等多數獎項。不但是超人氣的落語家，在電視和廣播中也非常活躍。

●中田カウス
なかたカウス
藝齡超過50年的超資深藝人。在難波花月劇場以中田カウス的視角解析上方搞笑的現在的『漫才的DENDO』大受好評。

●鎌鼬
身材高大的濱家（右）和喜歡貓的山內（左）的搭檔。在「Kingof Conte2017」中獲得優勝。在M1大賽中3度進入決賽，短劇和漫才都很擅長。

電視上看到的場景
在眼前上演！

逗哏不斷的
大爆笑！

一起去看
在電視上也耳熟能詳的
吉本新喜劇

搞笑藝人豐富多元的喜劇演出。
不但有吐槽和裝傻的逗趣應對，還有令人動容落淚的場景。充滿獨特風格的故事讓人笑到停不下來！

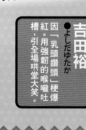

●酒井藍
さかいあい
第一位女性座長，年僅31歲即就任！以廣受眾人喜愛的角色大顯身手。

●すっちー
以大阪歐巴桑為原型的須知子大叔很受歡迎。無厘頭的丑角讓周圍爆笑不止。

掌管吉本新喜劇的4位座長
以充滿能量的歡笑拉拔著新喜劇！

●アキ
只要說「對不起」就會馬上說「沒關係喔～」來原諒你的橋段最為人所知。新喜劇團員總選舉「吉本新喜劇員總選舉」中獲得第1名！

●吉田裕
よしだゆたか
因「乳頭鑽頭」梗爆紅。用強韌的喉嚨吐槽，引全場哄堂大笑。

這裡是關注重點！

1 舞台劇特有的一體感
遇到狀況時的即興應對，是展現藝人功力的時刻。有時也會對觀眾席吐槽。

2 關注知名角色
除了茂造爺爺、和子、すち こ之外，還有花俏混混等固定角色。

3 哪個座長的公演？
吉本新喜劇有4個座長，座長會決定故事、編排和演出者，以及加入什麼搞笑橋段。每個座長的風格都很不一樣，可以比較看看也很有趣。

●田津原理音
「R-1大賽2023」王者。運用其他的特技插圖創作的梗大受好評！

●天才ピアニスト
「THE W2022」（第八屆上方漫才協會大獎）女性組合。王者，也在THEW2022上方漫才協會大獎獲得大獎的實力派女性組合。

●さや香
「第二名」M-1大賽2022，高亢的情緒和熱情的漫才吸引許多粉絲。

●ビスケットブラザーズ
「King of Conte 2022」的王者，強烈的角色對比令人一看就上癮。

NGK前方是年輕新手的劇場！
來這邊尋找明日之星吧
吉田漫才劇場
●よしもとまんざいげきじょう

集合了肩負搞笑界未來的年輕藝人，在此表演漫才、小劇場和個人搞笑等自傲的搞笑演出。抱著培育新世代明星的心情前往看秀吧。

☎06-6646-0365　MAP 122 D-4
大阪市中央区難波千日前12-7
地鐵・難波站3號出口步行5分

在 美國村 狩獵流行文化

青少年文化聖地

開心購物的同時也能吃些零食點心是美國村的魅力。超巨大棉花糖和造成轟動的長崎蛋糕專賣店等,外帶甜點持續增加中!

何謂 美國村?

東西向從御堂筋到四橋筋,南北向從道頓堀北側到長崛通的區域。除了一樓店面外,小型大樓的樓上也有原宿系或蘿莉塔系等充滿特色的店鋪大量進駐。

Poppin Sweeties
ポッピンスウィーティーズ

美麗的薔薇義式冰淇淋是最適合拍照打卡的人氣店。可從香草、巧克力、抹茶、芒果、綜合莓果等6種口味的義式冰淇淋中選3種,將冰淇淋疊成薔薇。

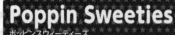

MAP 123 C-2
📞 06-4963-3747
🏠 大阪市中央区西心斎橋2-11-9 1階
🕐 13:00～19:00
🈲 不定休
🚃 地鐵各線・心齋橋站7號出口步行5分

彩虹冰淇淋
500円
總共6種口味放在一起一次吃到!外觀也很豪華,可以吃到各種味道

↪ 單色調的時髦外觀

捨不得吃掉!超受歡迎的薔薇義式冰淇淋

裝飾冰淇淋
各800円
自豪的義式冰淇淋上妝點可愛星星餅乾。有星星、愛心、花3種

元祖アイスドッグ®
がんそアイスドッグ

以圓潤順口為特徵的棉籽油將麵包炸得香脆,再夾進滿滿的香醇冰淇淋。冰熱相融合的神奇滋味有著廣大的支持族群。

MAP 123 C-2
📞 06-6281-8089
🏠 大阪市中央区西心斎橋1-7-11
🕐 11:00～21:00 🈲 不定休
🪑 20席 🚃 地鐵各線・心齋橋站7號出口步行5分

→ 開心踏入店內
← 古早味外觀讓人能自在地

冰淇淋熱狗
500円
由於點餐後才現場油炸,所以總是能吃到熱騰騰的麵包

熱～騰騰的炸麵包夾入冷～冰冰的霜淇淋

ストロベリーフェチ 美國村店
ストロベリーフェチアメリカむらてん

進化系草莓糖葫蘆專賣店,薄薄一層的糖漿口感和當季草莓搭配絕佳。草莓糖葫蘆有長、短兩種大小,長的看起來特別令人印象深刻。

📞 06-6210-3928 MAP 123 C-2
🏠 大阪市中央区西心斎橋2-11-9
🕐 10:00～20:00 🈲 不定休 🚃 地鐵各線・心齋橋站7號出口步行6分

→ 店內也有滿滿的草莓

草莓糖葫蘆
550円～
(顆粒數量和價格會依季節而異動)
恰到好處的薄糖漿,咬起來酥脆可口,讓草莓的好吃加倍!

可愛的外觀!全新感覺的草莓糖葫蘆

隨興遊逛就選這裡！
心齋橋筋商店街

是這樣的地方

長約580m的心齋橋筋商店街是拱型屋頂商店街，下雨也能放心逛。大阪的老字號商店與美食餐廳雲集，無時無刻都人潮洶湧。

鬆軟香稠的口感任誰都一吃上癮！

焼きたて
チーズタルト専門店
PABLO心齋橋店
やきたてチーズタルトせんもんてん
パブロしんさいばしほんてん

香脆的塔皮內放入滿滿的濃稠起司奶油，鬆軟香稠口感超級好吃的起司塔專賣店。在店內的工坊一個一個細心地燒烤製作。

☎06-6211-8260 **MAP** 123 C-2
🏠大阪市中央区心斎橋筋2-8-1心斎橋ゼロワンビル1階 🕐11:00～21:00、週六、日、假日為10:00～ 🈲不定休 🚇地鐵・心齋橋站6號出口步行3分

↓PABLO起司塔
1180円

大阪誕生的長崎蛋糕

カステラ銀裝
カステラぎんそう

昭和27（1952）年在大阪創業的長崎蛋糕品牌。使用顆粒細小的麵粉和新鮮的優質蛋等嚴選食材。鬆軟綿密與濕潤口感平衡得恰到好處。

☎06-6245-0021 **MAP** 122 D-2
🏠大阪市中央区心斎橋筋1-4-24 🕐10:30～18:30、2樓的咖啡廳為11:00～18:00 🈲無休 🚇地鐵各線・心齋橋站6號出口步行即到

↓心齋橋店限定「窯出長崎蛋糕（M）」972円

おおきにコーヒー
心齋橋美國村店
おおきにコーヒーしんさいばしアメリカむらてん

店名咖啡是招牌商品，上有鮮奶油的綜合果汁等飲品和食物都很受歡迎，當中的香蕉熱狗外觀可愛，令人印象深刻。

☎06-4706-0092 **MAP** 123 C-2
（おおきにコーヒー 本社）
🏠大阪市中央区西心斎橋2-10-21 🕐11:30～19:30（週六、日、假日為10:30～） 🈲不定休 🚇地鐵各線・心齋橋站7號出口步行5分

→在美國村中仍是相當引人注目的繽紛餐車

從綜合果汁到珍珠飲料應有盡有！

おおきに香蕉熱狗
450円
香蕉整整1根！鮮奶油和巧克力的組合令人一吃就上癮

沾醬雞蛋糕
12個裝 各500円
現烤出爐的雞蛋糕沾鮮奶油or生巧克力♪

大阪限定雞蛋糕專賣店

IKKI -OSAKA-
イッキオオサカ

「IKKI」堅持品質的雞蛋糕，無論熱騰騰剛出爐或是冷掉都柔軟可口。除了原味之外，還可自由搭配購買巧克力、抹茶等5種口味。

☎06-6243-0202 **MAP** 123 C-2
🏠大阪市中央区心斎橋1-7-8 🕐13:00～23:00、週六、日、假日為11:00～ 🈲無休 🚇地鐵各線・心齋橋站7號出口步行5分

↑隔著玻璃可見烘烤雞蛋糕的過程

二手流行服飾也要 Check!!

顏色柔和可愛迷人♪
サントニブンノイチ大阪店
サントニブンノイチおおさかてん

喜愛二手衣的年輕人頻繁造訪的熱門店舖。店內裝潢以外國兒童房間為概念，販售美式二手衣與原創品牌。

☎非公開 **MAP** 123 C-2
🏠大阪市中央区西心斎橋1-16-15 川西ビル2階 🕐14:00～20:00、週六、日、假日為13:00～ 🈲無休 🚇地鐵各線・心齋橋站7號出口步行5分

→泡泡袖襯衫
29700円

↓綁帶長袖衫
20900円

主打當季單品
KAKAVAKA R
カカヴァカアール

東京和名古屋也有系列店的人氣商店。以實惠價格供應類豐富的當季單品，來這裡尋找喜歡的一件吧！

☎06-6212-7010 **MAP** 123 C-3
🏠大阪市中央区心斎橋2-8-21 やすらぎビル1階 🕐13:00～20:00 🈲無休 🚇地鐵各線・心齋橋站7號出口步行7分

↓90'
Hiphop褲子
9890円

↑運動夾克外套
13090円

昭和懷舊深奧風情的大阪
新世界・天王寺

（しんせかい・てんのうじ）

新世界位於有百年歷史的通天閣腳下。美食餐廳和華麗的手繪招牌喧嚣群聚的街道，彷彿是熱鬧的主題樂園！

頂樓
天望樂園
通天閣的最高層，離地94.5m的特別展望台。由於周圍沒有阻擋視線的建築，加上露天的設計讓人感到寬敞開放

5F
黃金的展望台
金光閃閃的神殿由新世界的明星比利肯坐鎮。天花板的四方描繪著青龍和朱雀等神獸

3F
Luna Park立體模型
以立體模型重現明治45（1912）年開園的Luna Park。也有影片和照片展示，讓人了解到新世界當時的風景

3F～B1
TOWER SLIDER
設置於通天閣電梯塔外周的巨大溜滑梯，可從地上22m的3樓約10秒鐘滑到底層，驚險刺激！
◆使用費用（1次）
大人 1000円
中小學生 500円

B1F
通天閣驚喜國度
食品公司特產直銷商店所雲集的區域。固力果、日清小雞和森永大嘴鳥的商品應有盡有

日清小雞襪子
各410円
可愛的襪子讓雙腳帶來可愛衝擊

Dream Pocky
1296円
色彩繽紛愉悅的外包裝

高～聳地凌霄而立
新世界的地標
就像是浪速的艾菲爾鐵塔呀！

通天閣 ●つうてんかく
以「通天的高聳建築」的意涵命名的通天閣是新世界的象徵地標。現在是第2代的通天閣，擁有從展望台欣賞到的全景和比利肯等無窮樂趣。

☎06-6641-9555 MAP 124 B-3
大阪市浪速区恵美須東1-18-6
10:00～19:30 無休 地鐵各線・動物園前站1號出口步行7分、地鐵堺筋線・惠美須町站3號出口步行3分、JR・新今宮站東出口步行7分

票券Information
●大人（高中生以上）… 900円
●5歲～國中生 … 400円

仔細挺挺

所需時間
約1小時

大阪駅
ユニバーサルスタジオジャパン
大阪城
心斎橋
道頓堀
なんば
通天閣
海遊館
新世界・天王寺

ACCESS
從這裡出發！ 地鐵・動物園前站

🚃 電車

JR・大阪站
步行 3分

地鐵・梅田站
13分 240円 地鐵 御堂筋線

地鐵・動物園前站
步行 7分

通天閣

徹底玩翻新世界吧！

瀰漫著下町風情
大阪味濃厚的街道！

新世界是這樣的地方

以通天閣為中心，被天王寺公園、堺筋、JR線和國道25號所圍繞的區域。也是著名的串炸激烈競爭區域，保留著色彩濃厚的昭和文化。

ニュースター

玩樂

懷舊風反而感到新鮮！

遊玩夜市機台的絕佳去處！？在大阪唯一能玩到懷舊彈珠台「Smart Ball」的店鋪。收集許多球後可兌換獎品吧。請注意未滿18歲不能入店。

☎06-6641-1164 **MAP** 124 B-4

大阪市浪速區惠美須東3-5-19

11:30～22:00、週六、日、假日為10:00～

休每月有6次不定休

地鐵各線・動物園前站5號出口步行5分

※Smart Ball 1次25球100円。獎品有糖果等

無論遊戲機或店內都洋溢著懷舊感

SPAWORLD HOTEL&RESORT

玩樂

●スパワールドホテルアンドリゾート

2023年7月重新開幕

設有以亞洲或歐洲為概念的17種浴場的SPA區域，一年四季都能享受的娛樂泳池、全客房都能欣賞到通天閣的飯店。提供泳裝租借服務（650円）。

MAP 124 B-4

☎06-6631-0001

大阪市浪速區惠美須東3-4-24

10:00～翌日8:45

休無休　入館費1500円

JR大阪環狀線・新今宮站東出口步行即到

↑充滿魄力的滑水道大受歡迎
↑Asian Zone和European Zone每月男女交換使用

觀光人力車 俥天力

玩樂

●かんこうじんりきしゃてんりき

據說昭和初期在新世界大排長龍的人力車復活了。邊聽車夫解說新世界的歷史和八卦邊開心地遊覽新世界吧！坐起來舒服的人力車，10分鐘眨眼即逝！

MAP 124 B-4

☎050-3554-3909

橫綱通天閣店前（舊づぼらや別館）

10:00～17:00　休不定休

10分1人2000円～

旅遊書沒有寫的深入話題讓我來告訴你！

搭人力車遊逛別具風情！

費用標準

★10分／2000円（1人）、3000円（2人）
★30分／5000円（1人）、8000円（2人）
★60分／9000円（1人）、15000円（2人）

↑實現我們想去任何地方的願望

八重勝

美食

●やえかつ

新世界大排長龍的熱門店家

以加入山藥的麵衣為特徵，鬆軟和酥脆共存的口感在別處吃不到。食材也普遍較為大塊讓人吃得滿足。燉煮得濃稠帶甜味的土手燒（3支300円）也十分著名。

☎06-6643-6332 **MAP** 124 B-4

大阪市浪速區惠美須東3-4-13

10:30～20:30　休週四　48席

地鐵各線・動物園前站1號出口步行5分

↑可鎖定人潮較少的平日15時過後前往

↑位於拱形圓頂商店街內，下雨也能安心排隊

↑在大阪提到串炸指的就是這個！串炸豬排（3支）390円

グリル梵・本店

美食

守護傳統滋味的老字號洋食店

●グリルぼん

於昭和36（1961）年創業，能享用到包含店內著名的豬排三明治等正宗洋食。除了堅持品質的多蜜醬外，就連美乃滋也是手工製作，守護著過往至今的味道。

MAP 124 B-3

☎06-6632-3765

大阪市浪速區惠美須東1-17-17

12:00～14:00、17:00～19:00（售完打烊）

休每週1次不定休

16席

地鐵堺筋線・惠美須町站3號出口步行3分

↑淋上使用大量水果的咖哩醬的咖哩炸豬排（2100円）

←宛如珠寶盒的璀璨夜景
更不容錯過！

▲將環繞360度的絕景盡收眼底！▲

阿倍野HARUKAS

從大阪最高大樓將大阪街景一覽無遺！

說到阿倍野的地標，就是阿倍野HARUKA。除了頂樓展望台外，還有飯店、美術館、百貨公司等進駐。欣賞完美景後，就來去吃美食&購物吧！

每個角度都是美景！整片落地窗的展望台
HARUKAS 300（展望台） ●ハルカスさんびゃくてんぼうだい

阿倍野HARUKAS的展望台是由58～60樓構成的三層結構。若天氣晴朗，能將京都一帶、六甲山系、明石海峽大橋、淡路島甚至是關西國際機場等一覽無遺。還會舉辦各式導覽行程和活動。

☎06-6621-0300 MAP125 B-1
大阪市阿倍野区阿倍野筋1-1-43
9:00～21:30（詳情請參照官網） 無休
JR／地鐵各線‧天王寺站、近鐵‧大阪阿部野橋站步行即到
http://www.abenoharukas-300.jp/observatory/

票券Information
●大人（18歲以上）…1800円
●國高中生（12～17歲）…1200円
●小學生（6～11歲）…700円
●兒童（4歲以上）…500円
★當日券
8:50～21:30在阿倍野HARUKAS 16樓的售票處販售

58樓 天空庭園 ●てんくうていえん

天空庭園上方整個打通的戶外廣場。木頭甲板的露臺綠意盎然，能感受到微風吹拂的療癒空間。會舉辦各式活動。

←享受離地300m的空氣

58樓 SKY GARDEN 300 ●スカイガーデンさんびゃく

提供包含夏威夷米飯漢堡、甜點和酒類等豐富餐點的咖啡廳&餐廳酒吧。設有戶外與室內座位。

←欣賞全景景觀的同時享用美饌

60樓 天上回廊 ●てんじょうかいろう

能步行環繞整片的落地窗迴廊一圈，寬廣的景觀令人不禁發出讚嘆。讓人產生彷彿是在空中散步的感覺。

↑漫步環繞玻璃迴廊一周
↓欣賞美景

←部分為透明地板
讓人倍感刺激！

阿倍野HARUKAS小知識
樓高300m大阪第一
大阪最高大樓「阿倍野HARUKAS近鐵本店」的賣場面積是日本第一
設計
外觀設計由西薩‧佩里所負責，他同時也是國立國際美術館和大阪歷史博物館等建築的設計師

天藍拿鐵
日落拿鐵 各700円
天藍為彈珠汽水口味，日落則是草莓口味。生奶油代表的是雲朵

Puka Dog 1100円
夾進長300mm香腸的超長熱狗堡

HARUKAS300（展望臺）雙人套票

展望台入場券搭配精緻晚餐的超划算套票，可以和重要的人一起度過浪漫時光。

方案內容
展望台入場券+「SKYGARDEN 300」晚餐全餐料理（2人份）+拍照服務（1張）
※「拍照服務」、「飲料招待」、「成對禮品」中擇一
費用 2人13000円
開始用餐時間 ※70分制
16:00、16:30、17:00、17:30、18:00、18:30、19:00、19:30、20:00、20:30
預約方法 官網或電話
☎06-4399-9181 最慢需在前一天預約

更深入了解！阿倍野HARUKAS
直升機坪行程

登上位於HARUKAS屋頂直升機坪的行程。能體驗到毫無遮蔽的廣大全景。

費用 500円（入場費另計）
舉辦日 平日13次、週六、日、假日14次
※如遇雨天或強風則中止
所需時間 30分
名額 每次30名（依先後順序）
預約方法 於60樓服務台依先後順序報名（不接受入場前申請或事先預約）
※3歲以下不可參加

HARUKAS300（展望台）吉祥物
阿倍野熊
棲息於離地300m高空的「天色」熊。負責HARUKAS300的宣傳活動而東奔西跑。個性放蕩不羈所以請到官方網站確認行蹤。

大阪城

●おおさかじょう

垂名青史的武將們所活躍的歷史舞台

象徵著豐臣秀吉波濤洶湧的一生、也是和真田幸村相關連的名城。幻想自己是天下霸主潛入城內吧。

追尋戰國歷史情懷

登上大阪的象徵地標！

大阪城天守閣
●おおさかじょうてんしゅかく

第一代天守閣毀於大阪之陣，德川所建的第二代天守閣則因落雷而燒毀，目前的天守閣為第三代。內部為擁有眾多和秀吉、戰國時代以及大阪城相關文化財的博物館。

MAP 118 C-4
☎06-6941-3044
所 大阪市中央区大阪城1-1
時 9:00～16:30
休 無休　¥600円
交 JR大阪環狀線・森之宮站／大阪城公園站、地鐵各線・谷町四丁目站步行15分

大阪城是這樣的地方
豪華絢爛且固若金湯的城堡，擁有天守閣、石垣和護城河等，日本代表性名城雄偉的外觀令人印象深刻。天守閣周邊的大阪城公園綠意盎然，最適合悠閒散步。

所需時間 約2小時

CHECK觀光重點！

3F 黃金茶室

金碧輝煌的茶室

復原豐臣秀吉使用大量黃金建造的「黃金茶室」。面積約一坪半，可拆卸搬遷的組合式建築。

8F 展望台

從高度50m遠眺

能欣賞到包含大阪城公園等360度大阪街景的展望台，還可就近觀賞黃金鯱像！

2F 金鯱和伏虎

拍照留念！想像自己是武將

展示現在天守閣使用的鯱和伏虎的同尺寸複製品。這裡是拍照留念的絕佳地點。

5F 大阪夏之陣圖屏風的世界

著名場景以袖珍模型呈現

將重要文化財「大阪夏之陣圖屏風」以袖珍人偶重現立體構圖。真田幸村陣營和松平忠直陣營的激戰就在眼前展開！

這裡也不容錯過！

眺望天守閣的豐沛綠意公園
大阪城公園　●おおさかじょうこうえん

以天守閣為中心，遺留櫻門和西之丸庭園等眾多重要文化財與歷史遺跡的公園。被護城河和綠意所圍繞，是當地居民散步或慢跑的好去處。

●園內遺留13棟重要文化財

☎06-6755-4146 (大阪公園中心)　**MAP** 118 C-4
所 大阪市中央区大阪城　時休 自由入園　※部分設施有公休日
¥ 免費　※部分設施需付費　交 JR大阪環狀線・森之宮站／大阪城公園站步行即到、地鐵各線・谷町四丁目站步行5分

方便利用的美食設施
JO-TERRACE OSAKA
●ジョーテラスオオサカ

宛如融入綠意盎然公園內的日式摩登建築櫛比鱗次，享用大阪著名的章魚燒、大阪燒和引起話題的鬆餅等，讓散步後疲憊的身心獲得療癒的店鋪聚集於此。

●被綠意環繞，彷彿是現代城下町的氛圍

☎06-6314-6444　**MAP** 118 C-4
(JO-TERRACE OSAKA辦公室)
所 大阪市中央区大阪城3-1
時 7:00～23:00 (視店舖而異)　休 無休 (視店舖而異)　交 JR大阪環狀線・大阪城公園站步行即到

新大阪
大阪駅
ユニバーサル・スタジオジャパン
大阪城
心斎橋
道頓堀
通天閣
なんば
海遊館
新世界・天王寺

ACCESS

從這裡出發！ JR・大阪城公園站

🚃 電車

JR・大阪站
9分170円 ┃ JR 大阪環状線 (外環)
JR・大阪城公園站
步行 ┃ 15分
大阪城天守閣

不同風貌的商店 PICK UP!!

這座城市為交通起點，在大阪當中擁有特別時髦的氛圍。這裡將從從林立的大樓當中，介紹GRAND FRONT OSAKA和LUCUA osaka。

LUCUA osaka
GRAND FRONT OSAKA
JR大阪站

交通方便的大阪活動據點

JR大阪・梅田站

◎ジェイアールおおさか・うめだえき

狹小的區域卻有多元豐富的店家匯集，從流行服飾、美食、逛街購物都可以來這裡！

移動的POINT

★ 大阪站＝梅田站

含「梅田」的站名有西梅田站、東梅田站等5個，全都在JR大阪站步行範圍內。確認自己使用的是哪一條鐵道路線，再往車站前進吧。

★ 非常寬廣的地下街

北從茶屋町，南到北新地，連起一條巨大的地下街。即使在地面上迷路，或許也能按照地下街的指標順利抵達目的地。

LUCUA osaka
ルクアオオサカ

「LUCUA osaka」分為西館「LUCUA 1100」和東館「LUCUA」兩棟大樓，為日本國內最大級的車站型商業設施。同時匯集了許多新出商店。想要跟上最新潮流，就要來這裡。

☎ 06-6151-1111　MAP 121 C-2
🏠大阪市北區梅田3-1-3　🕐10:30～20:30（10樓LUCUA DINING、B2バルチカ、LUCUA FOOD HALL為11:00～23:00）※視店舖而異 ※最新營業時間請確認LUCUA osaka官網　休不定休
🚉JR・大阪站中央口步行即到

GRAND FRONT OSAKA
グランフロントおおさか

由「梅北廣場」、「南館」、「北館」構成的巨大複合商業設施，有許多代表品牌的店家。能從早享用到晚上的餐廳也受人注目。企業展示廳和飯店也集結於此

MAP 121 C-2
☎ 06-6372-6300
🏠大阪市北區大深町　🕐11:00～21:00（餐廳為11:00～23:00）※視店舖而異　休不定休　🚉JR・大阪站北口步行即到

所需時間約3小時

新大阪
JR大阪・梅田站
ユニバーサル・スタジオジャパン
大阪城
心斎橋
道頓堀
通天閣
なんば
海遊館
新世界・天王寺

01　想吃人氣的大阪名產！

PICK UP POINT!
這裡名店聚集，因此可輕易到處尋找美味

LUCUA店限定人氣No.1！
北極星人氣菜色大集合

★LUCUA SPECIAL 1350円
裡面有炸鮮蝦、炸雞塊、蟹肉可樂餅等豪華食材

LUCUA B2
北極星 ★ほっきょくせい

可輕鬆在FOOD HALL享用著名的老字號蛋包飯發源店的口味，可在眼前看到將蛋包飯成形的專業技術。

☎ 06-6151-2693
🕐11:00～22:30　🍴12席

LUCUA 1100 10樓
旬s ★しゅんズ

現場通常備有30種使用當季食材做成的創意串炸。堅持做好濾油，完成酥脆又健康的料理，可沾5種醬料享用。推薦選擇全餐。

☎ 06-6485-7800　🕐11:00～22:00（全餐料理為～21:30）　🍴43席

★季節極品午餐 2017円
可享用的10支採用當季食材的串炸

在摩登的空間享用豐富的創意串炸

20種以上配料
自由選擇！

★オモニ燒 1500円
豬肉、花枝、扇貝等有許多豪華材料的大阪燒

GRAND FRONT OSAKA 南館7樓
鶴橋 お好み燒き オモニ
★つるはしおこのみやきオモニ

許多藝人、韓國明星都會來訪的鶴橋名店。雖然放了大量配料，但麵糊很少，因此放入口中的瞬間就會散開。

☎ 06-6485-7662　🕐11:00～22:00　🍴38席

ACCESS

從這裡出發！ JR・大阪站

🚶 步行

JR・大阪站

步行　3分

↓

GRAND FRONT OSAKA

02 想 GET 有品味的伴手禮

PICK UP POINT!
尋找品味在發光的概念店

注目大阪傳統的技術「注染」

Osaka

LUCUA 9樓
注染手ぬぐい にじゆら
★ちゅうせんてぬぐいにじゆら

販售自明治時代傳承下來的傳統技術染色的手巾和包包等。可關注符合現今時代的特殊設計

☎06-6151-1348　🕐10:30～20:30

大阪觀光勝地
1760円
畫有水都大阪特有的水邊觀光名勝

浪速的靈魂食物
2090円
一整組製作章魚燒的道具排排站的特殊設計

蘇打
葡萄
草莓
綜合果汁
鳳梨

大阪 MIX BAG
(40g) **670**円
章魚燒、大阪燒煎餅等各式各樣有大阪風格的圖案

說到大阪就是糖果，細膩的設計超級可愛！

牛奶肥皂蚊帳纖毛巾
1100円
與大阪誕生的牛奶肥皂聯名的商品。牛的紋路充滿玩心

大阪手巾 **550**円
吸水性強、速乾的蚊帳織上，到處都有大阪風格的圖繪

LUCUA 1100 7樓
中川政七商店
★なかがわまさしちしょうてん

推出以日本工藝為主商品的生活雜貨店。從生活工具、季節裝飾、服飾單品到大阪伴手禮都買得到。

☎06-6151-1365　🕐10:00～21:00

LUCUA 2樓
パパブブレLUCUA店
★パパブブレルクアてん

發源於西班牙巴塞隆納的糖果店。每一顆都是職人親手製作，圖案也非常可愛！有草莓、蘇打等口味也很豐富。

☎06-6151-1162　🕐10:30～20:30

03 想拍上鏡的美食餐點！

PICK UP POINT!
專攻社群網路常客關注的店家

放了滿滿的水果外觀也好可愛♡

LUCUA 1100 4樓
パフェ&ジェラート LARGO ルクアイーレ店
★パフェアンドジェラートラルゴルクアイーレてん

商品上有大量水果和義式冰淇淋的芭菲專賣店，也有套餐搭配喜歡的酒。

☎06-4796-7260　🕐10:30～20:30

草莓和開心果慕斯的草莓蛋糕風
1815円
放了滿滿的草莓、開心果慕斯、覆盆子的芭菲

開心果 & 覆盆子
1300円
濃郁的開心果×酸甜樹莓搭配絕佳

拿破斎
1400円
特製卡士達奶油和日本產草莓的夾心派

GRAND FRONT OSAKA 梅北廣場1樓
GARIGUETTE
★ガリゲット

源自法國使用刀叉享用的千層派，用獨自的作法加入變化。北海道發酵奶油100%的派皮香氣令人垂涎三尺！

☎06-6476-8559　🕐11:00～19:00

用手拿的吃的全新感覺千層派

GRAND FRONT OSAKA 南館B1
堀内果実園
★ほりうちかじつえん

水果農家直營店，所以可吃到堅持在當季提供的新鮮水果。除了芭菲，還有刨冰、冰沙等商品。

☎06-6467-8553　🕐10:00～20:30

奢侈地品嘗直營店的當季水果

採水果果園
1430円
6種水果加上香草冰淇淋、香蕉冰淇淋

水果三明治
990円
同時享受6種水果的滋味

GRAND FRONT OSAKA 梅北廣場B1
LeBRESSO
★レブレッソ

天王寺區人氣店所展開的咖啡廳。可從15種原創配料中選擇的土司最受歡迎。獨家調味的咖啡也大受好評。

☎06-6292-5460　🕐10:00～20:30

甘王草莓醬
450円
果醬裡有滿滿的果肉，塗在吐司上大口咬下去吧

享用人氣土司專賣店的厚切土司！

厚切奶油土司
460円
麵包有淡淡甜味，口感Q彈綿密

鯨鯊
全長可達12m的世界最大魚類。有著灰色魚身搭配白色圓點的時髦外觀

4～6樓 太平洋

太平洋短吻海豚
最喜歡玩耍，餵食時間會和飼育員一同展示多采多姿的表演

4·5·7樓 塔斯曼海

必看！**可愛海洋偶像齊聚一堂**
可愛的動作或逗趣的外表等，海遊館擁有為數眾多個性多樣的海生動物！

日本蝠魟
全世界首次長期飼養成功，非常罕見的魟魚。有如飛行般自在優雅地悠游令人印象深刻

4～6樓 太平洋

加州海獅
海遊館中最親近人類！在水槽前揮手的話海獅便會好奇地湊上前來，可愛度破表

5～7樓 蒙特瑞灣

展示約3萬隻生物的博物館
海遊館
●かいゆうかん

將Ring of Fire（環太平洋火山帶）分為14座水槽重現，從8樓往下參觀的常設展示內容是最大的特徵。館內隨處可見傳達海洋魅力的巧思，即使身處地上也能欣賞海中的世界。

☎06-6576-5501 **MAP**125 B-4
🏠大阪市港區海岸通1-1-10 ⏰10:00～19:00
※有季節性變動 🈺1月有共2日的休館日
💴2700円、中小學生1400円、3歲以上700円 🚃地鐵中央線‧大阪港站1號出口步行5分，或從環球影城港搭船長線10分

無比可愛的
商品&美食
提供只在海遊館吃得到的美食和限定商品等豐富品項，千萬不要錯過！

鯨鯊霜淇淋 440円
鯨鯊顏色的彈珠汽水口味和香草口味的綜合淇淋

T恤 蝠魟 各2800円
印有蝠魟圖案的簡單時髦款式（S、M、L、XL）※只有大人款

北極圈區域
重現一整面覆蓋著冰的北極圈冰上和海中世界的區域

環斑海豹會從頭上打招呼

海月銀河
在宛如飄浮於銀河的水槽中，優美的水母特別奪目。由於能從各個角度觀察，所以可欣賞到光線穿透的變化瞬間。

漂浮於整面水槽的海月水母令人驚豔

仔細挺挺
所需時間 約2小時

餵食時間
由專門導覽員和飼育員進行詳盡的解說，能近距離看到動物們活潑姿態的絕佳機會！

太平洋斑紋海豚
名字的由來是因為背鰭的後方有一條白色斑紋，游泳速度非常快。
塔斯曼海
餵食時間 11:50～、14:00～、16:00～

7、8樓日本的森林
餵食時間 11:30～、13:30～、15:45～

小爪水獺
讓大家笑容滿面的水邊偶像。為了討食物而跳的姿態超級可愛！

參觀完 **海遊館**
在港灣地區遊玩吧
海遊館所在的天保山還有好多有趣的景點！

從112.5m的高度欣賞美景
天保山大摩天輪
●てんぽうざんだいかんらんしゃ
旋轉輪的直徑約100m，是世界最大規模的摩天輪。晴朗時甚至能遠眺明石海峽和關西機場。腳底是玻璃的透明車廂造成轟動。
☎06-6576-6222
MAP125 B-4
🏠大阪市港區海岸通1-1-10
⏰10:00～21:45 🈺1月有共2日的休館日
💴3歲以上900円 🚃地鐵中央線‧大阪港站1號出口步行5分

由LED燈營造如萬花筒般景象的夜間點燈十分迷人

徹底享受購物&美食
天保山市場街
●てんぽうざんマーケットプレース
緊鄰海遊館的購物中心，約有80間店舖進駐。關西代表性名店集結的美食主題公園也很受歡迎。
☎06-6576-5501 (海遊館)
MAP125 B-4
🏠大阪市港區海岸通1-1-10 ⏰11:00～20:00 (視店舖、季節而異金)
🈺1月有共2日的休館日 🚃地鐵中央線‧大阪港站1號出口步行5分

販售流行服飾、雜貨和大阪伴手禮等豐富商品

ACCESS
從這裡出發！**大阪港站**
🚃 **電車**
JR‧大阪站
步行 3分
地鐵‧梅田站
5分 地鐵御堂筋線
地鐵‧本町站
11分 290円 地鐵中央線
地鐵‧大阪港站
1號出口 步行5分
海遊館

太陽之塔

聳立的巨大高塔

●たいようのとう

「太陽之塔」原為1970年大阪萬國博覽會主題館的一部分。相隔約半世紀後重新對外開放入內參觀，受到全日本的矚目。

畫在背後的臉直徑約8m，象徵過去的「黑色太陽」

直徑約10.6m，象徵未來的「黃金之臉」

直徑約12m，代表現在的「太陽之臉」

遺留於原址的公園象徵

照片提供：大阪府

何謂太陽之塔？

大阪萬博主題館的一部分，是藝術家岡本太郎的代表作品。象徵橫跨過去、現在及未來生成萬物的能源，表現生命和祭典的中心。

●高度　約70m
●基座的直徑　約20m
●手臂長度　約25m

何謂大阪萬博

1970年舉辦的日本萬國博覽會，包含國外76國和4間國際機構，以及日本國內32個團體和企業出展參加。展覽期間183天中共有6400萬人次入場，為名留青史的巨型活動。

照片提供：大阪府

仔細挺逛
所需時間
約3小時

萬博紀念公園
吹田
大阪國際空港
豐中
新大阪駅
淀川
大阪駅
門真Jct

大阪萬博原址化身為綠意盎然的公園

萬博紀念公園

●ばんぱくきねんこうえん

日本萬國博覽會（大阪萬博）的原址，面積廣達約65座甲子園球場的綠意盎然公園。為了一窺岡本太郎作品太陽之塔，粉絲從日本各地慕名而來。

☏0120-1970-89
所 吹田市千里万博公園
⏰ 9:30～16:30（閉園為17:00）
休 週三（逢假日則翌日休，4月1日～黃金週、10、11月無休）
¥ 成人260円、中小學生80円（自然文化園・日本庭園共通費用）
交 大阪單軌電車・萬博紀念公園站步行即到

太陽之塔內部對外公開！

通過被稱為太陽之塔第四張臉的序幕空間地底太陽區，前往岡本太郎所構思的「生命之樹」。由下往上表現出生命從原始生物到克羅馬儂人的演化過程。

☏0120-1970-89（萬博紀念公園）
⏰ 10:00～16:30
休 週三（同萬博紀念公園）
¥ 720円
※入園需另外計費（自然文化園・日本庭園共通）
※可在「太陽之塔」官網事先預約（預約優先）

原生類時代
漂浮著散發妖豔光芒的水母

哺乳類時代
可愛的親子紅毛猩猩

三葉蟲時代
以繽紛色彩呈現的菊石

1:100,000
1km
北千里駅
阪大病院前
大阪日本民家園
茨木市
大阪彩都線
大阪モノレール
EXPO'70Pavilion
千里中央駅
千里IC
中國自動車道
中國吹田IC
萬博紀念公園
大阪花モノレール
山田駅
公園東口
萬博公園
万博紀念公園駅
吹田市
EXPO CITY
吹田Jct
吹田IC
北大阪急行
桃山台駅
南千里駅
阪急千里線
JR京都線
東海道新幹線
吹田SA

時光倒流到舉辦當時

EXPO'70Pavilion

●エキスポななじゅうパビリオン

使用大阪萬博舉辦當時的鋼鐵館。有展廳介紹、會場樣貌和招待員制服等眾多令人懷念的展示。1樓可免費入場，也能購買周邊產品。

⏰ 10:00～16:30　¥ 500円（國中生以下免費）
※除公園入園費外還需另付入館費

照片提供：大阪府

ACCESS

從這裡出發！ 大阪單軌電車．萬博紀念公園站

🚃 電車

JR・大阪站
　步行　3分
地鐵・梅田站
　20分 380円　地鐵御堂筋線・北大阪急行
北大阪急行・千里中央站
　5分 250円　大阪單軌電車
大阪單軌電車・萬博紀念公園站
　步行　5分
萬博紀念公園

美食和伴手禮應有盡有！ 新大阪站 深入調查報告

美食餐廳和伴手禮店陸續開幕，新大阪站越來越熱鬧。讓搭乘新幹線前的空檔時間到最後一刻都有效利用。

3F

2F

3F 新幹線驗票口內

品嘗浪花的滋味

大阪のれんめぐり

★おおさかのれんめぐり

以「吃到破產之城──大阪」為主題，集合了提供章魚燒和串炸等招牌美食的店鋪。這樣就不必擔心會漏吃任何大阪美食！

MAP 118 A-1

所 大阪市淀川區西中島5-16-1 JR新大阪駅新幹線改札內　時 10:00～21:10※視部分店鋪而異　休 無休　交 JR・新大阪站新幹線驗票口內

更多美味店家
★新世界 元祖串かつ だるま(串炸)
★Restaurant YOKOO (洋食)

牛筋蔥燒 1100円

大阪・十三元祖ねぎ焼やまもと

●おおさかじゅうそうがんそねぎやきやまもと

本店位於十三，發明蔥燒的店鋪。使用大量新鮮青蔥，煎好後淋上特製醬油醬料享用。

狐狸烏龍麵 880円

道頓堀 今井

●どうとんぼりいまい

守護創業以來不變的好滋味。狐狸烏龍麵放上用講究高湯煮得甘甜的油豆腐，特別有名。

たこ家道頓堀くくる

●たこやどうとんぼりくくる

以彈牙口感的章魚為特徵，是道頓堀熱門的章魚燒店。麵糊柔軟濃郁，搭配濃厚的特製醬料享用。

大塊章魚章魚燒 8個 979円

烤物拼盤 1518円

川北商店

●かわきたしょうてん

以江戶時代盛行的雞肉料理為概念的居酒屋。有很多1個人也能輕鬆享用的套餐餐點。

台灣乾拌麵 910円

麺や マルショウ ●めんやマルショウ

台灣乾拌麵是此店的熱銷餐點。Q彈的粗麵覆上海鮮風味的醬汁。

2F 地鐵北驗票口大廳

萬中選一的美食集結

新なにわ大食堂

★しんなにわだいしょくどう

無論是早餐或是工作結束想喝一杯的時候，能實現各種需求的美食設施，直通驗票口。有餐廳和商店等共11間店鋪進駐。

☎視店鋪而異　**MAP 118 A-1**
所 大阪市淀川區西中島5-15-5　時 視店鋪而異　休 無休　交 直通地鐵・御堂筋線新大阪站北驗票口大廳

更多美味店家
★魚屋スタンドふじ(海鮮)
★BELLOTA⁺ (西班牙酒吧)

名店的滋味 好想品嘗

集結了浪花等地知名餐廳的各式美食。請事先確認在車站站內等的確切位置。

車站便當也豐富！

旅途中不可或缺的便是帶有當地特色的車站便當。搭乘電車前絕對不要忘了前來瞧瞧。

牛舌蓋飯便當 鹽味 1460円

旅途的豐盛御膳 1100円

旅弁当 駅弁にぎわい

●たびべんとうえきべんにぎわい

提供從北海道到鹿兒島，全日本精選超過100種的便當。在現做販售攤位能嘗到新鮮現做的美味。

3F 在來線驗票口內

位於JR車站內讓人能快速逛一逛

EKI MARCHE新大阪

★エキマルシェしんおおさか

位於JR新大阪車站內，大阪著名店鋪36間集結一地的伴手禮區。販售許多只在這才買得到的概念商品。

MAP 118 A-1
☎ 06-6309-5946 (9:00～20:00)
所 大阪市淀川區西中島5-16-1　時 6:30～23:00 (視店鋪而異)　休 無休　交 JR・新大阪駅構內

更多好逛店家
★FRUIT GARDEN 山口果物(果凍、果汁)
★点天バル(餃子)

オムライス北極星

●オムライスほっきょくせい

蛋包飯的發祥餐廳，廣受喜愛的洋食店。將豬肉飯以蛋皮包裹，再淋上大量的特製番茄醬。

雞肉蛋包飯 970円

松葉

●まつば

北區的代表性串炸店。薄麵衣炸得酥脆的串炸和甜味醬汁簡直絕配。一不小心酒也多喝了幾杯。

牛沖等 120円～

どうとんぼり神座

●どうとんぼりかむくら

不傳外人的秘傳湯頭有大量白菜的清爽滋味。拉麵外的餐點選項也豐富多元。

美味拉麵 790円

使用大阪現採的完熟蜂蜜

Monsieur Makino
Monsieur巧克力
6顆裝2430円
巧克力塔。6個當中有1顆為季節限定的特殊塔
保存期限 冷藏2日（常溫5小時）
在這裡買得到 B

HACHIMITSU SWEETS en-nui
蜂巢塔
1條380円
3層塔，口感酥脆，共有8種
保存期限 3日
在這裡買得到 C

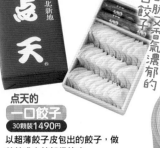
大阪北新地
点天

酥脆又香氣濃郁的一口餃子

点天的
一口餃子
30顆裝1490円
以超薄餃子皮包出的餃子，做煎餃或水餃都很美味
保存期限 冷藏5日（常溫6小時）
在這裡買得到 A C D

豚饅
551 HORAI
蓬萊

大阪必買的伴手禮就是這個

551蓬萊的
豬肉包
4個裝840円
甘甜包子皮和滿滿的豬肉內餡，比例堪稱完美！
保存期限 常溫：當日 冷藏：3日
在這裡買得到 C

有可可香氣的頂級巧克力

Patisserie Mon cher
Patio捲(中)
1404円
在堂島捲裡放入奇異果、黃桃、洋梨、莓果慕斯
保存期限 當日（常溫5小時）
在這裡買得到 B

這裡才買得到的限定商品！

鬆鬆軟軟，入口即化♪

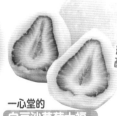

りくろーおじさん的
現烤起司蛋糕 965円
貨真價實的美味，在日本全國都相當受歡迎
保存期限 常溫當日，28度以上7小時內需冷藏
在這裡買得到 C

花的形狀超可愛♡
口感酥脆的貓舌餅

Hana Langue
大阪 花ラング

あみだ池大黒的
大阪花貓舌餅
972円
大量揉入大阪產蜂蜜和發酵奶油
保存期限 45日
在這裡買得到 A C D

新鮮水果和麻糬絕配

一心堂的
白豆沙草莓大福
368円(視季節有所變動)
用麻糬和餡料包當季水果的水果大福
保存期限 冷藏2日（常溫5小時）
在這裡買得到 B

王道&新定番必買伴手禮
好想有效率地採購！

由於新幹線、JR和地鐵交會的地利之便，無論想買任何種類的伴手禮來新大阪站準沒錯！

在這裡買得到！

A GIFT KIOSK新大阪
★ギフトキヨスクしんおおさか
販售老字號銘菓和大阪經典伴手禮等種類豐富的商品，新幹線站內的大型伴手禮店。
MAP 118 A-1
所 大阪市淀川区西中島5-16-1 ⏰6:30～21:30
休 無休 📍新幹線・新大阪站驗票口內

B Sweets PATIO
★スイーツパティオ
關西也有精選甜點品牌的送禮專門商店。也有只能在這裡才買得到的限定商品。
MAP 118 A-1
所 大阪市淀川区西中島5-16-1 ⏰8:00～21:00
休 無休 📍新幹線・新大阪站驗票口內

C EKI MARCHE新大阪
★エキマルシェしんおおさか ➡P.76

D Entrée Marché 新大阪中央口店
★アントレマルシェしんおおさかちゅうおうぐちてん
販售和當地企業合作的聯名商品或原創商品等，大阪、關西的伴手禮應有盡有。
MAP 118 A-1
所 大阪市淀川区西中島5-16-1 ⏰6:30～21:30
休 無休 📍JR・新大阪站3樓

當地零食的必買物品，以全新包裝登場！

Calbee
Jagabee
章魚燒口味
80g432円
關西伴手禮的章魚燒口味
保存期限 180日
在這裡買得到 C D

Calbee Jagabee たこ焼き味

海鮮鮮味濃縮其中！素材講究的煎餅

坂角総本舖的
大阪魷魚煎餅
14片裝864円
日本產魷魚的濃郁鮮味和鮮蝦風味散發出淡淡香氣
保存期限 60日
在這裡買得到 A

大阪いか天
OSAKA IKATEN

1 充滿異國風情的北野異人館(→P.92)
2 提到神戶就想到海！在能同時購物的港灣地區散步(→P.80)
3 去尋找風格獨透的雜貨吧(→P.98)
4 可以品嘗到道地多元的神戶牛(→P.84)
5 在人聲鼎沸的南京町邊走邊吃(→P.96)

神戶

海風薰香的異國情調港都

包夾於山海之間，讓人感受到舶來風情的神戶是高格調且時髦的都市。地勢較高的北野有許多西式建築，令人彷彿身處西方國度。舊式建築匯集的舊居留地、中華情懷的南京町、以及優美大海的港灣地區等景點，越是了解越讓人喜歡神戶這座都市。

遊玩這個地區的小訣竅

以三宮站作為移動的據點
三宮站距離新幹線停靠的新神戶站和神戶機場非常近且交通方便。能搭乘JR、阪急或阪神（到大阪）前往大阪或京都，無論到何處都十分方便。車站周邊擁有眾多百貨公司、餐廳和飯店等，機能便利。

神戶的觀光景點集中
從JR三之宮站步行前往北野異人館15分，步行前往港灣地區則約30分。由於前往港灣地區的途中會經過舊居留地和南京町，所以推薦對體力有自信的人悠閒步行觀光。

利用神戶環城巴士CITY LOOP
連結神戶觀光景點的懷舊風巴士──神戶環城巴士CITY LOOP（→P.126）。由於是繞圈的循環巴士，所以能在聆聽城市導覽的同時抵達觀光景點，推薦給容易迷路的人利用。

用划算票券讓旅途更加愉快！

票券 （販售地點）		價格	自由乘坐區間	不同目的的推薦重點
	市巴士、地鐵共通 1日乘車券 （地鐵各站窗口等 ※谷上站除外）	1040円	地鐵全線 市巴士全路線	搭乘市巴士和地鐵移動範圍幾乎涵蓋整個神戶市
	神戶環城巴士CITY LOOP 1日乘車券 （CITY LOOP巴士車內、神戶市綜合服務中心、新神戶站觀光服務處、FamilyMart神戶機場店）	700円	神戶環城巴士CITY LOOP全線	超過30座觀光景點提供優惠折扣。適合想遍遊主要觀光景點的人
	KOBE觀光SMART PASSPORT （神戶市綜合服務中心、新神戶站・北野觀光服務處、便利商店、網路）	2500円～	神戶市內的觀光設施（最多49處）	在神戶市內的設施中，只要出示手機畫面就能入場。可使用1天或2天

●市巴士・地鐵客服專線／神戶環城巴士CITY LOOP（神姬巴士神戶三宮轉運站）☎078-231-5561
※依感染症相關各設施的對應・對策，刊載資訊會有所變更，請事先確認最新狀況。

從大阪·京都前往神戶的交通方式

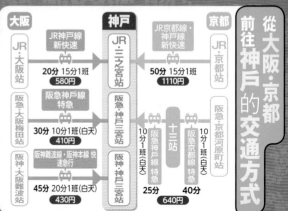

大阪		神戶		京都
JR・大阪站	JR神戶線新快速 20分 15分1班 580円 →	JR・三之宮站	← JR京都線・神戶線新快速 50分 15分1班 1110円	JR・京都站
阪急・大阪梅田站	阪急神戶線特急 30分 10分1班（白天） 410円 →	阪急神戶三宮站	十三站	阪急京都河原町站
阪神・大阪難波站	阪神難波線・阪神本線 快速急行 45分 20分1班（白天） 430円 →	阪神・神戶三宮站	阪急神戶線特急 10分1班（白天） 25分 640円	阪急京都線特急 10分1班（白天） 40分

榮町 さかえまち
（火車圖示）從JR三之宮站搭電車5分

P.99

造訪袖珍而富特色的商店

明治時代作為神戶的商業與交通中心而蓬勃發展的地區。過往與港灣相關或貿易商辦公室的舊建築，化身為特色雜貨店和咖啡廳等，目前是熱門的購物景點。

來這裡玩吧
・榮町建築群
・海岸建築群

舊居留地 きゅうきょりゅうち
（行人圖示）從JR三之宮站步行15分

P.99

保留著懷舊舊港都氛圍的地區

大正到昭和初期建造的舊式建築集中的地區，瀰漫著不可言喻的歐式風情。過往美好時光遺留至今的成熟風都市，有許多高格調的商店和咖啡廳。

來這裡玩吧
・大丸神戶店
・舊居留地15號館

北野 きたの
（行人圖示）從JR三之宮站步行15分

P.92

巡遊充滿異國情調的洋館

位於神戶的高地、瀰漫著異國風情的異人館。欣賞優美可愛的西洋建築，讓人有來到西方國度的錯覺。也別忘了確認優惠套票的資訊。

來這裡玩吧
・魚鱗之家、風見雞館、英國館

異人館套票列表

	費用	有效期限	景點
2 館券	650円（省200円）	當日內	風見雞館、萌黃之館
3 館通行券	1300円（省400円）	無	芳香之家荷蘭館、維也納・奧地利之家、丹麥館
北野通3館通行券	1400円（省450円）	當日內	英國館、洋館長屋、貝恩之家
北野7館周遊券	3000円（省1550円）	2日內	北野通3館通行券、山手4館通行券和展望藝廊的通用館

※魚鱗之家・展望藝廊算2座館

三宮・元町 さんのみや・もとまち
這裡為起點

P.98

代表神戶的大型繁華鬧區

想在神戶享受美食和購物的話絕對不能錯過的地區。貴婦們常去的甜點店、餐廳以及代表神戶品味的神戶系流行服飾等不容錯過。

來這裡玩吧
・TOR ROAD
・TOR WEST

方便實用的資訊！
JR線的北側＝「靠山區」
JR線的南側＝「臨海區」
牢記於腦海在查詢地圖或向人問路時會十分方便

北野 地區
三宮・元町 地區
JR三之宮站
榮町 地區
南京町 地區
舊居留地 地區
港灣地區

港灣地區 ベイエリア
（火車圖示）從JR三之宮站搭電車5分

P.80

世界首屈一指的美景勝地

象徵港都神戶的地區。和藍天相映襯的鮮紅神戶港塔令人印象深刻。無論是有碧藍天空與舒爽海風的白天，或是美麗夜景倒映於海面的夜晚，都值得特地造訪欣賞。

來這裡玩吧
・美利堅公園　・神戶港塔
・神戶港博物館

南京町 なんきんまち
（行人圖示）從JR三之宮站步行18分

P.96

活力十足的日本三大中華街之一

穿過色彩繽紛的中華風牌坊後，中華街就在眼前。可邊走邊吃豬肉包子等攤販美食，或是在餐廳享用正統中菜也是不錯的選擇。

來這裡玩吧　・中華街

感受**海風**，**爽快地**

在**海港城市**的
港灣地區散步

除了話題性十足的水族館之外，
港灣地區還有許多知名景點，
咖啡廳、逛街購物等很多樂趣都集中在此！

傳達「神戶的魅力
在於人」之意念的
紀念碑「BE
KOBE」

夜晚點燈的港灣
地區超級浪漫♡

想在港灣地區做這些事！

2
在適合打卡的
景點拍照

→ P.82

「BE KOBE」紀念碑和
神戶港塔、裝置藝
術、牆壁藝術等，到
處都是適合拍照打卡
的景點。手持相機到
處遊逛港灣地區吧。

1
在話題**水族館·**
átoa欣賞
藝術展 → P.81

2021年開幕的都市型水族館。與藝術
完美融合的水族館非常新穎！在神秘水
族箱的包圍下，體驗宛如電影場景般的
一幕吧。

3 ### 前往海邊的美麗
咖啡廳&餐廳 → P.83

美利堅公園裡的咖啡廳、神戶臨海樂園
umie裡的餐廳等，港灣地區的美食也相
當豐富。也有可邊眺望海景邊悠閒用餐
的店家。

港灣地區
是這樣的地方

碼頭兩旁有美利堅公園和臨海樂園

東區神戶的代表性地標——神戶港塔 以
及面對神戶港充滿開放感的美利堅公園。
西區有臨海樂園，裡面有引起話題的大型
複合設施和紀念碑。

西洋文化在開港同時開始繁榮

江戶時期因鎖國政策使貿易一度中斷，
1868 年國際貿易港開港後，神戶港成為
西洋文化登陸的據點。

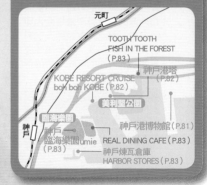

元町

TOOTH TOOTH
FISH IN THE FOREST
(P.83)

神戶港塔
(P.82)

KOBE RESORT CRUISE
boh boh KOBE (P.82)

美利堅公園

神戶海洋博物館 (P.81)

REAL DINING CAFE (P.83)

神戶煉瓦倉庫
HARBOR STORES (P.83)

神戶
臨海樂園umie
(P.83)

臨海樂園

神戶

以宇宙和深海為概念的區域「PLANETS」
有直徑達3m的球體水族箱

PLANETS

以日本最大規模的球體水族箱
「AQUA TERRA」為主放映的雷
射表演令人拍案叫絕。

展示生物 ★絲鰭擬花鮨
★珠櫻鮨

一邊欣賞生物和神戶絕景，
不錯
邊在咖啡廳度過悠閒時光也很

SKYSHORE

療癒生物棲息、可感受到海風
和日曬的開放式空間。也可欣
賞到神戶港的景觀。

展示生物 ★小爪水獺
★洪保德環企鵝

FOYER

形狀特殊的懸垂水族箱「atoa
sky」和色彩繽紛的魚超適合
拍照打卡。

展示生物 ★圓點魟魚
★亞洲龍魚

圓點魟魚的圓
形點點看起來
好潮

水岸的新地標

神戶港博物館

小爪水獺的
可愛樣貌
令人心動♡

以融合水族箱和藝術的水族館為主，
另外還有美食大廳、婚禮會場諮詢等複合文化設施。
2021年開幕的港灣地區新著名景點！

放映光切繪作家·酒井敦美的原創作品

AQUARIUM×ART átoa

★アクアリウムバイアートアトア

融合水族館和空間演出的都市型水族館，
約5600m²的空間裡，展示了100種3000件
展品。分為8個不同的主題，以及各種演
出效果的沉浸感引起話題。

☎078-771-9393 MAP 130 D-4
神戶市中央区新港町7-2 10:00～
20:00 休無休 ¥2400円、小學生1400
円、幼兒（3歲以上）800円 ※特定日費用、
營業時間有所變動 JR·三之宮站步行
18分／Port Loop·新港町巴士站步行即
到

周邊商品&美食

做真布偶
（洪保德環
企鵝）
3300円
飼育員監修，
連蹼和泄殖
腔都有，逼真
的造型蔚為
話題

手乘水獺包
各660円
特殊的臉好可愛，裡面是
巧克力奶油

裸鼴鼠的
甜洋芋
1750円
每一條皺褶都相當講究的造型
令人驚艷！味道是奶油口味

MIYABI

以光切繪展現日本四季風情的
和風世界。可觀賞來自日本的
生物。

展示生物 ★土佐金 ★地金
★錦鯉

HASU

自製手工小籠包和神戶
拉麵的店

Chaque Jour Epanoui

瀬戸内 海のビストロ

契約農家直送神戶牛·
BBQ肉料理專門店

以60公分的巨大西班牙海
鮮燉飯為豪的海鮮酒吧

TOOTH TOOTH MART FOOD HALL & NIGHT FES

★トゥーストゥースマートフードホールアンドナイトフェス

位於神戶港博物館1樓的
美食大廳。神戶牛、西
餐、甜品之外，還有神戶
的精釀啤酒、灘的日本酒
店舖等排排站。可邊觀賞
átoa的水族箱和港灣地區
的風景邊享用餐點。

MAP 130D-4
☎078-777-4091
中央区新港町7-2
11:00～21:30
※視季節有所變動
休無休
JR·三之宮站步行18分／Port Loop·新港町
巴士站步行即到

中央的酒吧吧檯正上方有
átoa的水族箱

繽紛的摩天輪和碧海藍天形成美麗對比的臨海樂園。夜晚約有12萬顆LED燈，變化出各種鮮艷色彩。

尋訪適合拍照打卡的名景點

港灣地區有很多地標和適合拍照的景點 到處都可以遇到美麗的風景 從船上眺望的絕美海景也令人驚豔！

可以看到這種景色！

臨海樂園

KOBE RESORT CRUISE boh boh KOBE

可眺望海景，度過悠閒時光的絕景咖啡廳觀光船

★こうべリゾートクルーズボーボーコーベ

從臨海樂園周遊到神戶機場，可就近眺望飛機起降約1小時半的觀光船。船內有開放式甲板和開放式廚房，可享用神戶特有的美味。

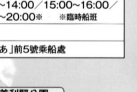

©2023 HAYAKOMA UNYU Co.,Ltd. ©2021 HAYAKOMA UNYU Co.,Ltd.

可與愛犬一起搭船

☎0120-370-764 **MAP**131A-3
(Kobe Sea Bus) 神戶市中央區波止場町7-1中突提中央ターミナル
不定休（有整備、期間停航時期，請確認官網）JR・神戶站步行13分

出航時間	11:00~12:00※／13:00~14:00／15:00~16:00／17:00~18:00※／18:30~20:00※　　※臨時船班
乘船費用	1800円
乘船地點	中央突堤中央航站「かもめりあ」前5號乘船處

即將翻新的地標，令人止不住的興奮！

以和太鼓為概念的設計相當有特色（照片為整修前的外觀）

整修完畢後，屋頂樓層將新設展望設施。可觀賞360度大全景

美利堅公園

神戶港塔

★こうべポートタワー

港灣地區的地標廣為人知的紅色鐵塔。夜間會點燈，營造出浪漫的夜晚。整修完畢後，預定在屋頂層會開設展望設施、咖啡廳和餐廳等。

2024年春天重新開放！

☎未定 **MAP**131B-3
神戶市中央区波止場町5-5
9:30~23:00 無 景觀樓層＋屋頂露臺1200円，景觀樓層1000円（需事前至官網指定日期、時間購票）
JR・元町站步行15分

確認海港城市的2大景點！

美利堅公園＆臨海樂園

洋溢著時尚氛圍的美利堅公園和美食、購物相當充足的臨海樂園，盡情享受每個區域的樂趣吧！

鄰近海邊的咖啡廳&餐廳

在海邊的咖啡廳度過悠閒時光也是旅遊樂趣之一。
也有可邊眺望海邊夜景，邊享用浪漫晚餐的餐廳。

眼前一片海景的浪漫露台座

和浪漫的夜景
一起享用起司料理

🛟 臨海樂園

REAL DINING CAFE
★リアルダイニングカフェ

以使用丹麥最古早食譜所作的起司
蛋糕聞名的「觀音屋」所經營。人
氣的起司鍋也是使用直接從丹麥進
口的起司。進來咖啡廳時，也可享
用名產起司鍋。

店內有舒適的沙發，充滿摩登氣氛

起司鍋1人份2160円
（最少2人起餐）

📞078-360-1358 MAP131A-3
所神戶市中央区東川崎町1-6-1 神戶ハーバー
ランドumieモザイク2階 時11:00～22:00
休無休 席68席 交JR・神戶站步行8分

在海邊的麵包店咖啡廳
度過悠閒一刻

🛟 美利堅公園

TOOTH TOOTH FISH IN THE FOREST
★トゥーストゥースフィッシュインザフォレスト

工房每天現烤種類豐富的自家製麵包百匯而深受
好評的麵包店咖啡廳。和自製麵包一起享用的講
究義大利麵口感Q彈，和當季食材及醬汁搭配
絕佳。

大片窗戶和寬敞的店內充滿
開放感

相當講究的生義大利麵口感Q彈，
和當季食材及醬汁搭配絕佳

📞078-334-1820 MAP131C-3
所神戶市中央区波止場町2-8 時11:00～19:30、週
六、日、假日為10:30～ ※有季節性變動 休不定休
席114席 交JR・元町站步行10分

每天早上都可品嘗到現烤的
自家製麵包百匯

位於巨大鯉魚裝置
「Fish Dance」旁

逛街購買神戶伴手禮

港灣地區林立的複合設施裡有神戶人氣的甜品店和雜貨店等，
最適合來此尋找伴手禮。

🛟 臨海樂園

神戶煉瓦倉庫 HARBOR STORES
★こうべれんがそうこハーバーストアーズ

復古摩登的2棟赤瓦倉庫以前是用來當神戶港
貨物倉庫使用。現在匯集了時尚的文具店、
家具店、餐廳等，是備受矚目的人氣景點。

MAP127A-4
所神戶市中央区東川崎町
1-5-5 費休視店舖而異
交JR・神戶站步行7分

在洋溢著異國情調的商店裡
尋找心儀的伴手禮

位於海邊寬敞開放的
大型購物中心

🛟 臨海樂園

神戶臨海樂園umie
★こうべハーバーランドウミエ

能一邊享受濱海地帶的絕佳位置，一邊購物
和品嘗美食的大型設施。由馬賽克廣場、北
棟和南棟所組成，還設有摩天輪和電影院。

MAP131A-3
📞078-382-7100
所神戶市中央区中央区東川崎
町1-7-2 費10:00～20:00（部
分店舖不同）休無休 交JR・
神戶站步行5分

特製神戸牛
菲力牛排
晚間全餐
（100g）
11990円（不含稅）
能用筷子享用的
神戸牛牛排

主廚嚴選的菲力牛肉
以備長炭火燒烤

炭燒きすてーき きた山
●すみやきすてーききたやま
〔三宮〕

堅持提供神戸牛等嚴選和牛的菲力牛排。帶出牛肉應有的美味，使用紀州備長炭燒烤的炭烤牛排專賣店。特製的羅宋湯也大受歡迎。

☎078-392-3977　MAP 129 C-3
神戸市中央区加納町4-7-11 パレ北野坂ビル2階
11:30〜13:45、17:00〜21:00　週一（逢假日則翌日休）　25席　JR・三之宮站步行5分

能在擁有居家氣圍的店內放鬆歡息

MENU
●菲力牛排午間套餐（100g）……**2970円**（不含稅）
●炸牛排午餐……**1650円**（不含稅）
●神戸牛菲力牛排套餐（100g）……**9790円**（不含稅）

ビフテキのカワムラ三宮本店
●ビフテキのカワムラさんのみやほんてん
〔三宮〕

不只有神戸牛，還提供堅持品質的最高級肉品。除此之外，還有嚴選黑毛和牛與但馬牛等。能在紅磚建築內的沉穩氣氛中享用美食。

MAP 129 C-4
☎078-335-0399
神戸市中央区加納町4-5-13
11:30〜14:30、17:00〜21:00
不定休　34席
JR・三之宮站步行5分

特選國產牛
午餐（150g）
5940円
可搭配以白味噌
為底的特製醬汁
或岩鹽品嘗

↑ 也能提供包廂用餐
（於預約時確認）

MENU
●神戸牛漢堡排午餐
（數量限定）……**3300円**
●特選黑毛和牛100g全餐
……**7480円**

↑ 在眼前煎烤的牛排讓人看得目不轉睛

提到肉類料理就會想到牛排。色彩鮮艷的霜降頂級牛肉絕對物超所值！請在此享受在眼前料理的奢侈臨場感，以及在嘴中擴散的牛肉美味。

同時提供被認定為最頂級品質的冠軍牛

神戸牛

盡情享用神戸當地的正宗牛排！

國外名人也
讚不絕口的品牌牛

擁有在兵庫縣培育的但馬牛血統，符合嚴格肉質規定的牛才能稱為「神戸牛」，並且印上野路菊的標章。

能輕鬆享用的 神戶牛料理！

滿滿神戶牛美味的超划算蓋飯

三宮 神戶牛丼 広重
●こうべぎゅうどんひろしげ

將有美麗油花的牛五花肉以淡路產的洋蔥燉煮後，擺放到飯上，接著在上面鋪滿滿肩里肌，能嘗到如此奢侈牛肉蓋飯的餐廳。

☎078-222-6611
MAP 128 D-3
🏠神戶市中央區中山手通1-22-21 藤正第3ビル1階 🕐11:00～15:00、18:00～23:00(售完打烊)
休不定休 🪑10席 🚉JR・三之宮步行7分

神戶牛丼(並)
1980円～
附上法式蔬菜燉肉清湯和手工醃漬物

奢侈的神戶牛漢堡

南京町 吉祥吉 南京町店
●きっしょうきちなんきんまちてん

購買整頭神戶牛而大受歡迎吉祥吉外帶專賣店。能嘗到夾入神戶牛牛排的「神戶牛牛排漢堡」等，享受最高級神戶牛的魅力。

☎078-392-2944
MAP 131 C-2
🏠神戶市中央區元町通2-1-14 🕐10:00～21:00
休不定休 🚉JR・元町站步行5分

神戶牛牛排漢堡
1800円
使用最高級神戶牛的漢堡。直接夾入神戶牛牛排超奢侈！

使用神戶牛的滿滿美味餃子

南京町 元祖「ぎょうざ苑」
●がんそぎょうざえん

昭和26(1951)年創業，料理僅提供煎餃和盛岡炸醬麵。餃子肉餡使用神戶牛提味，搭配自製的味噌醬料與醋和醬油享用。

☎078-331-4096
MAP 131 C-2
🏠神戶市中央區榮町通2-8-11 🕐11:45～15:00、17:00～20:30
休週一(逢假日則營業)
🪑37席 🚉JR・元町站步行5分

神戶牛餃子(8個)
1980円
神戶牛100%的特別料理。另在店內販售未調理的外帶餃子

元町 神戶牛ステーキ 炭火焼ダイニング紀州屋
●こうべぎゅうステーキすみびやきダイニングきしゅうや

主要提供高達1000℃的備長炭燒烤的神戶牛，還有神戶牛的「蒟蒻燉牛筋」、烤神戶土雞腿肉、明石的章魚生吃等，使用當地食材的下酒菜也豐富多樣。

☎078-333-3158
MAP 129 A-3
🏠神戶市中央區下山手通3-15-8 🕐11:30～14:00、17:00～21:00
休不定休 🪑38席
🚉JR・元町站步行5分

↑和風店內設有下嵌式座位的包廂風空間

MENU
- 神戶牛牛排午間套餐 ················ **3300円～**
- 炙燒生神戶牛肩胛肉(數量限定) ····· **1680円～**

霜降的頂級肉搭配兵庫縣產食材一同享用

神戶牛牛排晚間套餐
3800円～
以炭火燒烤，將霜降肉的美味鎖在肉裡

在有歷史的名店享用精挑細選的頂級肉

三宮 モーリヤ本店
●モーリヤほんてん

提供神戶牛140年。不但可以豪華享用神戶牛，還能以划算價格享用繼承但馬牛血統，在同樣條件下肥育的モーリヤ嚴選牛。

☎078-391-4603
MAP 129 B-4
🏠神戶市中央區下山手通2-1-17 🕐11:00～21:00
🪑51席 🚉各線・三之宮站步行5分

↑在眼前的鐵板上燒烤，將肉的鮮味濃縮其中

A5頂級神戶牛晚間全餐
18370円～
第一口只沾鹽，剩下的搭配粗磨胡椒、特製味噌醬汁、柚子醋等享用

↑以吧檯座為主，也有餐桌席

MENU
- 神戶牛赤身全餐 ············ **8040円～**
- モーリヤ嚴選晚間全餐 ······· **9600円～**

元町 神戶ステーキ メリカン
●こうべステーキメリカン

可在播著爵士樂的店內享用神戶牛和黑毛和牛的店家。從輕鬆的單點料理到正宗牛排全餐應有盡有，菜色豐富。

☎078-381-5790 MAP 131 B-1
🏠神戶市中央區元町5-3-16 🕐11:00～15:00、17:00～20:00 休無休
🪑34席 🚉JR・元町站步行5分

↑位於元町商店街，店內裝滿和風氣氛很時尚

MENU
- 和牛牛排 ················ **1900円**
- 炸牛肉 ················· **1600円**
- 漢堡排 ················· **1300円**

神戶牛排
4500円
經過仔細燒烤烹調的頂級牛排

如果想要輕鬆享用豐富菜色就來這裡

港都洋食

精心燉煮的多蜜醬不只是美味的關鍵，更代表著餐廳的歷史。敬請享用堅守獨家食譜、費時費工製作的料理吧。

給自己的美食犒賞

南京町
伊藤グリル
いとうグリル

炭烤牛排和燉牛肉是店內兩大招牌

大正12（1923）年創業的高級洋食餐廳。繼承原為外國航路廚師的初代老闆的洗練滋味，並加以發展延續至今。厚實口感的洋食擁有許多文人、財經界或外國的支持者。

☎ 078-331-2818　MAP 131 C-2
神戶市中央区元町通1-6-6 2階
11:30～14:30、17:30～20:30
休 週三　25席　JR・元町站步行3分
預算 午4000円晚8000円　燉牛肉（3080円）

傳承4代守護至今的名店 滋味令人感動！

↑位於南京町廣場附近大樓的2樓

Menu
炭烤牛排晚間全餐（200g）..... 15400円
以炭火燒烤得芳香四溢的牛排搭配多蜜醬享用。附前菜、湯品和沙拉等

這就是正宗的洋食！歷久不變的懷念滋味

擁有受歡迎的牛肉燴飯（1000円）等能輕鬆享用的料理

油炸料理大受好評的居家風餐廳

元町
洋食ゲンジ
ようしょくゲンジ

除了最受歡迎的奶油蝦可樂餅外，炸牛排和炸蝦等油炸料理也別具人氣。風味順口圓潤的多蜜醬也讓人一吃上癮，大獲好評。

☎ 078-321-0252　MAP 131 B-1
神戶市中央区元町通3-17-8
11:30～15:00、17:00～20:30
休 週二、第1週三　27席
JR・元町站步行4分
預算 午1000円晚1000円

吧檯座席或桌椅席皆能悠閒舒適地就坐

Menu
奶油蝦可樂餅定食 960円
淋上多層次的白醬，放入大塊蝦子的大尺寸可樂餅。附白飯和味噌湯

Menu
燉牛肉 2450円
和醬汁分開長時間燉煮的柔軟日本國產牛肉，搭配大量的多蜜醬，有彷彿入口即化的口感

舊居留地
グリル十字屋
グリルじゅうじや

昭和8（1933）年創業。在溫暖古早風的店內，能品嘗到令人懷念的洋食。創業以來歷久不變、店家自傲的多蜜醬是花費2天熬煮及1天熟成製作。

☎ 078-331-5455
MAP 130 E-2
神戶市中央区江戶町96 ストロングビル1階　11:00～14:30、17:00～19:30（週六、假日的晚餐時間為17:30～）、每月有1～2次不定休
32席　JR・三之宮站步行7分
預算 午1500円晚2000円

↑天花板挑高，懷舊摩登的空間

↑炸得酥脆的炸牛排（1650円）。配菜也是懷念的滋味

三宮
欧風料理もん
おうふうりょうりもん

遺留著昭和11（1936）年創業當時氣圍的洋食餐廳。除了蛋包飯和著名的炸豬排外，炸牛排、炸牛排三明治和壽喜燒等，使用神戶牛的料理受到不分年齡層的好評。

☎ 078-331-0372　MAP 130 E-1
神戶市中央区北長狹通2-12-12
11:00～20:30　休 第3週一
150席　JR・三之宮站步行3分
預算 午晚1210円

↑面對生田筋路，歷史悠久的餐廳外觀

在懷舊氣氛中品嘗使用神戶牛的洋食

神戶和洋食之間的關係是？
在外國航線客船上鍛鍊廚藝的主廚所開設的餐廳，據說就是神戶洋食的起源。之後陸續有知名飯店主廚獨立開店，或是庶民風的餐廳誕生等而蓬勃發展。

Menu
炸牛排 2640円
使用神戶牛柔軟的牛柳肉，裹上油炸得酥脆的麵衣。也很受到老顧客的歡迎

神戶的西式美食♪

絕無僅有的好滋味

神戶在地美食

除了全日本聞名的「明石燒」外，還有「炒麵飯」等多樣化的神戶在地美食。讓我們品嘗神戶當地才吃得到的高品質美食吧！

【三宮】
長田タンク筋
●ながたタンクすじ

由在炒麵飯發祥地長田長大的店長所經營的餐廳。除了以古老製法作成的訂製麵條、黑毛和牛，以及被稱為「どろ·どべ」的特辣醬料外，就連料理方法也有所堅持的熱門餐廳。

☎ 078-962-6868　[MAP] 130 F-1
🏠 神戶市中央区三宮町1-8-1 さんプラザB1階-20　🕐 11:00～22:00
🈺 週二　🪑 20席
🚉 JR·三之宮站步行3分

➡ 位於購物中心內的美食街

What's 炒麵飯？
於神戶市長田區誕生，將切成小段的炒麵加入白飯中後用鐵板快炒的料理。將牛筋肉和蒟蒻燉煮得甜鹹的「蒟蒻燉牛筋」是最受歡迎的配料。

訂製麵條和在地醬料所製作的鬆爽炒麵飯

炒麵飯

蒟蒻燉牛筋炒麵飯（加蛋）980円
炒麵飯加上半熟蛋和蒟蒻燉牛筋的招牌料理

What's 烤牛肉蓋飯？
因饕客大排長龍而在日本各地引起話題的餐廳「RedRock」。本店正是在三宮這裡！

澆淋清爽和風醬料的烤牛肉蓋飯

烤牛肉蓋飯

烤牛肉蓋飯 1300円
蓋飯上淋著以洋蔥和醬油為基調的和風醬汁與生雞蛋

牛排蓋飯 1800円
美國品牌牛搭配特製醬料的豪爽蓋飯

➡ 午餐勢必大排長龍，建議人潮較少的16時左右前往

【三宮】
RedRock
●レッドロック

以肉類料理為主的酒吧。招牌料理為將牛腿肉低溫燒烤成的烤牛肉片，淋上特燉煮醬汁的豪邁蓋飯。午餐時段人潮絡繹不絕就是為了這一道。

☎ 078-334-1030
[MAP] 130 E-1
🏠 神戶市中央区北長狭通1-31-33 三宮阪急西口商店街
🕐 11:30～21:00
🈺 無休　🪑 23席
🚉 阪急·神戶三宮站即到

【三宮】
ギョーザ専門店 イチロー
●ギョーザせんもんてん イチロー

在堅持煎製品質的香脆餃子皮中，有些許大蒜以及滿滿高麗菜和絞肉餡。活用製作肉餡訣竅做出的漢堡排是秘密人氣料理。

☎ 078-334-1660　[MAP] 130 F-1
🏠 神戶市中央区三宮町1-8 さんプラザB1階-47　🕐 11:30～21:00　🈺 不定休　🪑 12席
🚉 JR·三之宮站步行3分

➡ 也有提供白飯，適合在午餐時喝點小酒等多樣化利用

What's 味噌醬餃子？
據說發祥自南京町的味噌醬是味噌與辣油的完美搭配！有白味噌和紅味噌等口味，依店鋪不同準備的醬料也相異，請品嘗各家的獨特滋味。

煎餃（1人份6個）310円
正因為是單純的調味才能托顯出肉汁的美味

味噌醬餃子

神戶豬肉的美味和自製味噌醬的絕妙搭檔

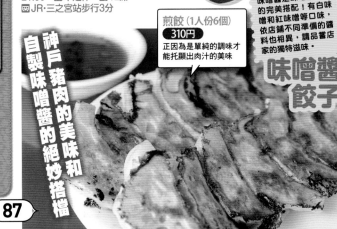

使用彈牙口感的明石活章魚

明石燒

What's 明石燒？
又稱「玉子燒」的明石特產章魚燒。雖然特色是沾著高湯享用，但也有淋上醬料後再沾濃高湯等的吃法，能自由享受到多樣的風味。

明石燒（1人份·10個）700円
麵糊不加調味以突顯章魚的美味

【三宮】
たちばな本店
●たちばなほんてん

神戶當地居民光顧的明石燒專賣店。以精湛廚藝烤出的鬆軟明石燒，一口吃下後新鮮章魚的美味便在口中擴散。桌上有甜辣兩種醬料可自由選擇。

☎ 078-331-0572
[MAP] 130 D-1
🏠 神戶市中央区三宮町3-9-4
🕐 11:00～19:00　🈺 不定休
🪑 34席　🚉 JR·三之宮站步行3分

➡ 從吧檯席能見到製作的過程

Gota Blanca
510円
烘焙茶味的生起司裡加入黑豆舒芙蕾起司，外層可吃到生起司包覆的滑順口感

Essence **490円**
香草、咖啡、榛果巧妙組合的蛋糕

欽點甜點！

Earl Gray Chocolat **510円**
巧克力裡面包紅茶慕斯，和覆盆子的清爽酸味搭配絕佳

香氣和口感的組合
讓人感覺到豐富滋味

Origine Kobe
2808円
達克瓦茲和塔派裡加入白酒醃漬葡萄乾的咖啡風味布朗尼

COMPARTIR VALOR
●コンパルティールヴァロール ｜內用｜ ｜外帶｜

當地的人氣「元町蛋糕」新品牌。保留原有的親切感，並加入洗練成熟氛圍的蛋糕陳列在店裡，好想搭配最新蒸氣龐克咖啡機泡的咖啡一起享用。現場共有20種巧克力甜點，最適合用來當伴手禮。

☎ 078-599-7521 ｜MAP｜131 B-2
神戶市中央区栄町通4-4-8
🕐 12:00～17:30 休 週三、四 席 28席
地鐵・港元町站步行即到

◎在自助式的咖啡廳空間度過悠閒時光

◎使用最新咖啡機泡的咖啡，可
品嘗到乾淨無雜質的味道

甜點

在三宮和元町一帶擁有無數名店的神戶甜點是令人垂涎的存在。在此整理出絕對要指名一嘗的名店頂級甜點！

低溫慢烤
精心講究的半熟蛋糕

欽點甜點！

神戶半熟起司蛋糕
280円（內用為286円）
起司的濃郁風味在嘴裡擴散，溼潤半熟口感的起司蛋糕。飲料套餐為580円，外帶為5個裝1380円。

神戶魔法瓶布丁
單瓶398円、4瓶裝1680円
奶油、卡士達醬、焦糖的3層滑順口感

神戶フランツ umie モザイク店
●こうべフランツウミエモザイクてん ｜內用｜ ｜外帶｜

面海的神戶臨海樂園umie馬賽克廣場2樓的神戶フランツ旗艦店。附設內用空間，除了享用甜品之外，還可在紅黑為主的時尚裝潢賣場悠閒地挑選伴手禮。

☎ 078-360-0007 ｜MAP｜131 A-3
神戶市中央区東川崎町1-6-1 umieモザイク2階 🕐 10:00～20:00（內用為～19:00）休 準同設施的休業日 席 20席 JR・神戶站步行10分

◎紅與黑的雅緻店內

欽點甜點！

拇指姑娘 **560円**
白巧克力和覆盆子奶油，裏面包著荔枝果凍的華麗蛋糕

發揮技術和巧思的
華美鮮艷外觀

パティスリー AKITO
●パティスリーアキト ｜內用｜ ｜外帶｜

擔任飯店首席甜點師創作出牛奶醬的田中主廚的店舖。除了使用嚴選食材的法國甜點外，還販售獲得廣大支持的果醬和烘焙點心等。

神戶和甜點之間的關係是?
肇始於神戶港開港時，外國人居留地的飯店所提供的西式甜點。其後知名店舖陸續開幕，神戶便成為了知名的甜點城市。

Lactee Citrus **540円**
檸檬的酸與牛奶慕斯及巧克力的甜層層堆疊出清爽滋味。底部則是杏仁達克瓦茲蛋糕

◎可以看到神戶港塔的地點

☎ 078-332-3620 ｜MAP｜131 B-1
神戶市元町通3-17-6 白山ビル1階
🕐 10:30～18:30（內用為～18:00）
休 週二（逢假日則翌日休）席 11席
JR・元町站步行3分

以洗練技術傳遞法式菓子的傳統與魅力

Sully 600円
白酒慕斯和2種蛋糕、草莓蛋白甜餅的組合，可在口中享受溫度差的慕斯

欽點甜點！

經常大排長龍，最好選在平日中午前後前往

Montélimar 600円
南法代表性的菓子，蜂蜜慕斯加開心果、橘子、松果等配料

Piemonte 650円
開心果慕斯加覆盆子果凍襯托出層次口感

海岸通

patisserie mont plus
●パティスリーモンプリュ 　内用　外帶

以法式傳統菓子為基底，搭配不同食材，變換不同甜度等，以細膩的技術發揮獨特風格。光是草莓蛋糕就有30種美麗的外觀令人陶醉。

☎ 078-321-1048 MAP 131 C-2
🏠 中央区海岸通3-1-17 🕐 10:00～18:00 (內用為～16:00) 休 週二、每月2次週三不定休 🪑 16席 🚃 JR・元町站步行5分

舊居留地

PATISSERIE TOOTH TOOTH 本店
●パティスリートゥーストゥースほんてん　内用　外帶

源自神戶，發揮高品味的熱門甜點店本店。活用當季水果和食材豐富性的蛋糕，全都是能輕鬆享用的美味甜點。在2樓的沙龍能靜心品嘗午餐和甜點。

☎ 078-334-1350 MAP 130 E-2
🏠 神戶市中央区三宮町1-4-11ラティス三宮1・2階 🕐 1樓精品店10:00～20:00、2樓沙龍11:00～18:00、週六・日為11:00～19:00 休 不定休※商品視季節而異 🪑 54席 🚃 JR・元町站步行5分

充滿季節感的大分量甜點塔堪稱絕品！

↑ 宛如身處巴黎般氛圍的時髦店鋪

草莓塔 792円
鋪上滿滿鮮紅草莓的甜點塔之王。濃厚的塔皮值得一嘗 ※視季節而異

欽點甜點！

Chaperon 616円
滑順的奶油起司搭配大量莓果烤成的蛋糕

巧克巧克 660円
兩種黑巧克力，酥脆緊緻的口感與橙汁啤酒是美味關鍵

人氣甜點店的 欽點

給自己的犒賞
任性奢侈♪

欽點甜點！

年輪蛋糕甜點 附飲料 1300円
將最美味的現切年輪蛋糕，搭配奶油一同享用

在年輪蛋糕的老字號店鋪感動於現做甜點的美味！

本店特製草莓奶油蛋糕 1600円
海綿蛋糕和鮮奶油＆草莓堆疊6層的草莓奶油蛋糕。附飲品

元町

ユーハイム 神戶元町本店
●ユーハイムこうべもとまちほんてん　内用　外帶

擁有創業一百多年的歷史，將年輪蛋糕推廣到全日本的知名店鋪。位於元町商店街入口的本店1樓為商店，2樓為喫茶沙龍、地下室則設有餐廳。提供的商品種類豐富，還有本店限定商品絕對不容錯過。

☎ 078-333-6868 MAP 130 D-2
🏠 神戶市中央区元町通1-4-13 🕐 11:00～19:00 (2樓茶沙龍為～17:30) 休 週三 🪑 48席 🚃 JR・元町站步行3分

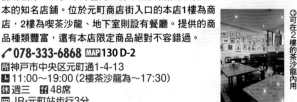

↑ 可在2樓的茶沙龍內用

甜點師傅的品味表露無遺脫俗不凡的甜點盤

季節拼盤 附飲料 1540円
季節塔、烤生起司蛋糕、泡芙、巧克力凍派、水果、雪酪的拼盤為經典餐點。

欽點甜點！

北野

CAKE STAND
●ケイクスタンド　内用　外帶

讓人覺得彷彿身處外國風景的美妙空間內，能享用到纖細且可愛的甜點盤。大量使用當季的水果，擺盤有如藝術品般美麗。外帶用的烘焙點心也大受歡迎。

☎ 078-862-3139
MAP 128 D-2
🏠 神戶市中央区山本通2-14-28 🕐 10:30～18:00 (內用為～17:00) 休 週四 🪑 16席 🚃 JR・三之宮站步行12分

↑ CAKESTAND的餅乾罐3564円

↑ 美麗的白色牆壁令人印象深刻，店內是相當洗練的空間

在原為教會的古典建築內
享受德國麵包的咖啡時光

FREUNDLIEB フロインドリーブ

三宮　內用○　外帶○

熱銷麵包！

大正13（1924）年創業的德國居家風麵包店。守護世代相傳的麵包製法，用紅磚燒窯烤的麵包別具一番風味。在能享受到原為教會建築氛圍的2樓咖啡廳，品嘗店鋪獨家的美味三明治。

☎078-231-6051　MAP 128 E-2

🏠神戶市中央區生田町4-6-15
🕐10:00〜17:30
休週三（逢假日則翌日休）　🪑80席
🚉JR・三之宮站步行12分

⚫登錄為重要文化財的厚重建築

硬式吐司
L 1166円／1/2 583円
酥脆的外皮和美味的麵包簡直絕配，烤過後更是香氣四溢

大耳朵 各427円
傳統的千層酥餅乾，有原味、巧克力和芝麻等3種口味

德國長棍麵包
648円
據說戰後首相吉田茂每天訂購的美味麵包，有著德國當地的味道

平日午間套餐
1540円
（11:30〜14:00可點餐）
內容隨星期幾而異的套餐，三明治搭配湯品、小冰淇淋和飲品

內用現烤的新鮮麵包♡
麵包店咖啡廳

附設宜人咖啡廳空間的麵包店，能吃到現烤的麵包是最大的魅力之處！時尚的咖啡餐點也請一併享受。

麵包的銷售量是全日本的前段班！
神戶的麵包店數量多到被稱為「麵包之城」。麵包的總消費量為日本全國的第2名（2015〜2017的調查），美味的知名麵包店多不勝數！

顯露店長的人格特質
暖心貝果和療癒的空間

當日丹麥麵包套餐
890円
丹麥麵包加冰淇淋和蜂蜜，附咖啡or紅茶的套餐

熱銷麵包！
蔓越莓＆奶油起司
240円
經典的組合和Q軟的貝果十分匹配

⬆當日午餐（700円）也受歡迎

KOKOSICA　丹麥麵包・貝果專賣店

榮町　內用○　外帶○

ココシカ

店的招牌是可愛的鹿。1樓販售雜貨、貝果和餅乾，裡面有可感受到木頭溫暖的咖啡廳空間。使用小孩子也能安全、安心享用的食材。司康和綜合果汁也是人氣餐點。

☎078-587-2888　MAP 131 B-2
🏠神戶市中央區榮町通3-2-16　🕐10:00〜19:00　休週一、二
（逢假日則翌日休）　🪑49席　🚉JR・元町站步行7分

COMME CHINOIS ブランジェリー パティスリー カフェ

三宮　內用○　外帶○

コム シノワ ブランジェリー パティスリー カフェ

麵包店、咖啡廳和甜點店合為一體，日本全國名聞遐邇的複合店。可在店內後方悠閒地內用麵包、午餐、三明治或甜點等。

☎078-242-1506　MAP 130 F-2
🏠神戶市中央區御幸通7-1-15
三宮ビル南館B1階
🕐8:00〜18:00（咖啡廳為〜17:00）
休週一、三（有其他不定休）
🪑28席
🚉JR・三之宮步行5分

⬆走下大樓南側的樓梯後位於右手邊

季節義大利麵
1760円〜
附沙拉、麵包的午間套餐。義大利麵的內容會隨季節改變

無論是麵包、咖啡或甜點
能同時盡情享用的店鋪

熱銷麵包！

可頌麵包
237円
重現南法旅宿早餐的麵包

探訪咖啡文化的歷史

名咖啡店

神戶市內分布著受到當地居民持續喜愛的老字號咖啡店。
在充滿昭和情懷的店內,品嘗美味咖啡的同時度過悠閒放鬆的美好時光。

比利時鬆餅套餐
740円
加價可加香草冰淇淋或北海道產紅豆泥。咖啡加100円可換成壺裝

明治時代創業,日本最古老的咖啡廳

由往昔傳承至今的咖啡機沖泡的咖啡味道深厚

奶油鬆餅套餐
900円
自創業以來未曾改變,烤得蓬鬆的自製鬆餅,和美味的咖啡是完美組合

原創綜合咖啡
800円
高價但美味的甜點
附飲料 **1650円**
濃醇卻又爽口的咖啡香氣撲鼻,和甜度適中的特製手工巧克力蛋糕十分搭配

古董雜貨所裝飾的古典空間

Since 1878~

元町 放香堂加琲
ほうこうどうこーひー

於明治11(1878)年在日本首次開始販售咖啡,甚至出現在課本中,被記載為日本最早的咖啡廳。以專用石臼研磨的咖啡重現了明治時代的味道,喝起來圓潤順口。

📞 078-321-5454　MAP 131 C-1
🏠 神戶市中央区元町通3-10-6 放香堂ビル1階
🕐 9:00～17:30　休 不定休　🪑 28席
🚃 JR・元町站步行4分

Since 1960~

元町 元町サントス
もとまちサントス

昭和35(1960)年創業的咖啡廳。濃厚而圓滑的咖啡是用專業咖啡機「ANN」所沖泡出來。以鐵板烤的鬆餅也很受歡迎。

📞 078-331-1079　MAP 131 C-1
🏠 神戶市中央区元町通2-3-12
🕐 8:00～18:30　休 不定休　🪑 33席
🚃 JR・元町站步行即到

Since 1966~

三宮 茜屋珈琲店
あかねやこーひーてん

昭和41(1966)年創業時為高級咖啡專賣店。此後採用濾紙滴漏式沖泡最高級的炭焙豆咖啡,以大倉陶園或海外知名品牌的杯子提供給顧客。

📞 078-331-8884　MAP 130 E-1
🏠 神戶市中央区北長狹通1-9-4 岸卯ビル2階
🕐 12:00～22:00　休 不定休　🪑 16席
🚃 阪急・神戶三宮站步行即到

→ 店頭也有販售咖啡豆

↳ 店內擺飾著描繪創業當時樣貌的木版畫

↳ 能品嘗到用石臼研磨的味道深厚咖啡豆

→ 常總是擠滿老顧客的店內

↳ 用瓦斯煮咖啡的罕見咖啡機

↳ 2樓是山中小屋風格裝潢的沉穩氛圍

→ 保存有大正時代的發條式時鐘、黑電話和黑膠唱片機的古典咖啡店

↳ 書寫於木板上的菜單別具韻味

→ 從荻原咖啡進貨的烘焙豆以平常約2.5倍的量沖泡

北野異人館

北野 ◉きたの

巡遊美麗洋館，度過優雅時光

位於神戶山側的地區，有許多歐式建築的時髦洋館。可在街上散步，遊訪咖啡廳，盡情感受異國情調。

陶醉於名畫和陶瓷器

在魚鱗模樣的洋館

▶觀光焦點◀
天然板岩
約4000片的天然板岩。因形似魚鱗而成為館名的由來

魚鱗之家・展望藝廊

登錄有形文化財

◎うろこのいえてんぼうギャラリー

明治後期建於外國人居留地作為租給外國人的住宅，後於大正時期移建。因天然板岩裝飾的魚鱗狀外牆，故名為「魚鱗之家」。

MAP 128 D-1

📞 0120-888-581 (異人館魚鱗集團)
🏠 神戶市中央区北野町2-20-4
🕐 10:00～17:00　休 不定休　¥ 1050円
🚉 JR・三之宮站步行20分

※圖片左側的建築為展示西方名畫等的美術館

異人館data
年分　明治後期建蓋、大正時期移建
歷史　原哈利雅宅邸
看點　魚鱗般的獨特外觀和野豬像等

photo point
位於庭園內的野豬銅像「Porcellino」。據說摸摸鼻子就能帶來好運～

IF
綠色和藍色成對的彩色玻璃值得欣賞

IF
蒐集了麥森和皇家哥本哈根等著名瓷器

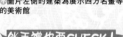
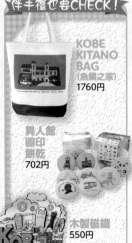
異人館的遊逛方式

① 套票優惠划算
依經營集團的不同所發行的異人館優惠通券。想遊逛好幾座洋館時非常划算，建議使用。
例②2館券，風見雞館、萌黃之館3館通行券（萌黃之館、洋館長屋、魚鱗之家）1400円

② 首先造訪觀光服務處
位於北野町廣場旁的觀光服務處，能獲得前往各異人館的交通方式及周邊情報等資訊。先造訪這裡就能有效率地遊逛北野。

MAP 128 D-1
📞 078-251-8360
🏠 神戶市中央区北野町3-10-20
🕐 9:00～18:00 (11～2月為～17:00)
休 無休　🚉 JR・三之宮站步行15分

③ 建議穿著好走的鞋子
北野坡道多且幅員廣闊，建議穿著好走的鞋前往。參觀完全部北野的異人館約需花費4～5小時。

④ 可在館內拍照留念
在對外開放的異人館內，允許拍攝個人紀念用的照片。部分異人館還提供服飾租借服務，請事先確認。

Café Verandah

仔細挺挺

所需時間
約3小時

風見雞館
かざみどりのやかた
國家指定重要文化財

北野現存的異人館中唯一的紅磚建築為其特徵。尖塔上的風見雞為建築象徵，莊嚴的內部裝潢和優美的家具等處處皆是精彩看點。

📞078-242-3223　**MAP** 128 D-1
🏠神戶市中央区北野町3-13-3　🕐9:00～18:00(入館為～17:45)　休6、2月的第1週二(達假日則翌日休)　💴500円
🚉JR・三之宮步行15分

※2023年10月因耐震改修工程，長期休館

異人館data
年分 1909年前後
歷史 德國貿易商湯瑪士的私宅
看點 德國傳統樣式的建築美

\▼觀光焦點/
風見雞
異人館的象徵風見雞據說有著驅邪的寓意

異人館象徵般的存在！矗立於廣場前的厚實磚造洋館

1F 接待廳
原為湯瑪士夫人的沙龍。能感受到新藝術運動的風格
※內觀展示為改建工程前的模樣

photo point
風見雞館前廣受歡迎的雕像。以風見雞館為背景拍出讓人會心一笑的合照

1F 書齋
實際使用過的古董書桌和座椅別具存在感

英國館
えいこくかん

典型的殖民地樣式洋館建築，2樓重現了福爾摩斯的房間。提供免費租借能扮成福爾摩斯的服裝，請盡情在館內和庭院拍照留念吧。

MAP 128 D-2
📞0120-888-581
(異人館魚鱗集團)
🏠神戶市中央区北野町2-3-16
🕐10:00～17:00
休不定休　💴750円
🚉JR・三之宮站步行15分

\▼觀光焦點/
凸窗
深具存在感的凸窗

1F 酒吧吧檯
維多利亞時期的吧檯。充滿厚重感的氛圍相當迷人

2F 福爾摩斯的房間
重現福爾摩斯和華生的書齋

扮裝成令人崇拜的福爾摩斯拍照留念！

photo point
庭園內完整重現倫敦的「貝克街」車站，擺好姿勢按下快門

異人館data
年分 1909年
歷史 富德薩克醫師的宅邸
看點 殖民地樣式的建築等

\▼觀光焦點/
英式庭園
優美的庭園內栽種著樹齡100年的銀杏樹「告白之樹」

格調高雅柔和的綠色洋館

⚲在異人館建築中也特別醒目的淺綠色外觀

1F 飯廳兼客廳
圓形的古董桌和水晶燈令人印象深刻

photo point
隔著古典玻璃窗透進室內的柔和光線和幾何圖案的窗戶讓人心醉♡

萌黃之館
もえぎのやかた
國家指定重要文化財

淺綠色令人印象深刻的洋館。阿拉伯風花紋的樓梯和厚重的壁爐等，洋館內隨處可見奢華絢爛的建築巧思。從2樓的陽台能將神戶市區一覽無遺。

MAP 128 D-1
📞078-855-5221
🏠神戶市中央区北野町3-10-11
🕐9:30～17:45　休2月的第3週三和其翌日　💴400円
🚉JR・三之宮站步行15分

異人館data
年分 1903年
歷史 美國總領事夏普的宅邸
看點 貼著護牆板的建築等

芳香之家 荷蘭館
☆かおりのいえオランダかん

可根據來訪者填寫的諮詢表和諮詢內容調配適合的香水。還可換上民族服飾拍照留念，樂趣多多。

MAP 128 D-1
☎ 078-261-3330
⌂ 神戶市中央區北野町2-15-10 舊沃爾興邸
🕐 10:00～17:00
休 無休　¥ 700円
🚃 JR・三之宮站步行15分

穿著荷蘭人的民族服裝，拍照留念好快樂♪

爬上斜坡，就會看到充滿懷舊風格的建築

photo point
民族服裝體驗1人2750円，也有木鞋和洋傘等配件。在花壇旁拍照留念吧

異人館data
年分 大正中期
歷史 荷蘭領事邸
看點 廡殿頂建築、花園

挑戰製作香水！

1 在諮詢表中填寫興趣、喜歡的顏色、服裝等，從5瓶香水中選擇喜歡的味道

2 調香師會根據諮詢表和選擇的香味量身調配

3 完成！這份配方會保留3年，可重複訂購。費用3960円（9ml・約15分）

展示約150年前的自動演奏鋼琴

1樓 客廳

前庭
因荷蘭為花之國度，故前庭裝飾著許多花。可以到木鞋型裝置裡面拍照

北野外國人俱樂部
☆きたのがいこくじんくらぶ

重現外國人居留者華麗生活的洋館。暖爐、豪華家具、擺設等有許多看點。另外展示薪炭時代的舊式廚房、音樂室、傭人室，庭園也有迷你禮拜堂。

MAP 128 E-1
☎ 0120-888-581
（異人館魚鱗集團）
⌂ 神戶市中央區北野町2-18-2
🕐 10:00～17:00
休 不定休　¥ 550円
🚃 JR・三之宮站步行20分

可從40件以上禮服中挑選1件喜歡的。攝影棚拍攝女性5000円、男性1000円（僅女性可穿著禮服）

1樓 禮服間

選擇喜歡的禮服，變身成公主

photo point
拍攝時可租借頭飾和花束

1樓 飯廳
裡面的大暖爐，設置於下挖式的地板裡

↑換上禮服就能自由地在專用攝影棚拍攝

異人館data
築年 明治後期
歷史 原弗魯格宅邸
看點 宛如外國片舞台的洋館

雖然是洋館，但入口的天燈鬼像和龍燈鬼像，以及展示各種佛教和世界的雕刻，營造出神秘的氛圍

能量景點坐下就能實現願望！？

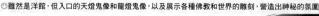
1樓 馬孔德之間
展示東非馬孔德族的傳統黑檀雕刻

山手八番館
☆やまてはちばんかん

都鐸式建築的外觀和入口拱門的玻璃彩繪令人印象深刻的洋館。從雷諾瓦、羅丹等聞名國際的大師雕刻作品，到犍陀羅石佛等宗教美術均有展示。

MAP 128 D-1
☎ 0120-888-581
（異人館魚鱗集團）
⌂ 神戶市中央區北野町2-20-7
🕐 10:00～17:00
休 不定休　¥ 550円
🚃 JR・三之宮站步行20分

異人館data
年分 明治後期
歷史 桑森氏宅邸
看點 都鐸式建築的外觀和入口拱門的玻璃彩繪

photo point
據說坐在椅子上許願就能實現的「撒旦之椅」。右為女性用，左為男性用。

這裡無比精彩 擁有如隱世小屋般的客房和日光浴廳席等各異其趣的房間

這裡無比精彩 從日光室可俯瞰神戶街景

↑白+綠的外觀十分特殊。木造的2層樓建築

↑星巴克拿鐵（大杯）與巧克力烤餅

瀰漫異國風情的洋館星巴克

星巴克咖啡 神戶北野異人館店

●スターバックスコーヒーこうべきたのいじんかんてん

在明治40（1907）年建造的異人館內營業的星巴克。共6間的房間擺飾著當時遺留下來的用品，歷史的香氣和風情讓人不禁心醉。敬請在如此特別的空間內品味咖啡。

☎078-230-6302 MAP 128 D-2

🏠神戶市中央区北野町3-1-31 🕐8:00～22:00
🈺不定休 💺82席 🚆JR・三之宮站步行10分

法式料理店「銀座マキシム・ド・パリ」的草莓千層派（1500円）。滿滿的草莓和君度橙酒的香氣好奢侈

↑眺望香草盛開的庭園，享受寧靜時光

↑初夏的熱帶芭菲～佐濃郁芒果醬～（2500円）※季節限定

珍貴的宅邸對外開放！美味甜點令人怦然心動

↑摩爾一族在此居住100年以上

北野異人館 舊摩爾之家

●きたのいじんかんきゅうムーアてい

以往不對外開放的珍貴異人館，於2020年3月以咖啡廳型態對外開張。在殖民地時代風格洋館的古典家具環繞的店內，享用以銀座老店舖菜單為主的甜品。

MAP 128 D-2

☎0120-210-189（VMGレストラン総合窓口）

🏠神戶市中央区北野町2-9-3
🕐11:00～17:00 🈺週二（有其他不定休）
💺40席 🚆地鐵・新神戶站步行8分

在古典空間內度過優雅的時光！ 異人館 餐廳&咖啡廳

能在被古董擺設品環繞的空間內享用餐點和甜品，是北野咖啡廳的特徵。在和日常相異的懷舊氛圍內，度過特殊別緻的時間吧。

這裡無比精彩 能見到老闆從拍賣會蒐羅來的珍貴古董家具

↑蛋糕套餐900円。蛋糕為母親手工製作的經典巧克力蛋糕（有季節性變更）

↑在池畔的露天座位享受優雅的甜點時光

品嘗手工製作的甜點

柏拉圖裝飾美術館（義大利館）

●プラトンそうしょくびじゅつかんイタリアかん

在管家的接待下，於南義風情的花園露臺享用餐點。館內展示眾多18～19世紀義大利的名品，絢麗多彩值得欣賞。

☎078-271-3346 MAP 128 E-1

🏠神戶市中央区北野町1-6-15 🕐10:00～17:00（咖啡廳僅週六、日、假日的11:30～15:30，用餐時45分，不接受預約） 🈺週二 💺20席 🚆JR・三之宮站步行15分

↑主廚的特製醬料突顯了食材的風味

↑坐擁洗練空間的1樓主飯廳

↑午餐（6400円～）與晚餐（16000円～）皆需預約

在寬敞開放的露天座席

la Maison de GRACIANI

●きらメゾン ドゥ グラシアニ

在明治40（1907）年建造的異人館內營業的星巴克。共6間的房間擺飾著當時遺留下來的用品，歷史的香氣和風情讓人不禁心醉。敬請在如此特別的空間內品味咖啡。

☎078-200-6031 MAP 129 C-2

🏠神戶市中央区北野町4-8-1
🕐12:00～13:00、17:30～20:00 🈺週一 💺36席
🚆JR・三之宮站步行15分

這裡無比精彩 殖民地樣式的建築，當年的風情留存至今。高格調的空間令人傾心

法國人貿易館、格拉西亞尼舊宅邸

在非日常生活氛圍的宅邸內享用獨一無二的法國菜

夜幕低垂後，氣圍一變

南京町廣場上有著掌管金錢的神明「小財神」

南京町

◉なんきんまち

鄰近可感受到歐洲氛圍的舊居留地的中華街。路上香氣四溢，走在街上就令人忍不住指大動的區域。

朝氣蓬勃 活力滿滿的中華街

中華街的禮儀＆攻略
□ 在店家附近吃完購買的商品，垃圾也丟回該店家的垃圾桶裡。小心不要吃得太過投入，而忽略周圍的人。
□ 要特別注意店門口用力招攬客戶的店家。用自己的雙眼判斷要去的店家吧！
□ 神戶市內全區禁止在路上抽菸。只有在准許抽煙的餐飲店內才能抽煙，需特別留意。

在南京町 品嘗中華美食

南京町和橫濱、長崎並列為日本三大中華街。
在東西270m，南北110m的狹小區域內擠滿了絕頂美味的中菜館，享受一趟美食之旅吧！

關西人最熟悉的健民米粉！

仍然感到飢腸轆轆！

外帶美食的名店
朝氣蓬勃的攤販所提供的熱騰騰外帶料理。讓人目眩神迷的美食每道都好想品嘗！

B 生煎包 (3顆)400円
充滿香氣和Q彈口感的外皮，裡面有滿滿的鮮味肉汁。要小心燙傷。

B 福建炒米粉 400円
創業以來的傳統美味。特色在於米製麵條的香氣和鮮味

自製醬汁令人食指大動！

C 黃金正宗北京烤鴨 500円
用備長炭仔細燒烤的脆皮口感和自製醬料搭配絕佳

A 豬肉包 (6顆)600円
獨特風味的外皮搭配醬油調味的內餡搭配絕佳

大排長龍的元祖豬肉包店

仔細逛逛 所需時間 約2小時

ACCESS

從這裡出發！ 元町站

🚃 電車

JR·三之宮站

2分 140円 ｜ JR神戶線 快速·普通

JR·元町站

步行 3分

南京町

北京烤鴨專賣店
C 華鳳
べきんダックせんもんてんかほう

可享用北京烤鴨和北京料理的店家。使用專用機器烘烤的北京烤鴨也在店門口販售，可輕鬆享用正宗美味。自製叉燒也很受歡迎。

☎ 078-327-0141　MAP 131 C-2
所 神戶市中央區元町通2-4-3
L 10:30～22:00　休 不定休　席 95席
JR·元町站步行5分

B YUN YUN
ユンユン

因「健民米粉」而廣為人知的健民食品直營店。除了各種米粉之外，手工製作的生煎包也極受歡迎。

MAP 130 D-2
☎ 078-392-2200
所 神戶市中央區榮町通1-3-17
L 11:00～18:00　休 不定休　席 25席
JR·元町站步行3分

A 老祥記
ろうしょうき

大正4（1915）年創業，元祖「豬肉包」的發祥店舖。位於南京町廣場前，門口總是大排長龍的熱門店舖。

MAP 131 C-2
☎ 078-331-7714　所 神戶市中央區元町通2-1-14　L 10:00～18:30（售完打烊）　休 週一（逢假日則翌日休）　JR·元町站步行5分

這道也很推薦！
上海螃蟹味噌豆腐
（小）2150円
相當普及的上海料理，濃郁的螃蟹風味和豆腐搭配絕佳

這道必吃
名產炸烏賊
（小）2000円
簡單的調味，襯托出烏賊的鮮味。酥脆麵衣的口感也很美味

絕對必吃的絕頂美味料理

來到南京町的第一要務！

在此介紹曾於中國當地修練廚藝的廚師所經營的知名餐廳。敬請品嘗別處吃不到的各式招牌料理。

菜色多元豐富的香港風廣東料理
龍郷
（りゅうきょう）

預算 午 1250円 晚 2500円

以傳統廣東料理為主，使用和洋中的食材，烹製符合日本人味覺的料理。從飲茶到正宗全餐都有，餐點豐富充實。店家位於2、3樓，可邊俯瞰南京町風景，邊享用餐點。

📞078-391-2937
MAP 131 C-2
🏠神戸市中央区栄町通1-3-16 チャイナコートビル2・3階 ⏰11:30～14:30、17:00～20:00（週六、日的晚上為16:30～） 休不定休 🪑180席
🚉JR・元町站步行4分

內部擺設的氣氛也很道地

南京町首屈一指的人氣店，長年來深受喜愛的傳統美味
民生 廣東料理店
（みんせいかんとんりょうりてん）

預算 午 2000円 晚 3000円

南京町最古老的廣東料理店，味道、份量、價格都很剛好，獲得許多粉絲喜愛。太白粉裹魷魚的炸魷魚香氣四溢，是該店創業以來的招牌菜色。

📞078-331-5435 MAP 130 D-2
🏠神戸市中央区元町通1-3-3
⏰11:30～14:30、17:00～19:30
休週一（逢假日則翌日休） 🪑80席
🚉JR・元町站步行4分

一開店就高朋滿座，建議盡早前往

這道也很推薦！
燉煮牛五花
2000円
入口即化的口感令人愛不釋手，濃郁的美味非常下飯！

這道必吃！
燉煮魚翅（M）
6800円
用醬油熬煮嚴選高級食材，另外添加提味用的自製蠔油

這道也很推薦！
豆腐皮肉卷 1100円
店長祖母傳授的料理，和啤酒或紹興酒皆是絕配的熱門下酒菜

這道必吃！
烤雞 1150円
外皮酥脆芳香，但肉質有如蒸雞肉般柔軟入味

「香烤嫩雞」絕對不能不吃
劉家莊
（りゅうかそう）

預算 午 1000円 晚 2500円

新鮮嫩雞加上秘傳香料靜置一整天，再以高溫油炸，這間中菜館就是以這道中式烤雞聞名。以雞脖子絞肉做成的清爽水餃也很受歡迎。

📞078-391-7728 MAP 130 D-2
🏠神戸市中央区元町通1-4-8 ⏰11:30～14:30、17:00～20:30 休週三（逢假日則翌日休）
🪑25席 🚉JR・元町站步行3分

由於主要是吧檯座位所以一個人也能自在入店

傳統海鮮廣東料理
昌園
（しょうえん）

預算 午 1000円 晚 3000円

以廣東料理為基礎，再加入一些獨家變化。每天在市場進新鮮食材，烹製為符合日本人口為的料理。平價實惠的午間餐點也不可錯過。

📞078-392-3389 MAP 131 C-2
🏠神戸市中央区元町通1-3-7 チャイナスクエアビル1階 ⏰11:00～21:00 休不定休
🪑72席 🚉JR・元町站步行5分

位於南京町廣場前，相當方便

這道也很推薦！
XO醬炒干貝蘆筍
2750円
香甜濃郁的美味中，微辣的蘆筍特別入味

這道必吃！
粉絲蟹鍋
4950円
濃郁蟹肉精華入味的粉絲美味至極

中國風商品也不容錯過♪
林商店
●はやししょうてん

除了水果乾外，還販售辛香料和茶葉等超過1000種的商品。豐富多樣的亞洲各地珍貴食材深具魅力。

MAP 130 D-2

📞078-321-2746
🏠神戸市中央区栄町通1-3-19 ⏰9:00～19:00 休週二（逢假日則營業） 🚉JR・元町站步行4分

粥食材組合
各480円
瘦身或美膚等良好效用的食材所混合搭配的粥食材組合

藥膳甜點
380円
以白木耳為主的獨家藥膳甜點

流行時尚大樓內雜貨商品雲集的「TOR ROAD」等，各式各樣的店鋪匯集於車站前。可吃美食或購物等一整天都能盡情玩樂。

mi-chu.
●ミーチュ

奪目色彩和豐富圖案填滿的店內彷彿是立體繪本的世界。販售法國、德國、泰國和印度的緞帶，以及原創手工飾品等世界各地的雜貨。

☎ 078-332-1102　MAP 129 A-4
🏠 神戶市中央区下山手通3-5-5 新安第一ビル3階
🕐 13:00～19:00　休週二、三　🚃 JR・元町站步行6分

孔雀魚風化妝包 5720円
由拼布作家MinaHirata所製作的包包

大腸圈髮束 1800円
綁在頭髮或手腕上能讓扮增添花樣的大型髮圈

墨西哥風耳環 3200円
色彩鮮艷&獨特造型的原創設計

雜貨的寶庫 TOR ROAD
開港時作為連結居留地和北野的街道而蓬勃發展的「TOR ROAD」。位於其西側的地區被稱為「TOR WEST」。選貨店和特色雜貨店匯集於此。

色彩繽紛 & 無比可愛的世界觀

雜貨店巡航遊逛

邂逅神戶特有的美好♥

尋找能成為旅行回憶的鍾愛雜貨
在小巷弄中隨意悠閒地漫遊吧♪

PORT OF KOBE／港塔
2980円
神戶港塔形狀的原創蠟燭

神戶香屋
●こうべかおりや

販售峇里島直接進口的薰香和蠟燭等的雜貨店。由老闆嚴選當地職人親手製作的高級商品。薰香的香氣有水果系、花香系等，多達58種可選擇！

☎ 078-325-1400　MAP 129 B-4
🏠 神戶市中央区下山手通3-3-1
🕐 11:00～20:00　休週三
🚃 JR・元町站步行3分

心型蠟燭 1890円
心型蠟燭最適合拿來送禮

尋找峇里島職人親手製作的療癒香味

能感受到暖意的手工製作商品

木製動物胸針 各2860円
由木工作家konamoku製作的動物胸針。簡單但纖細的手工

ツバメハウス的單支花瓶 2200円
插花的花瓶可移動，可隨自己喜好擺設

ツバクロ雜貨店
●ツバクロざっかてん

布作家佐藤店長經營的店。除了販售自己的作品外，還有陶器、氈布、皮革和銀等，以發揮創作家獨特感性的嚴選材質製作出的豐富品項。

☎ 未公開　MAP 129 B-4
🏠 神戶市中央区下山手通3-2-14 林ビル3階西
🕐 12:00～18:30　休週一、二（週一逢假日則營業）　🚃 JR・元町站步行5分

風格獨特的胸針提升時尚度！

BROOCH
●ブローチ

如店名，是以販售胸針為主的店家，還有很多手工獨創的首飾。另外還有很多運用胸針的包包、服飾等簡單卻又有特色的單品。

☎ 078-335-8550　MAP 129 B-4
🏠 神戶市中央区北長狹通3-11-8 ロクガツビル1階
🕐 12:30～18:00　休週三　🚃 JR・元町站步行5分

seul 戒指 各1100円
色彩繽紛的戒指為打扮畫龍點睛

原創胸針（金） 各660円
搭配簡單的服裝，更顯優雅

仔細挺挺
所需時間
約**3**小時

北野
新神戶
元町　三宮　三ノ宮駅
榮町　南京町　雜居留地
美利堅公園
神戶臨海樂園

ACCESS

從這裡出發！ **元町站**

🚃 電車

JR・三之宮站

2分　140円　JR神戶線　快速・普通

JR・元町站

步行　即到

元町

過往優美的樣貌保留至今

舊居留地・榮町

◎きゅうきょりゅうち・さかえまち

讓我們前往探尋神戶風的洗練建築之美，以及藏身於古雅大樓內有如隱世小屋般悄然營業的咖啡廳和雜貨店吧。

瀰漫著古風典雅的氛圍

古雅建築＆商品尋寶趣
舊居留地的／榮町的

在榮町和海岸通找尋具特色的雜貨店，或在舊居留地的古雅大樓享受悠閒的咖啡時光……欣賞港都風情的同時愜意散步吧。

何謂舊居留地？
神戶港開港時原為外國人所居住的區域，如今充斥大正到昭和初期所建的古雅大樓，瀰漫著滿滿的異國風情。

位於東側的拱型迴廊擁有彷彿身處國外的氛圍

融入周遭景色的地標建築

古雅大樓DATA
Since1997
阪神大地震後重建的本館是此區域的地標建築

仔細逛逛 所需時間 約2小時

北野 新神戶 三宮 三之宮站 元町 南京町 榮町 舊居留地 美利堅公園 神戶臨海樂園

在這裡享受午茶時光

CAFFERA ●カフェラ
沿著大丸神戶店東側迴廊設置的露天座是特等席。咖啡師傅所沖泡的正統濃縮咖啡和每季不同的蛋糕特別受到歡迎。

國外享受午茶時身處

卡布奇諾 860円
加上細膩奶泡的卡布奇諾。拉花藝術的種類也多元

☎ 078-392-7227　MAP 130 D-2
所 神戶市中央區明石町40大丸神戶店1階
時 9:45～20:30　休 不定休
席 54席　交 JR・元町站步行3分

大丸神戶店
●だいまるこうべみせ

迴廊和行道樹點綴的外觀讓人印象深刻的百貨公司。建築設計為融入周遭舊居留地的氛圍，新舊交織的優美建築象徵著神戶的風格。

☎ 078-331-8121　MAP 130 D-2
所 神戶市中央區明石町40番地
時 10:00～19:00（視部分店家而異）　休 不定休
交 JR・元町站步行3分

舊神戶居留地十五番館
●きゅうこうべきょりゅうちじゅうごばんかん

明治14（1881）年起的10年間是美國領事館，是現存唯一居留地時代的商館。現在改為餐廳，全天都能享用到午餐等餐點。

古雅大樓DATA
Since1880
遺留於神戶的異人館中最古老的國家重要文化財

❷ 能體驗到彷彿被招待至貴族宅邸的感覺

建築擁有者：野澤股份公司

古典風雅的洋館引人進入另一個世界

MAP 130 D-3
所 神戶市中央區浪花町15　交 JR・元町站步行8分

在這裡享受午茶時光

TOOTH TOOTH maison 15th
●トゥーストゥースメゾンジュウゴ
位於舊居留地唯一現存異人館「舊神戶居留地十五番館」內的咖啡廳兼餐廳。能享用到各式各樣的「神戶新派菜」。

☎ 078-332-1515
MAP 130 D-3
所 神戶市中央區浪花町15
時 11:00～13:30、17:00～19:30（下午茶為15:00～17:30※需預約）　休 不定休
席 108席　交 JR・元町站步行8分

裝飾著繪畫，充滿著華美感的樓層

下午茶套餐
1人4290円（2人以上起餐，數量限定）
能品嘗到主廚推薦的奢侈當季前菜和西點

何謂榮町？
位於南京町的南側，榮町通和海岸通之間有著許多二手服飾店和雜貨店。古雅大樓眾多，欣賞街景的同時尋找自己喜愛的店鋪吧。

PoLeToKo
●ポレトコ

一件件手工製作，充滿木頭溫度的「慵懶動物」。由於圓滾滾的可愛造型和簡單的配色，能輕易融入任何風格的室內空間。

❷ 擺放在桌上及牆壁的動物們，好像來到動物園一樣

☎ 078-393-1877　MAP 131 C-2
所 神戶市中央區榮町通1-1-10　時 11:00～18:30　休 週三　交 JR・元町站步行7分

慵懶動物
（馬來貘、綿羊、兔子）
各864円

可愛的木雕「慵懶動物」系列

以實木雕刻的可愛動物們

ACCESS

從這裡出發！ 元町站

🚃 電車

JR・三之宮站
┃ 2分 140円　JR神戶線 快速・普通
JR・元町站
┃ 步行 5分
舊居留地

A 松露巧克力
5顆裝 **1512円**
包含季節限定的商品,每盒都能嘗到變化多樣的滋味

E 神戶洋藝菓子Bocksun 的
旅行瑪德蓮 **1700円**
使用兵庫縣產蜂蜜、初榨椰子油和嚴選檸檬

B 風見雞起司蛋糕
3個裝 **790円**、6個裝 **1490円**
一口大小,圓潤富層次感的舒芙蕾風起司蛋糕

想送給成熟大人的♡
誘人甜點

採買甜點王國神戶特有的伴手禮。

A 巧克力棒 1根 **432円**
風味豐富的13種巧克力棒,標籤也很可愛

F 綜合餅乾
3袋入 **2376円**
神戶限定包裝,人氣酥餅和瑪德蓮的綜合餅乾

C 卡士達布丁
170g **357円**
魅力在於用蛋的力量固定的溫和口感,玻璃容器也是人氣的祕密。

DE 神戶風月堂的
迷你 Gaufres「神戶六景」
6片裝各 **486円**
放進畫有神戶景色迷你鐵罐的銘菓 Gaufres

E à la campagne 的
綜合餅乾 **1296円**
神戶限定包裝,人氣酥餅和瑪德蓮的綜合餅乾

D 神戶元町一番館的
POMME DAMOUR
260g **1620円**
將蘋果用蜂蜜燉煮,再包覆微苦的巧克力

伴手禮型錄

理所當然地裝飾餐桌♪
日常用餐的良伴

神戶的美食絕對不侷限於甜食！

G 神戶牛絞肉 生薑風味 `1188円`
使用神戶牛的絞肉加入兵庫縣龍野醬油、高知縣生薑、砂糖等燉煮出甜鹹風味

E TOR ROAD Delicatessen 的 豬肉莓色卷 `100g788円`
豬五花火腿夾入泡菜或蔬菜等香腸製成的肉卷

D 大井肉店的 老字號牛肉店的牛肉咖哩 `200g675円`
在日本產牛肉精心炒製的香味蔬菜中加入原汁的咖哩

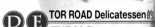

D E TOR ROAD Delicatessen 的 煙燻鮭魚 `70g1160円`
富含油脂的鮭魚經過冷燻製後而成為風味柔和的煙燻鮭魚

D ピロシキ屋的 俄羅斯皮羅什基 `1個184円`
邊聽「花的華爾滋」邊揉的麵皮裡，包入黑毛和牛餡料的皮羅什基

在港都神戶才買得到♪
神戶的文具

以神戶知名景點設計出優質的文具。

I 紙膠帶 `各462円`
以神戶為概念的原創紙膠帶，共7種

I 明信片 `各165円`
有神戶風景可愛圖案的明信片

H 吸油面紙 KOBE `352円`
除了包裝之外，紙本身也有印神戶風景的圖案

I 學習帳 `各220円`
神戶小學生實際在使用的「神戶筆記本」。復古的封面看起來很有質感

H 油性筆 KOBE `各1100円`
書寫滑順的油性筆。上面有神戶相關的插圖

H 造型模板尺 `935円`
除了有可畫出神戶風景的「landscape」之外，還有可畫名產的「KOBE」

元町
I 元町福芳商店
もとまちふくよししょうてん

位於神戶元町商店街，創於1889年的文具店。紙膠帶數量為關西最多，此外還有畫材、雜貨等豐富商品。

☎ 078-341-6242 **MAP** 131 B-1
🏠 神戶市中央区元町通5-7-6
🕐 10:00～18:00 休 不定休
🚉 JR・元町站步行10分

三宮
H ナガサワ文具センター 本店
ナガサワぶんぐセンターほんてん

創自神戶的文具專賣店，每天都會想使用的文具應有盡有。也有很多神戶特有的造型原創商品，適合來此尋找伴手禮。

☎ 078-321-4500 **MAP** 130 E-1
🏠 神戶市中央区三宮町1-6-18 ジュンク堂書店三宮店3階 🕐 10:00～21:00
休 不定休 🚉 JR・三之宮站步行5分

臨海樂園
G 神戶ブランド モザイク店
こうべブランドモザイクてん

提供西點、和菓子和酒類等充實品項的商品。也設有外帶區，能品嘗到神戶布丁霜淇淋和使用神戶牛肉醬的神戶熱狗等美食。

☎ 078-360-1810 **MAP** 131 A-3
🏠 神戶市中央区東川崎町1-6-1 神戶ハーバーランドumie モザイク2階 🕐 10:00～20:00 休 無休 🚉 JR・神戶站步行7分

元町
E 大丸神戶店
だいまるこうべみせ
➡ P.99

三宮
F フロインドリーブ
➡ P.90

重視空間寬敞的客房

將「京都風情」傳遞給現今的空間

四条烏丸

三井花園飯店 京都新町 別邸

●みついガーデンホテルきょうとしんまちべってい

⏱ IN15:00／OUT12:00　129間

面對京都市中心新町通的飯店，利用町家的外觀令人印象深刻，可感受到滿滿的京都傳統氣圍。使用京都蔬菜的早餐自助餐相當受歡迎，也有許多特別為女性設計的服務項目。

📞 075-257-1131　**MAP** 111 B-3

🏠 京都市中京区新町通六角下ル六角町361　¥ 雙床房7500円～、雙人房6500円～（住宿稅另計）　🚇 地鐵·四条站歩行7分

十足京都格調的玄關

擁有人工碳酸泉和現代日式空間的大浴場

可在原本是酒屋的町家暢享日本酒

烏丸

nol kyoto sanjo

●ノルキョウトサンジョウ

⏱ IN15:00／OUT12:00　全48間

以前是日本酒造「金鵄正宗」的販賣處，因此可以在旅宿內的「町家交誼廳」暢飲日本酒。每間客房裡都有檜葉浴池，充滿風情。

📞 075-223-0190　**MAP** 111 C-2

🏠 京都市中京区堺町通姉小路下ル大阪材木町700　¥ 雙床房12700円～　🚇 地鐵·烏丸御池站歩行5分

面對大馬路的外觀是屋齡100年的金鵄正宗建築物，住宿大樓增建在後方

若是附早餐的方案，可以品嘗到「ナカタニ」的三明治，或「京菜味のむら」的京都傳統家庭料理

JR 京都站

京都塔正下方住宿

京都塔酒店

●きょうとタワーホテル

⏱ IN15:00／OUT11:00　全161間

位於京都站前，以地下道直通JR和地鐵。巴士站近在眼前&京都塔就在上方，正是最適合觀光的飯店。地下設有大浴場，能消除旅途中的疲憊。

在京都地標京都塔

2023年部分客房重新整建

📞 075-361-7261　**MAP** 114 B-3

🏠 京都市下京区烏丸通七条下る東塩小路町721-1　¥ 雙床房4500円～　🚇 JR·京都站烏丸中央口歩行即到

與寺院山門連為一體，令人印象深刻、位於大阪都心交通方便的飯店

上／可眺望有400年以上歷史的南御堂本堂
下／16樓的前台大廳

心齋橋

東急大阪卓越大飯店

●おおさかエクセルホテルとうきゅう

⏱ IN14:00／OUT11:00　全364間

以「傳統和革新」為主題，能夠享用大阪美食和美酒的和風飯店。16樓大廳和客房的室內裝潢以萬花筒為概念，從這裡眺望夜景的美，令人心情高亢。

📞 06-6252-0109　**MAP** 119 B-1

🏠 大阪市中央区久太郎町4-1-15　¥ 雙床房21000円～　🚇 地鐵各線·本町站歩行2分

以THE MIDO FLOOR為題，共有6間主題概念房

元町 神戶山樂TOR ROAD飯店

英國古董風的典雅飯店

●こうべトアロードホテルさんらく

Ｌ IN15:00～24:00／OUT11:00 全77間

充滿神戶色彩的英國風古董飯店，館內的氛圍彷彿待在歐洲旅館般，可在此度過悠閒時光。

☎ 078-391-6691 MAP 129 B-3
所 神戶市中央区山手通3-1-19
¥ 雙床房5000円～
交 JR・三之宮站步行7分

特色為讓TOR ROAD特別亮眼的古典外觀

港灣地區 Hotel La Suite Kobe Harborland

伴隨美麗的夜景，在港灣地區度握悠閒時光

●ホテルラスイートこうべハーバーランド

Ｌ IN15:00／OUT12:00 全70間

所有房間都有海景，寬70m²以上，充滿豪華感。房間裡設有寬敞的露台座和按摩浴缸，可眺望美麗的神戶港，度過優雅時光。

☎ 078-371-1111 MAP 131 A-3
所 神戶市中央区波止場町7-2
¥ 雙床房15930円～
交 JR・神戶站步行10分

彷彿歐洲建築般隆重的外觀，令人陶醉

彷彿是歐洲的貴族宅邸一般，特色感十足的外觀

繼承法國名餐廳「La Côte d'Or」的早餐大受歡迎

在瀰漫著異國風情的北野下榻古典情懷的飯店

北野 神戶北野飯店

●こうべきたのホテル

Ｌ IN15:00／OUT11:00 全30間

日本法式田園飯店的代表，能品嘗到主廚山口浩的「水之法國菜」。放鬆歇息後的隔天早上就用「世界第一的早餐」開啟新的一天。配備優美家具的客房更是無可挑剔。

☎ 078-271-3711 MAP 129 B-2
所 神戶市中央区山本通3-3-20
¥ 雙床房26000円～（附早餐）
交 JR・三之宮站步行15分

從展示藝術作品的櫃台大廳就彷彿來到了異世界

安藤忠雄設計的外觀奢華的小型飯店

茶屋町 Harmonie Embrassee Osaka

●アルモニーアンブラッセおおさか

Ｌ IN15:00／OUT12:00 全40間

日本法式田園飯店的代表，能品嘗到主廚山口浩的「水之法國菜」。放鬆歇息後的隔天早上就用「世界第一的早餐」開啟新的一天。配備優美家具的客房更是無可挑剔。

☎ 06-6376-2255 MAP 120 E-1
所 大阪市北区茶屋町7-20 ¥ ツイン9600円～ 交 阪急・梅田站步行3分・JR・大阪站步行10分

能盡情享受大阪夜景的客房「Black Tea」

坐落大阪的嶄新地標　將美景一覽無遺的飯店

中之島 大阪康萊德酒店

●コンラッドおおさか

Ｌ IN15:00／OUT12:00 全164間

佔據高200m的摩天雙子塔「中之島Festival Tower West」最高樓層的飯店。館內擺飾的藝術品和優美的景觀造成空前的話題。

☎ 06-6222-0111
所 大阪市北区中之島3-2-4
¥ 豪華特大床／豪華雙床房45000円～
交 直通地鐵四橋線・肥後橋站、京阪中之島線・渡邊橋站

MAP 118 A-4

客房為融入和風元素的摩登氛圍，還可欣賞夜景

保留海港城市哀愁‧同時傳遞潮流文化

弁天町 HOTEL SHE, OSAKA

●ホテルシーオオサカ

Ｌ IN15:00～23:00／OUT10:00 全46間

在保有昭和意趣的海港城市，充滿魅力的藍色磚瓦讓人目不轉睛。以社交飯店為概念，這裡經常舉辦藝術家畫展和DJ活動，與非住宿者也能產生交流。

☎ 06-6577-5500 MAP 117 B-3
所 大阪市港区市岡1-2-5
¥ 雙床房5000円～
交 各線・弁天町站步行7分

用來當作工作空間，擺設著好幾張舒適寬敞的沙發

●住宿費原則上是2人1房時1人份的費用。若沒特別標記，則為純住宿費用。金額包含各種稅金，但可能依季節、星期、房型等而有所變動，預約時請務必確認。

京都市內巴士MAP

※摘錄介紹京都市內方便前往主要觀光地的巴士系統。
※刊載內容為2023年8月時的資訊。

重點
- ●可抵達市內中心部的各個地方
- ●有很多路線會經過知名觀光地
- ●均一區間車費230円

凡例

金閣寺前 巴士站名	⑤	系統號碼 (市巴士)	
阪急河原町駅 站名	㉑~㉒	備環系統 (市巴士)	
四条河原町 巴士 電車轉乘地	京72 京73	京都巴士	
🚊🚶🚌 主要轉運站	清水寺	主要觀光地	
巴士路線			

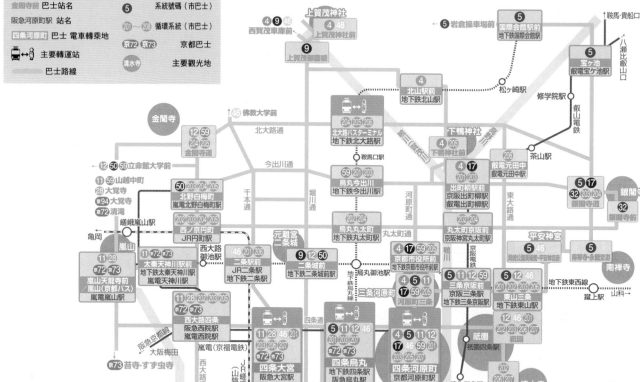

N

當地可使用！轉乘資訊

●巴士・鐵道達人

以京都市內的巴士、鐵道為對象，搜尋路線、運費、所需時間的系統。從地圖中選擇出發地、目的地，就能搜尋出搭乘市巴士的預測抵達時間。

轉乘地圖的使用方法

有相同號碼！
該系統號碼的巴士可直達目的地。
例 金閣寺到銀閣寺
金閣寺道巴士站和銀閣寺道巴士站都有 ⑳ 系統，只要搭上相同系統的巴士，途中就無需換車。

沒有相同號碼！
轉搭巴士或電車前往目的地。
找尋出發地和目的地皆有相同巴士號碼的巴士站，如果有的話，就在那裡搭車，如果沒有的話，就在和出發地有相同巴士號碼的車站轉搭電車前往目的地。

看出發地和目的地的巴士號碼。

例 下鴨神社到銀閣寺
下鴨神社前有 (④ ⑳) 和銀閣寺道 (⑤ ⑰ ⑩ ⑩ ⑳) 沒有相同號碼。出町柳站前有 (① ④) 和 (⑰ ⑩ ⑳) 的共同巴士站，因此可以在出町柳站前換車。

方便的市巴士路線 BEST3

連結金閣寺與銀閣寺的路線

204系統

運行班數
4・5班/1小時

主要沿線景點	
●銀閣寺	●金閣寺
●哲學之道	●大德寺
●京都御苑	等

適合去清水寺周邊的路線

206系統

運行班數
4~8班/1小時

主要沿線景點	
●八坂神社	●三十三間堂
●高台寺	●東本願寺
●清水寺	●西本願寺 等

市街環狀路線

205系統

運行班數
6~9班/1小時

主要沿線景點	
●金閣寺	●四条河原町
●大德寺	●東本願寺
●下鴨神社	●西本願寺 等

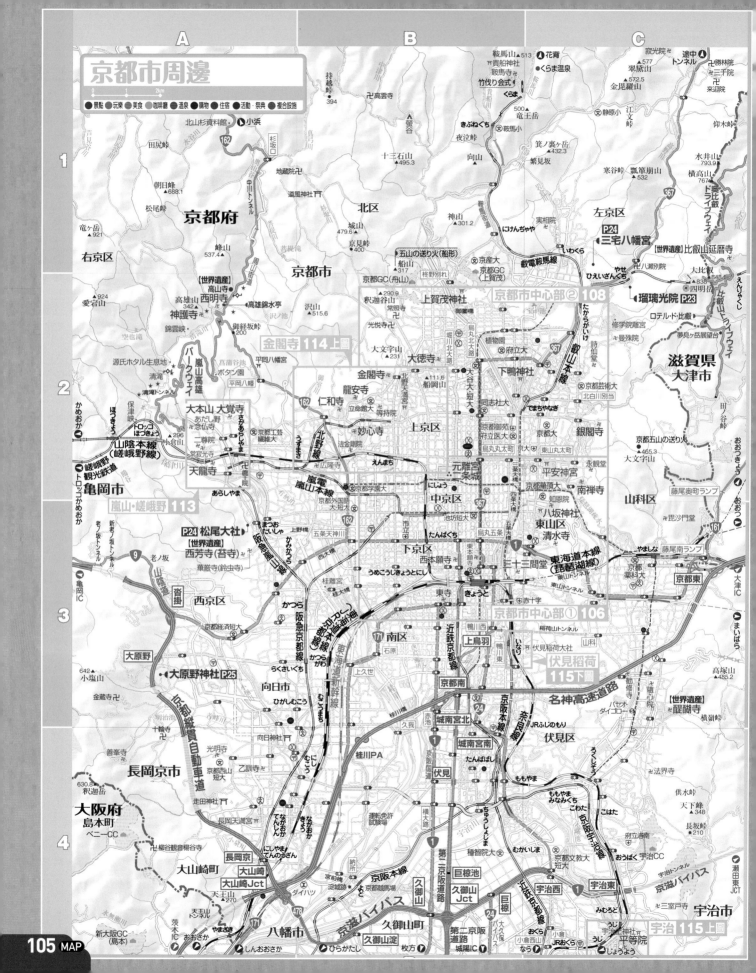

京都市周邊

京都御苑　上京区

平安神宮 P.22

大豊神社 P.31

左京区

ICHU wagashi 寺町本店 P.44

日の出うどん P.31

叶 匠壽庵 京都茶室棟

永觀堂 P.23

京都市役所

本能寺

南禪寺

京都河原町駅

THE HOTEL HIGASHIYAMA by Kyoto Tokyu Hotel

ウェスティン都ホテル京都

青蓮院門跡 P.29

知恩院

八坂神社

祇園

高台寺

P.39 佛沙羅館

WOMB 西木屋町 P.25

京都恵比須神社

六波羅蜜寺

東山区役所

【世界遺産】
清水寺

清水寺・八坂神社 112

清水山
▲242.2

市比賣神社 P.25

豐國神社 P.25

東山区

P.27 七條甘春堂本店

三十三間堂

P.43 清水一清園カフェ京都本店

山科区

勝林寺 P.26

東福寺 P.23

泉涌寺

京都市中心部① 周邊圖 P.105

● 景點　◆ 玩樂　■ 美食　▲ 咖啡廳　♨ 温泉　● 購物　● 住宿　● 活動・祭典　● 複合設施

MAP 106

逛街MAP　京都　大阪　神戸

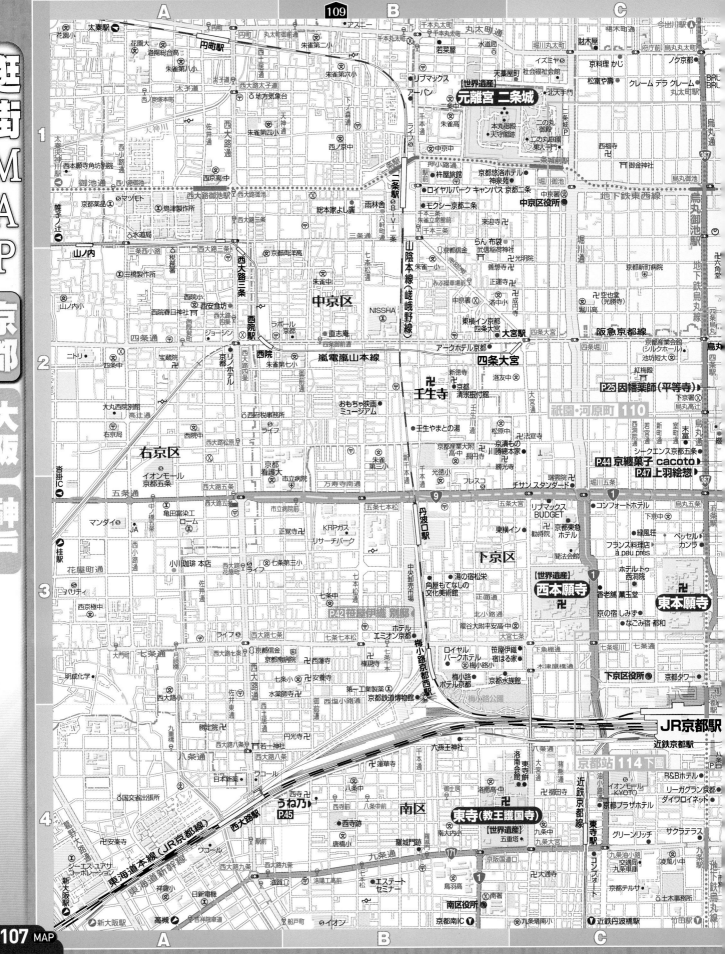

京都市中心部②　周邊圖 P.105

0　200　400m

●景點　●玩樂　●美食　●咖啡廳　●温泉　●購物　●住宿　●活動・祭典　●複合設施

D

福音教会
老人ホーム
京都ヴィラ前
京都ヴィラ
宝ヶ池国際ゴルフクラブ
博愛会病院
病院前
深泥池
西山 ▲135
グリル池
茂豊田本町
浄福寺
上賀茂松本町
北山駅
賀茂公家町本店
進々堂北山店
京都信金
黒田町
五山の送り火(妙)
五山の送り火(法)
宝池通
宝ヶ池球技場前
宝ヶ池スポーツ広場
梅林園
公園前
林山
寝子ヶ山
アネックスホール
国立京都国際会館
国際会館駅
桜の森
いこいの森
宝ヶ池

宝ヶ池子どもの楽園　宝ヶ池駅　鞍馬駅
服部山 ▲128
一本松
赤山禅院
147

松ヶ崎小
涌泉寺
五山の送り火(法)
松ヶ崎大黒天(妙円寺)
聖光教会
山ばな平八茶屋
山科学院道路前
修学院離宮
修学院小
修学院離宮道
唐長
京都府立陶板名画の庭
ノートルダム学院小
ノートルダム女子大
神殿前
松ヶ崎駅
北山通
家庭料理 菜彩
松ヶ崎海尻町
国際交流会館
修学院駅前
修学院通
入寺
禅華院
寿月観
修学院離宮

京都工芸繊大
左京区役所
保健福祉センター
北園町
鷺森神社
清賢院
清賀院
薬師院
業務スーパー
雲母漬老舗
穂野出
西圓寺
一燈会(葉山観音)
圓光寺
らーめんや亜喜英
天天有
一乗寺清水町
一乗寺梅坊町
詩仙堂
京都府立大
洛北高正門前
葵小
北園町
松ヶ崎浄水場
高野玉岡町
障害者スポーツセンター
ラーメン
高安
なかむら
つばめ
むしゃしない
一乗寺中谷
一乗寺下り松町
下り松
本願寺北山別院
金福寺

京都府立植物園
植物園会館
大乗寺
半木の道
稲盛記念会館
京都学・歴彩館
下鴨本通北大路
北大路通
高木町
高野橋
高野橋東詰
高野
高野中
叡山電鉄叡山本線
赤の宮神社
一乗寺
一乗寺木ノ本町
天下一品総本店
カフェアノニマ
石川丈山墓
カローラライフ
北白川ゴルフクラブ
京都芸術大
そうげんカフェ
左京区

北大路橋
セルフィー
加茂街道紫明
一本松
下鴨本通
加茂みたらし茶屋
cafe sora
庵上茶店
天寧寺
下鴨神社【世界遺産】
妙顕寺
下鴨小
田中大久保町
洛北阪急スクエア
イズミヤ
高野川
御蔭通
河合神社 P25
元田中駅
田中神社
東大路通鞍馬口
左京署
養徳小
京都芸術大学駅
白川通北大路
上終町・京都芸大前(市)
上終町
北白川琵琶町
御蔭橋
清水町
糺の森
出雲路橋
相国寺
淳和院美術館
建国寺
林光院
瑞春院
法輪寺
葵橋
葵橋東詰
葵橋西詰
本満寺
阿弥陀寺
御靈前通
出雲路橋
出町橋
出町柳駅
出町ふたば
みずほ
出町のデルタ
おむらはうす出町柳店
田中上柳町
フレスコ
浄妙庵
浄土院別当
京都中央
日本バプテスト病院
日赤病院
大津
北白川小
乗願院
別当町
上池田町
ペンション北白川
北白川壮行町
東龍
志賀越道

eze bleu
今出川広場
今出川御門
河原町今出川
みつばち
朔平門
京極小
母と子の森
北村美術館
出町桝形商店街
賀茂大橋
長徳寺
満月
知恩寺
進々堂 京大北門前
東大路通今出川
京都大学
湯川記念館
京都中央
理学研究科
J.GARDEN THE HONOR
医学部
工学部
理学部
百万遍
東一条
総合人間学部
東大路通
吉田山
吉田神社
吉田山荘
吉田山公園
105.1
SIONE P31
京都銀閣寺本店
白沙村荘
銀閣寺キャンデー店
浄土院
銀閣寺(慈照寺)【世界遺産】 P30
GOSPEL
京都ちどりや P47
忘我亭 哲學之道店 P31
法然院 P31
哲學之道 P22・31

京都御所
京都迎賓館
正門
朔平門
梨木神社
府立医大附属病院
京都御苑
京都御苑
京都迎賓館
清和院門
京阪鴨東線
府立鴨沂
今出川通
進々堂
文化芸術会館
清和院御門
建春門
KKR京都くに荘
建礼門
大宮御所
仙洞御所
丸太町
清浄院
護浄院
護王神社
府立図
下長者町
丸太町通
京都芸術会館
京大医学部
鴨沂近衛通
厳近通
精華女子学園高・中
技術化学センター
熊野神社
重森三玲庭園美術館
大元宮
東山近衛通
東山東一条
総合人間学部
吉田山荘
栄摂院
真如堂(真正極楽寺)
東大路通
浄土寺
善正寺
善行寺
吉祥寺
金戒光明寺
鹿ヶ谷
丸太町神宮
KKR京都くに荘
史博物館
京大文書館
京大農学部
近衛通
近衛中
浄楽寺
鴨沂近衛通
松院
第三錦林小
聖護院御殿荘
聖護院御殿荘
京大医学部
人間健康科学学科棟
菅原院
聖護院
白河総合支援
金戒光明寺
真如堂
ノートルダム女学院高・中
上宮ノ前
第三錦林小

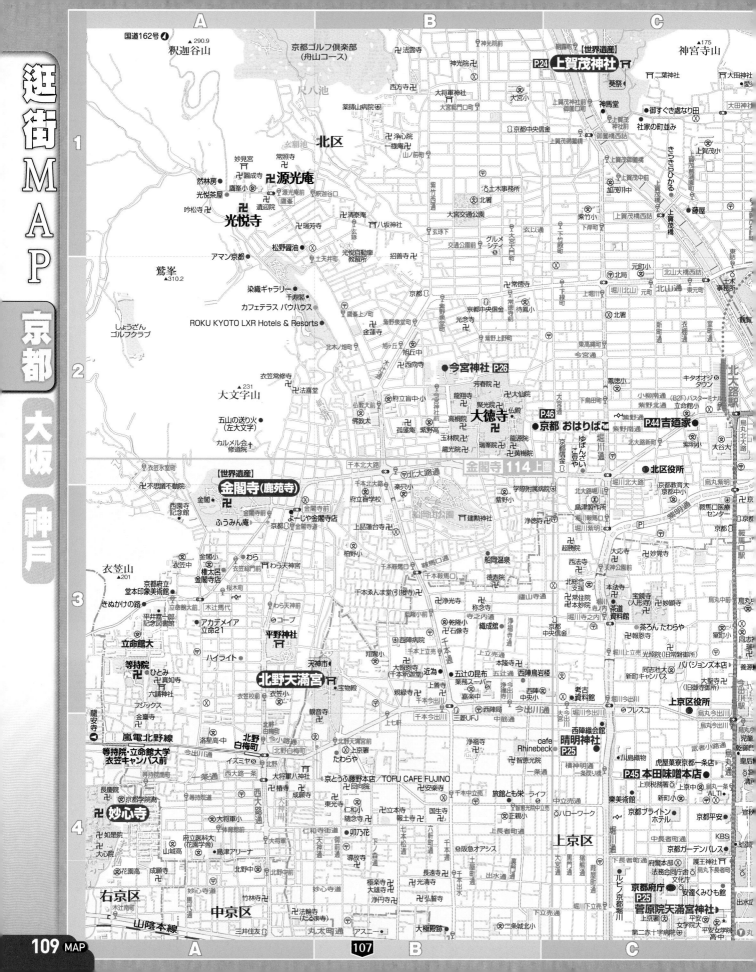

祇園・河原町

周邊圖 P.106

0　　100　　200m

●景點 ●玩樂 ●美食 ●咖啡廳 ●溫泉 ●購物 ●住宿 ●活動・祭典 ●複合設施

逛街MAP
京都
大阪
神戸

一保堂茶舖 P.45

寺町通上有許多古董店，說
不定能在此找到一筆心愛用
的物品

HIYORIチャプター京都
トリビュートポートフォリオホテル
ザ・リッツ・カールトン京都
法雲寺 善導寺

加藤順漬物店

出町柳

京都教会
NISHIYAMA RYOKAN
大吉
芸艸堂

京都

がんこ 高瀬川二条苑
日本銀行 豆屋源蔵
割烹 露瑚

真浄院 忍性寺 見性寺 王性寺
頂妙寺 西蓮寺 西昌寺
本立寺 本正寺
法輪院 大乗院
妙満寺 真如院

東山一条

佛光寺
東山西方寺

本正寺
専稱寺
教安寺
大光寺 信行寺

東大路通

左京区

正願寺
正行寺 生運寺
真成院
寿昌院 法性院
顕隆寺

東山仁王門通

満足稲荷神社
宗務院
本行院

市役所
分庁舎

京都市役所

ホテル
杉長

リソル
トリニティ京都
グリルアローン

ゼスト御池

御池地下(B2)

京都市役所前駅

本能寺

京の俵屋旅館
柊家
ギャラリー遊形

スマート珈琲店
プリンススマートイン

1928ビル
(旧毎日新聞社ビル)

高山堂はし本 47

菜の花
こころ屋
御幸町本店

三木半旅館
京ちりめん山城

寶藏寺 P.26

錦天満宮

藤井大丸
SOU・SOU 布袋 P.46

まつひろ商店
三条本店 P.46

京のおうちごはん
わらべうた

檀王法林寺
超勝寺
心光寺
日向館尚心亭

村山造酢
中央信金

三条京阪駅

ダーワ・悠洛 京都

高台彦九郎像
大蔵寺

澤信三郎帆布

東山区

ART MONZEN
KYOTO

尾張屋

吉祥菓寮 祇園本店 P.41

JUVAN

京都美術
倶楽部

お茶と酒 たすき
PASS THE BATON
KYOTO GION

祇園吉今 P.42

ぎをん小森

白川北通

祇をん
新門荘

辰巳
大明神

白川南通

永楽屋細辻伊兵衛
商店祇園店 P.46

Bar ATLANTIS

祇園天ぷら
てんさき

京都華麗風情的新橋・
異橋周邊。說不定可以
遇到舞妓？

原了郭 P.45
よーじやカフェ
祇園店

あのん本店

ぎをん 原了郭

いづ重 P.29

八坂神社

京都
河原町駅

四条河原町

祇園
四条駅

四条通

茶寮都路里
祇園本店 P.42

ZEN CAFE P.41

ぼっちり 祇園本店 P.29

Cafe BLUE
FIR TREE P.29

万治カフェ P.41

花見小路 P.28

けずりひや
京都 祇園 P.43

弥栄会館
ギオンコーナー

CAFE OPAL

建仁寺 P.29

みます屋MONAM P.39

町家カフェろじうさぎ P.37

兩足院 P.27

112

	A	B	C

1

元離宮 二条城
【世界遺産】

緑の園

二条城前駅

ホテル ザ 三井 京都
ANAクラウンプラザ ホテル京都
二條若狭屋
押小路通
二条通

ひとつのおせら
丸太町駅
新京聞社

夷川通
堺町通

二条駿河屋
和のふれんち たま妓

P43 茶寮翠泉 烏丸御池店▶

香老舗 松栄堂
薫習館
第一生命泉屋ビル
本家 尾張屋
Café Bibliotic Hello!
味の蔵 奥濡笑屋
麩や高倉二条
二条通
中京区
浄光寺
とり安
公園

2

中京区役所
保健福祉センター
京都堀川音楽高
御金神社 P25
DINING+CAFE& BAR 閃
シャトレーイン京都
京都絞り工芸館
グレイス ヴィラ 二条城
丸久 小山園 西洞院店
丸益西村屋
京料理 藤本
におい袋ゆりの
京都国際マンガミュージアム
ルゴール
グランバッハ京都御池
パークホテル京都御池
フレスコ
労働局
明治安田生命ビル
日土地・烏丸ビル
福邦
NHK放送局
烏丸御池駅
 REJOICE STAY 京都烏丸御池
ザ ロイヤルパーク 京都烏丸御池
ハートンホテル京都
ホテルユニゾ
アイコニック 京都
ジュヴァンセル 御池店
御池通
御池地下（B2）
ホテルギンモンド京都
御所八幡宮
cafe 火裏蓮花
マルダ京都
京都市保健所
光原洞庵

若能善用地鐵，就能順利在市內移動。烏丸御池站有服務處。

三条通是洋風復古建築的寶庫。

ザ・ひらまつ京都
東急ステイ 京都三条烏丸
京都伝統工芸館
丸栄ビル
新風館
お茶と酒 たすき 新風館
洛風中
本館
京都文化博物館
中京局
三条通
別館
P102 nol kyoto sanjo
イノダコーヒ三条支店

3

京都堀川イン 二条前
京都信金
三條若狭屋
京都会館
京染会館
il pozzo P37
大西清右衛門美術館
三井ガーデンホテル京都三条
ホテルモントレ京都
六角通
池坊会館
イノダコーヒ本店
六角堂（頂法寺）
マリベル京都
旅館中原
ホテル松井
旅館こうろ

MIMARU京都
居様／IZAMA
カンデオホテルズ
京都新町病院
うめぞのCAFE&GALLERY
空也堂（光勝寺）
堀川蛸薬師
P38 にこみや岳
堀川高
百足屋
ホテルインターゲート
ヴィアイン京都四条室町
おたべ本店
研習 ほりべ
AWOMB
瑞蓮寺
くろちく百足館
前田珈琲明倫店
京都芸術センター
北陸
京都菜味のむら
丸池藤井
地下鉄烏丸線
小倉屋旅館
ウイングス京都
市青少年活動センター
高倉小
東洞院店
セカンドハウス ケーキワークス
前田珈琲室町本店
逸品 はし長
太極殿本舗六角店
P40 甘味処柚栖園
菜根譚 蛸薬師
雪梅花 蛸薬師
綿善旅館
KCTP（錦市場）サイクルターミナル
京都一の傳
麩嘉錦店
鮮魚 木村
錦
チェックイン
フクトクビル
ピーノ東洞院
スターバックス
陳本総合飲食店MAO
こんなもんじゃ
田邊篇商店
錦市場
錦小路通

静鉄ホテルプレジオ
コンフォートイン
ホテルマイステイズ京都四条
アゴーラ京都四条
亀屋良長
四条京町屋
太郎屋
和醸良麺 すがり
LAQUE四条烏丸
但馬
京都中央信金ビル
大丸京都店
井上佃煮店
じき 宮ざわ
錦打小田濱店 錦物
三井住友銀行
名食街（B2）
りそな
京都三井ビル
東横イン 京都四条烏丸
富美家
ゼロゲート
SBI新生
千代田ビル
The One Five

4

プリンススマートイン京都四条大宮
大宮駅
京都中央信金
ホテルオークス京都四条
アゴーラ京都烏丸
三井ガーデンホテル京都四条
竹笹堂 P47
京都四条
EN HOTEL KYOTO
コートホテル京都四条
ポケモンセンターキョウト
池坊短大
KYOTO 1er BAKERY with cuisine
さんび堂
からすま京都ホテル
下京区
旅館花楽
四条通
阪急京都線
四条烏丸
Kotochika四条（地下）
京都経済センター・四条烏丸ビル
COCON KARASUMA
相鉄フレッサイン
烏丸駅
四条駅
三菱UFJ
ハンズ
京都高倉・サンタクルス
三井住友
UFJ信託
安心お宿プレミア
すまや京おばんざい教室
きもの菊彼方此方
島屋旅館
中島屋
cafe marble 佛光寺店
P36
P38 お数家 いしかわ
洛央小
市原平兵衛商店
京都信金店

西本願寺
日吉神社
ブーランジェリーカフェ ダイニング Robinson烏丸
ネスト
ウイングインターナショナル
下京署
八坂神社 御旅所
ダイワロイネット
P26 佛光寺
D&DEPARTMENT KYOTO
香彩堂本店
ホテル日航プリンセス京都
太陽生命ビル
ザ ロイヤルパーク ホテル 京都四条
P27 唐丸
烏丸駅
京都駅

367
地下鉄烏丸線

	A	B	C

清水寺・八坂神社
周邊圖 P.106

● 景點　● 玩樂　● 美食　● 咖啡廳　● 溫泉　● 購物　● 住宿　● 活動・祭典　● 複合設施

0　50　100m
京都市都市綠化協會

A

東山三条
よしもと祇園花月
P.29 いづ重
OMO5
家傳追飴 祇園小石
豊田愛山堂　かづら清
老舗　　　　老舗
四条通
きものレンタル
夢京都 祇園店
市民の森
いもぼう平野家本家
いもぶし
いもぼう平野家本店
一休庵
美御前社
忠盛灯篭

八坂神社 P.29 祇園祭

アパホテル〈京都祇園〉
EXCELLENT
漢字ミュージアム
けずりひや
京都 祇園 P.43
フレンチ・バル
ガルガンチュア
旅館 紫
東山ホテル
弥栄会館ギオンコーナー
祇園甲部歌舞練場

西樓門
祇園
南樓門
清々館
レディースホテル長楽館
常盤殿

走下石階，就是
祇園交叉路口。
舞殿
二軒茶屋(中村樓) P.42

味味香
睦巳
魚多苑
京洋菓子司ジュヴァンセル祇園店
P.45 やよい
そわか
旅館 富久家
築浅家
あり本
長生寺
香華堂
東山安井
レンタサイクル京都見聞録
京都イン
安井北門通
純和風料理旅館 き乃ゑ
京都インギオン2号館
きよし
玉半
波ぎ

P.16 京 八坂プリン
正面可以看見八坂塔！
JEREMY&JEMIMAH
花こま
cohaku kairashi
大統院
鳥居本
青龍院

B

東山三条
和順會館
相模屋いろこ
平安神宮
南門
三門
友禅苑庭園
華麗庵

祇園祭山鉾館
東山区
浪漫亭
坂本龍馬
中岡慎太郎像
千枡

円山公園 P.22
左阿弥
いそべ
其中庵
東観荘
紅葉庵
長楽寺

円山音楽堂
雙林寺
東大谷祖廟
雙龍舞閣
本堂

西行庵
せん岱
岡林院
無碍山房
Salon de Muge P.41
東大谷墓地

坂の上
祇園佐の
高台寺茶寮
川太郎
竹つばき
旅館元奈古
月真院
松春
高台寺
高台寺庭園

石塀小路
豆ちゃ
三面大黒天
石塀小路
圓徳院
田舎亭
ねねの道
寿栄庵

霊山観音
斉館
京都霊山護国神社
維新の道
坂本龍馬の墓

富та有風情的
石塀小径。
春光院(休業中)
一休庵
馳走高月

青龍苑
京小宿・八坂とね
The GARDEN
Oriental KYOTO
イル ギオットーネ
京みどり
パークハイアット 京都
名代おめん 高台寺店
京大和(休業中)
霊山歴史館

幕末・明治維新専門的
博物館。龍馬迷絕對必看！
霊明神社

八坂の塔(法観寺)
三宝苑
二井
高台寺和
高台寺大和
京都二年坂かんざし wargo
かさぎ屋
我楽苦多
スターバックス コーヒー
京都・二寧坂ヤサカ茶屋店
高台寺土井(休業中)

C

安養寺
お宿 吉水
さろんはらぐち天青庵
吉水大弁財天女

P.16・24
京八坂
庚申堂
八坂
庚申堂
P.16・24
RC HOTEL
京都八坂
真覚寺
西向寺

P.17 二年坂 まるん
総本家ゆどうふ奥丹 清水
P.16
梅園 清水店
風雅堂
京白川

舞妓変身スタジオ四季本店
レディースインさかた
阿古屋茶屋 P.17
くろちく カラス堂・び和ん
清水山荘
京坂
清水三年坂美術館
香老舗 松栄堂 産寧坂店
清水産寧坂 くろちく

三塔庵
興正寺本堂

A (下段)

六道珍皇寺 P.26
東山区役所
保健福祉センター
東山局
伊藤軒 SOU・SOU 清水店
P.16
清水道巴士站〜清水寺
約700m的路程
P.17 天 ten
西光寺 清水坂観光 P
京ばあむ
清水坂店
七味家本舗
スマイルバーガー
清水店
東山署
きよみず鈴木
清水寺前
P.16 松韻堂
やました
おちゃのこさいさい
産寧坂
(三年坂)

B (下段)

よし川
古儀
清水順正 おかべ家
前川
佳水園
松風
聖護院西尾
ぎをん為治郎
レンタル着物 岡本 清水店 P.27
清水坂店
松韻
西尾老舗
西尾
西利
梅山堂
清水善光寺 清水性院
大講堂
成就院
宝性院

花喜屋
舞妓飯
清水寺前
P.43 篝門茶屋
遠藤堂
あずさ
今村陶器店
桜木
土堂
桜門
目堂
仁王門
西門
三重塔
経堂

地主神社
(修復中のため閉門)
清水寺 P.12
【世界遺産】
忠僕茶屋 P.14
西向地蔵堂
釈迦堂
阿弥陀堂(修復中)
奥の院(修復中)
滝の家
音羽の滝

A (最下段)

東山五条
五条坂
東山五条
五条坂
くるる五条坂
京都庵
柴崎
一布や 清水新道 茶わん坂
カレー亭 彩
実報寺
本寿寺
鳥辺山墓地
大谷墓地
清水燒發祥地。有
很多陶器和小物的
商店。
吉田屋
東六々
東哉
おおはし
マールブランシュ
P.17 清水坂店
P.17 清水京あみ
妙見堂

西門
石塔
延命院
二重塔
経堂
近藤悠三記念館
六花亭
舌切茶屋
子安の塔

仏殿
西大谷本廟
讀経所
明善堂
京都東IC
無量寿堂
東福寺
西大谷墓地
北谷墓地
通妙寺

MAP 112

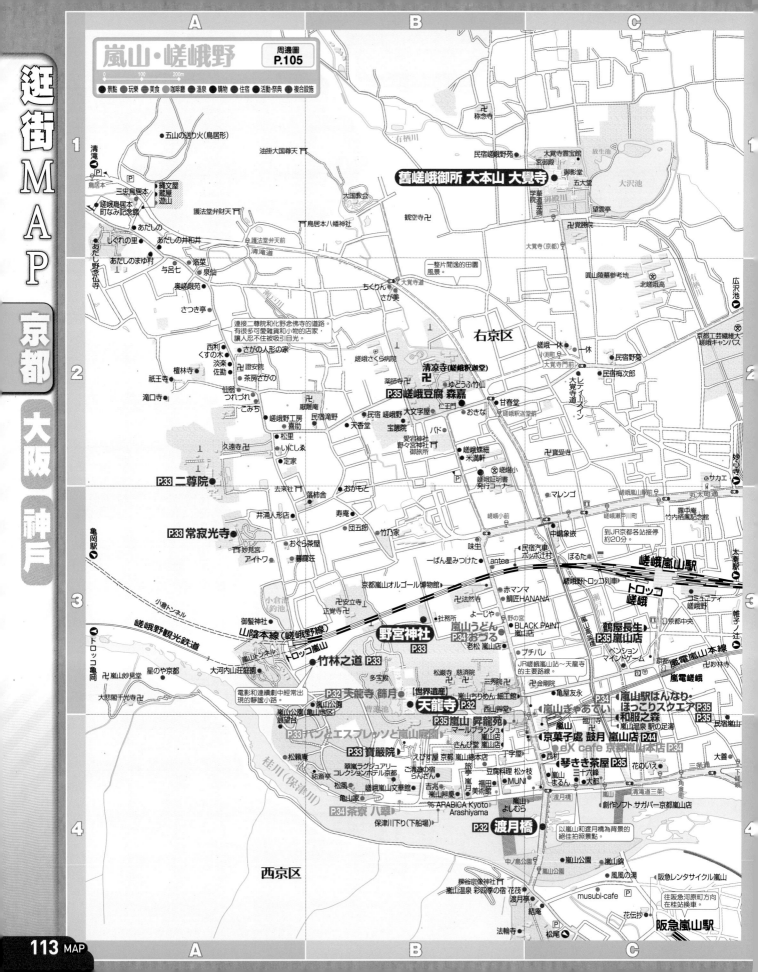

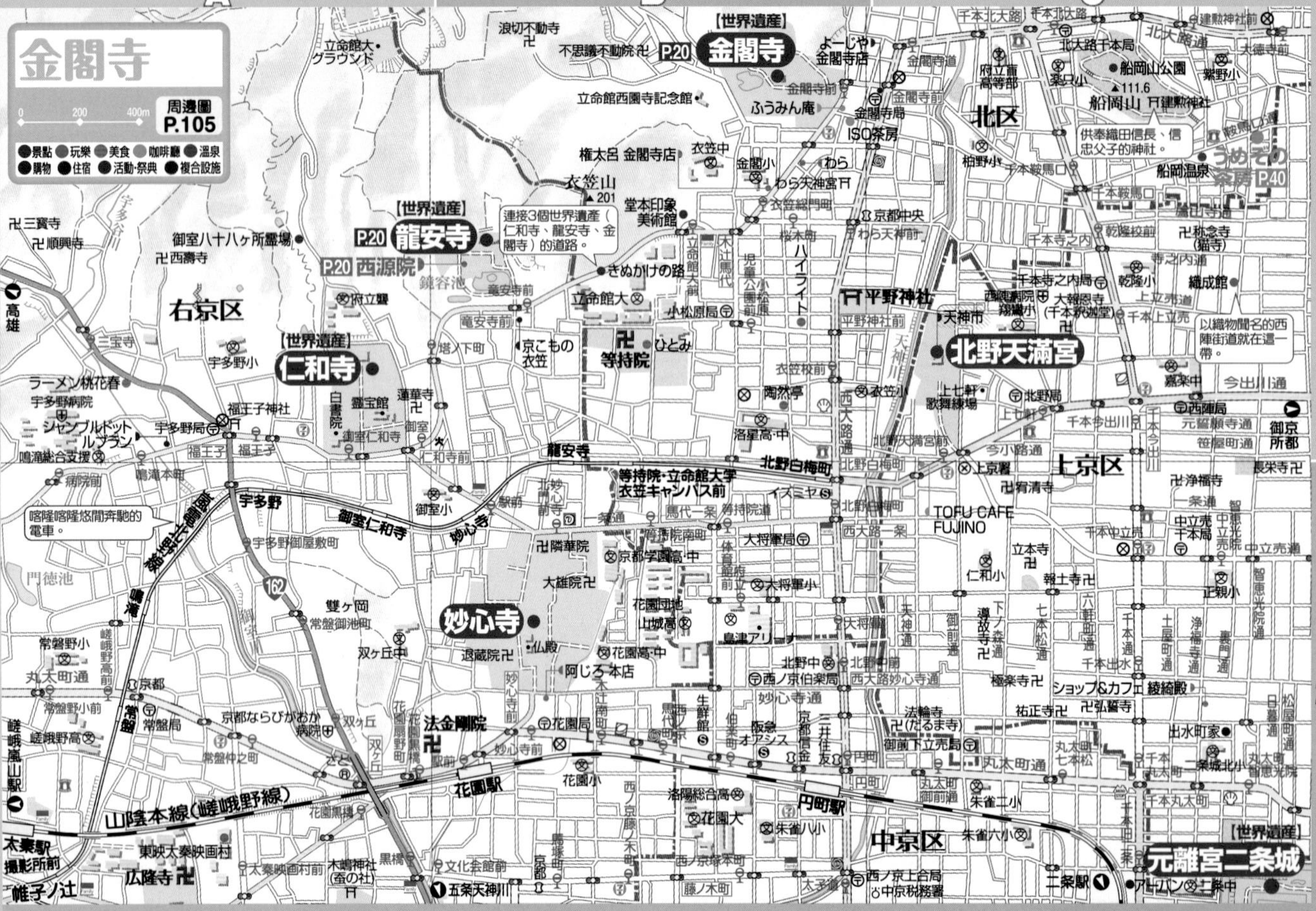

金閣寺

周邊圖 P.105

0 200 400m

●景點 ●玩樂 ●美食 ●咖啡廳 ●溫泉
●購物 ●住宿 ●活動·祭典 ●複合設施

[世界遺產] 金閣寺 P.20

[世界遺產] 龍安寺 P.20
西源院 P.20

[世界遺產] 仁和寺
連續3個世界遺產（仁和寺、龍安寺、金閣寺）的道路。

右京區
高雄
北區
上京區
中京區

平野神社
北野天滿宮

妙心寺
法金剛院
等持院
等持院·立命館大學衣笠キャンパス前

TOFU CAFE FUJINO

花園駅　円町駅
山陰本線（嵯峨野線）

以織物聞名的西陣街道就在這一帶。

[世界遺產] 元離宮二條城

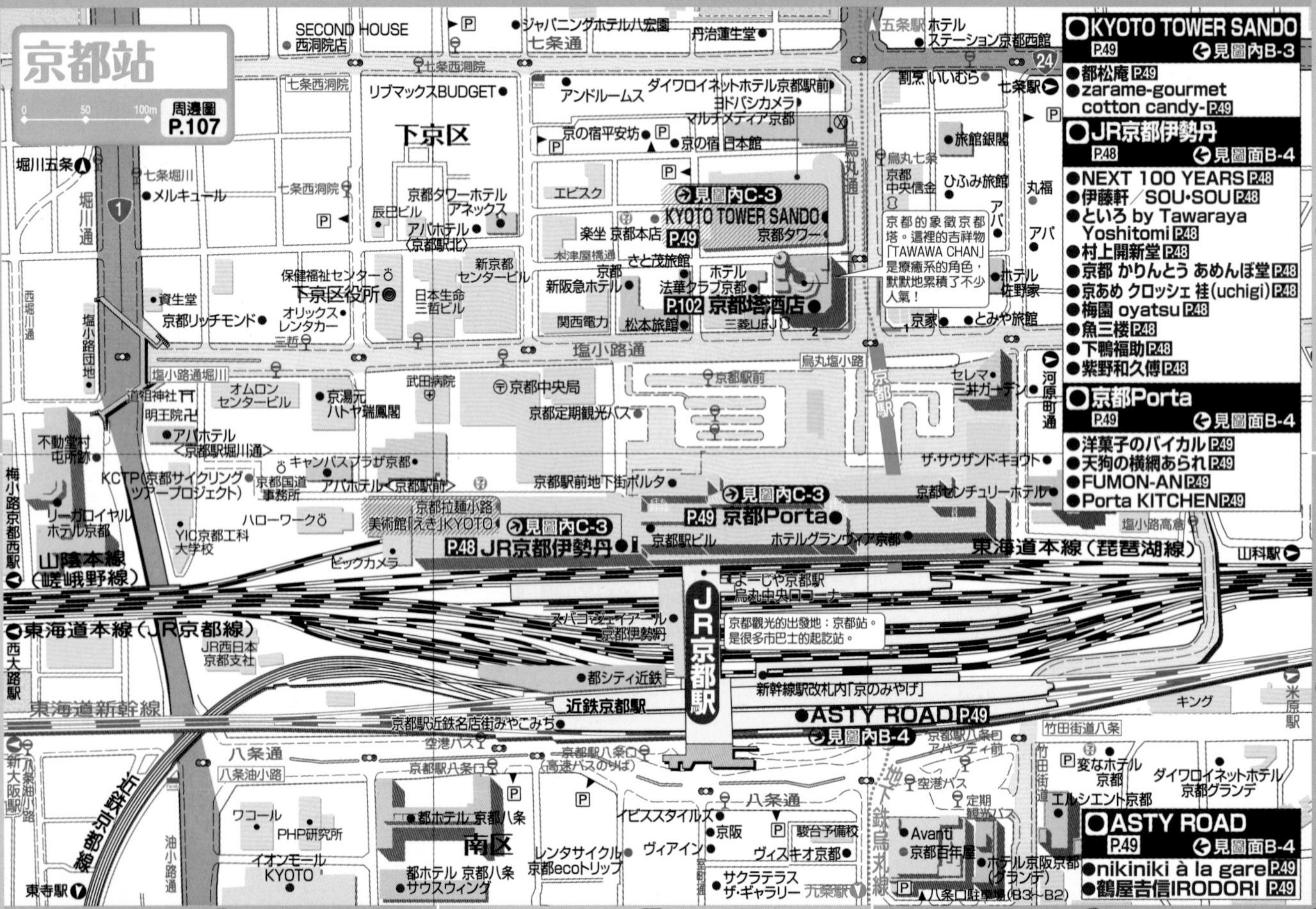

京都站

周邊圖 P.107

0 50 100m

下京區　南區

SECOND HOUSE
リブマックスBUDGET
アンドルームス
ダイワロイネットホテル京都駅前
ヨドバシカメラ
マルチメディア京都

京都タワーホテル アネックス
アパホテル〈京都駅前〉
楽坐　京都本店

KYOTO TOWER SANDO P.49 京都タワー 見圖內C-3
P.102 京都塔西店

京都区役所
オリックス・レンタカー
京都リッチモンド
資生堂

下京区役所
日本生命
新京都センタービル

京都駅前地下街ポルタ
美術館「えき」KYOTO 見圖內C-3
P.49 京都Porta 見圖內C-3
P.48 JR京都伊勢丹 見圖內C-3

ビックカメラ
リーガロイヤルホテル京都駅
山陰本線（嵯峨野線）
東海道本線（JR京都線）
JR西日本 京都支社
東海道新幹線
ＪＲ京都駅
近鉄京都駅
ASTY ROAD P.49 見圖內B-4

東海道本線（琵琶湖線）

八条通
ワコール
PHP研究所
都ホテル 京都八条 サウスウィング
イオンモールKYOTO
東寺駅
新大阪京都駅

変なホテル京都
ダイワロイネットホテル京都グランデ
エルシエント京都

京都站周邊逛街MAP（右側指引）

● **KYOTO TOWER SANDO** P.49 ← 見圖內B-3
● 都松庵 P.49
● zarame-gourmet cotton candy- P.49

● **JR京都伊勢丹** P.48 ← 見圖面B-4
● NEXT 100 YEARS P.48
● 伊藤軒／SOU·SOU P.48
● とハろ by Tawaraya Yoshitomi P.48
● 村上開新堂 P.48
● 京あめ かりんとう あめんぽ堂 P.48
● 京あめ クロッシェ 桂(uchigi) P.48
● 梅園 oyatsu P.48
● 魚三楼 P.48
● 下鴨福助 P.48
● 紫野和久傳 P.48

● **京都Porta** P.49 ← 見圖面B-4
● 洋菓子のバイカル P.49
● 天狗の横綱あられ P.49
● FUMON-AN P.49
● Porta KITCHEN P.49

● **ASTY ROAD** P.49 ← 見圖面B-4
● nikiniki à la gare P.49
● 鶴屋吉信IRODORI P.49

京都觀光的出發地：京都站。是很多巴士的起訖站。

MAP 114

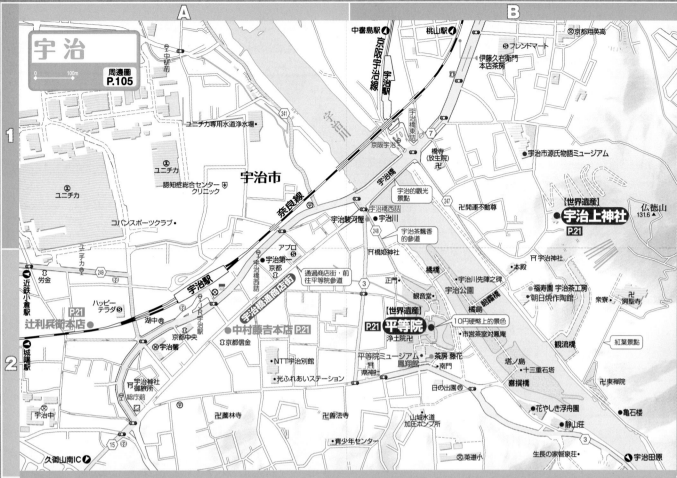

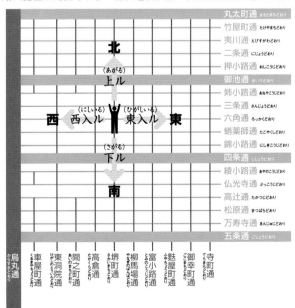

JR大阪環狀線

在大阪的中心地區以環狀行駛的JR路線。在西九條站連結JR夢咲線，由此轉往距離環球影城最近的電車站：環球影城站。

特徵
- 電車運行方向方為順時針方向的「外環」和逆時針方向的「內環」2種。依據下車車站的不同也可能多繞遠路，所以乘車前請多加留意標示。
- 雖然大和路快速和關空快速也會行駛於環狀線上，但由於停靠的車站有所不同，所以請確認是否會停靠目的地車站後再搭乘。

地鐵御堂筋線

從新大阪到天王寺，連結大阪南北的交通大動脈。沿線有許多個與其他路線連結的車站，是條務必要妥善利用的電車路線。

特徵
- 代表顏色為「紅色」。若只是在梅田～難波～天王寺之間移動，則所有到站的列車皆能搭乘。
- 欲往北邊移動則搭乘往「千里中央」、「新大阪」、「中津」方向，欲往南邊移動則搭乘往「中百舌鳥」、「新金岡」、「我孫子」、「天王寺」方向。

鐵道MAP

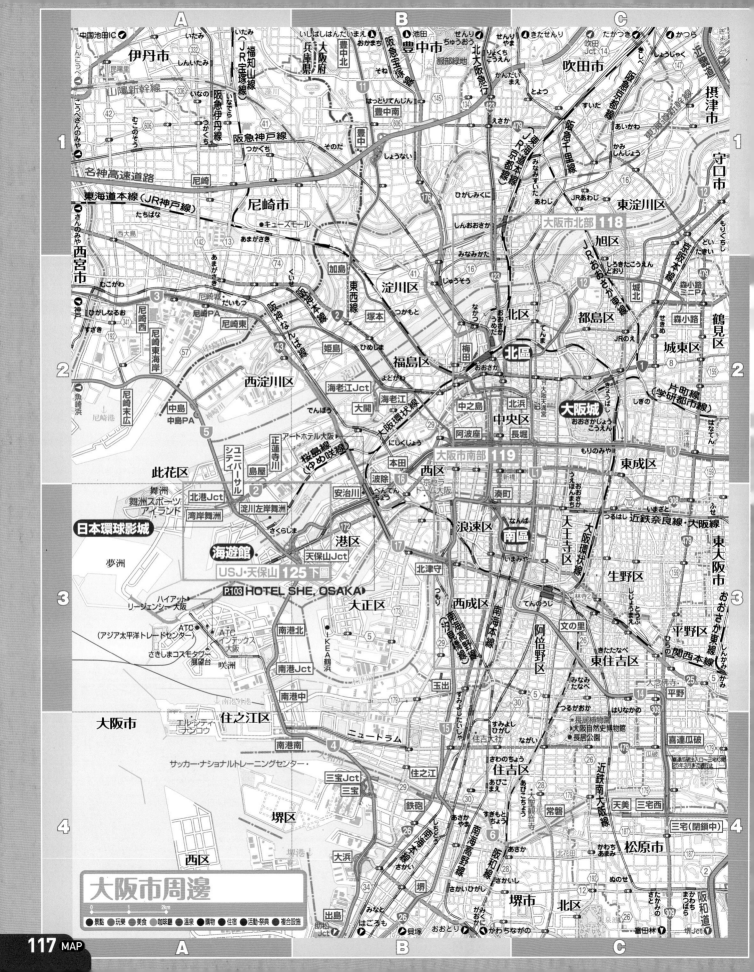

大阪市周邊

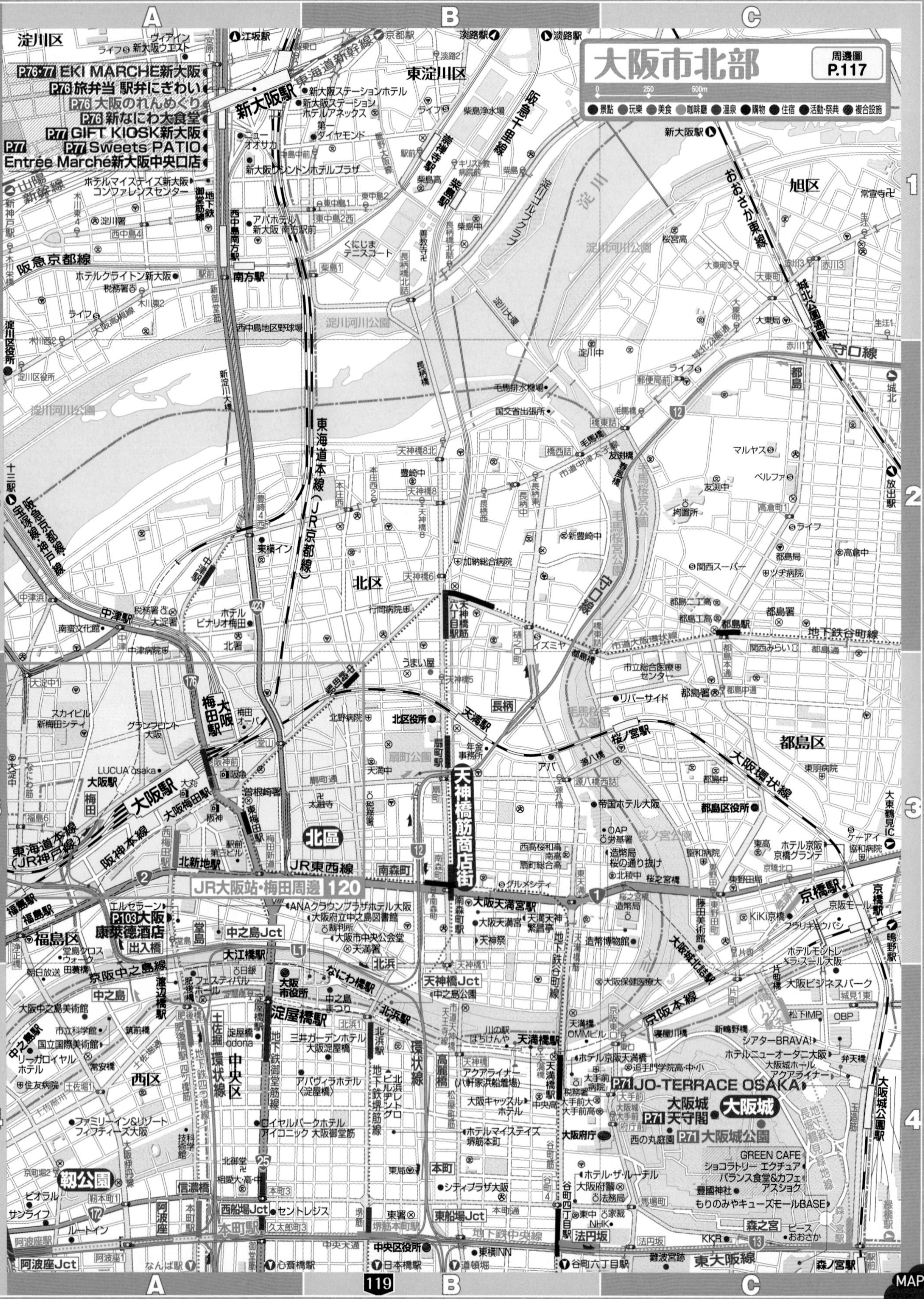

大阪市北部

周邊圖 P.117

0　250　500m

●景點　●玩樂　●美食　●咖啡廳　●溫泉　●購物　●住宿　●活動・祭典　●複合施設

A　**B**　**C**

淀川区

P76-77 EKI MARCHE新大阪
P76 旅弁当 駅弁にぎわい
P76 大阪のれんめぐり
P76 新なにわ大食堂
P77 GIFT KIOSK新大阪
P77 Sweets PATIO
Entree Marche新大阪中央口店

東淀川区

新大阪駅

旭区

淀川

淀川河川公園

北区

都島区

梅田
大阪駅
大阪梅田駅

北区

天神橋筋商店街

JR大阪站・梅田周邊 120

福島区

中之島

西区

中央区

天神橋駅

都島区

京橋駅

大阪城
P71 天守閣
P71 大阪城公園
JO-TERRACE OSAKA

GREEN CAFE
ショコラトリー エクチュア

森之宮

本町駅

靭公園

阿波座Jct

なんば駅　日本橋駅　道頓堀　谷町六丁目駅　難波宮跡　東大阪線　森ノ宮駅

A　119　**B**　**C**

MAP 118

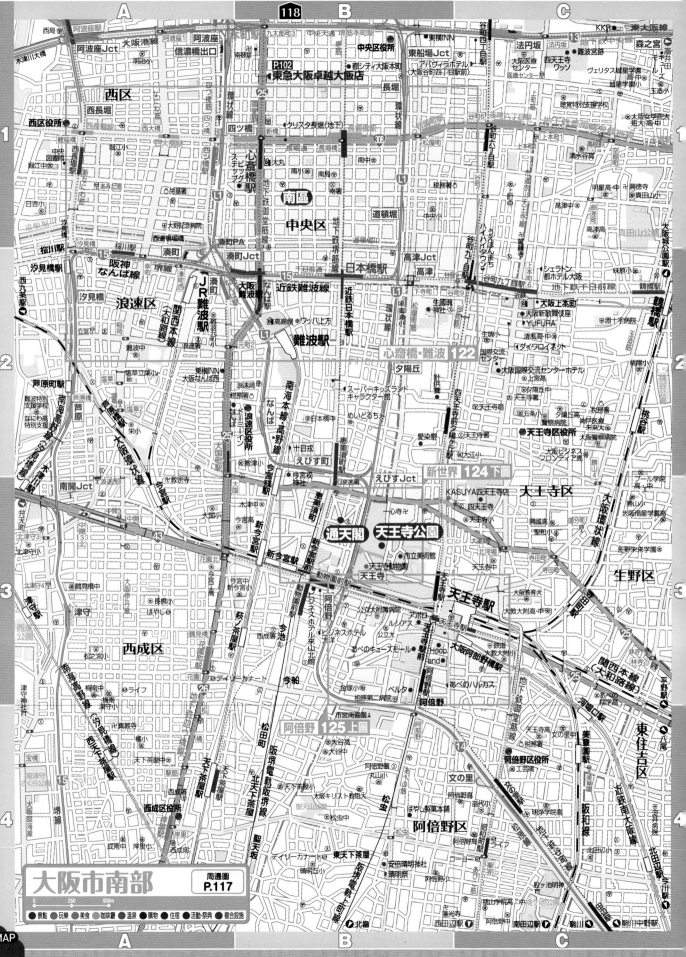

大阪市南部

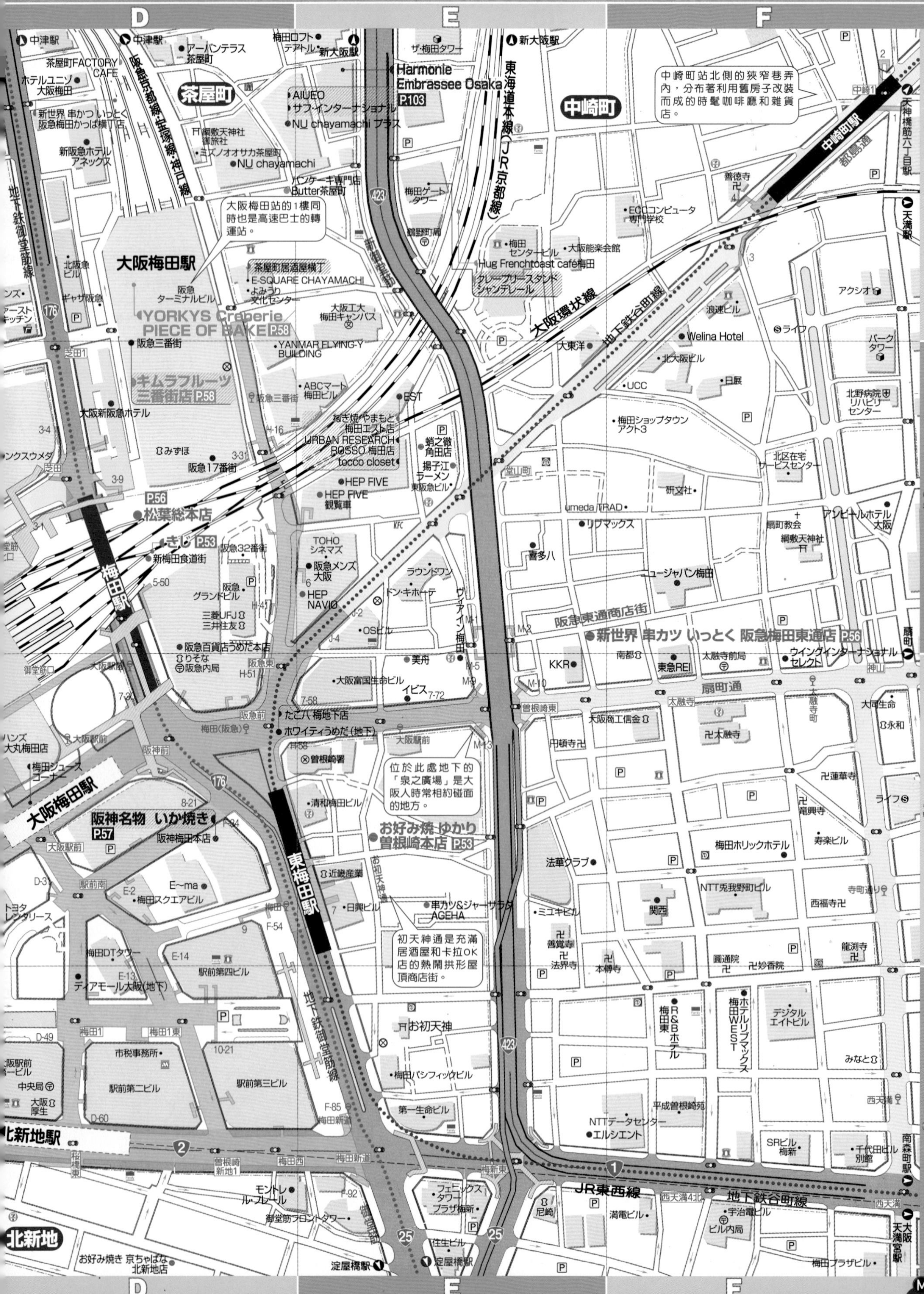

中津駅

中津駅

茶屋町FACTORY CAFE

ホテルユニゾ 大阪梅田

新世界 串カツ いっとく 阪急梅田かっぱ横丁

新阪急ホテル アネックス

茶屋町

AIUEO
サフ・インターナショナル
NU chayamachi プラス

ミズノオオサカ茶屋町

NU chayamachi

綱敷天神社御旅社

パンケーキ専門店 Butter茶屋町

梅田ロフト
テアトル梅田 新大阪駅

新大阪駅

ザ・梅田タワー

Harmonie Embrassee Osaka P.103

中崎町

中崎町站北側的狭窄巷弄内，分布著利用舊房子改裝而成的時髦咖啡廳和雑貨店。

中崎町駅

都島通

天神橋筋六丁目駅

天満駅

ECCコンピュータ専門学校

善徳寺

アクシオ

大阪梅田駅

大阪梅田站的1樓同時也是高速巴士的轉運站。

阪急ターミナルビル

茶屋町居酒屋横丁
E-SQUARE CHAYAMACHI
よみうり文化センター

YORKYS Creperie
PIECE OF BAKE P.58

ギャザ阪急

北阪急

阪急三番街

キムラフルーツ
三番街店 P.58

大阪新阪急ホテル

ABCマート
梅田ビル

EST

阪急三番街

YANMAR FLYING-Y BUILDING

ねぎ焼やまもと
梅田エスト店
URBAN RESEARCH
ROSSO 梅田店
tocco closet

HEP FIVE

HEP FIVE 観覧車

松葉総本店 P.56

きじ P.53

新梅田食道街

阪急32番街

TOHO シネマズ

阪急メンズ 大阪

梅田駅

三菱UFJ
三井住友

阪急百貨店うめだ本店

りそな
阪急内局

たこ八 梅田地下店

ホワイティうめだ(地下)

梅田(阪急)

阪急東通商店街

新世界 串カツ いっとく 阪急梅田東通店 P.56

ウイングインターナショナル セレクト

KKR

東急REI

南都

扇町通

大阪商工信金

大阪梅田駅

阪神名物 いか焼き P.57

E~ma
梅田スクエアビル

梅田DTタワー

ディアモール大阪(地下)

東梅田駅

地下鉄御堂筋線

位於此處地下的「泉之廣場」是大阪人時常相約碰面的地方。

お好み焼 ゆかり
曽根崎本店 P.53

初天神通是充満居酒屋和卡拉OK店的熱開拱形屋頂商店街。

お初天神

梅田パシフィックビル

第一生命ビル

梅田リブマックスホテル

関西

梅田ホリックホテル

梅田 R&B ホテル

ホテル リブマックス

デジタル エイトビル

梅田WEST

北新地駅

曽根崎新地1

JR東西線

NTTデータセンター
エルシエント

SRビル 梅田別館

南森町駅

大阪天満宮駅

北新地

お好み焼き 京ちゃばな 北新地店

モントレ ル・フレール

フェニックス プラザ梅田

御堂筋フロントタワー

淀屋橋駅

淀屋橋駅

JR東西線

西天満4丁北

地下鉄谷町線

宇治電ビル

梅田プラザビル

MAP 120

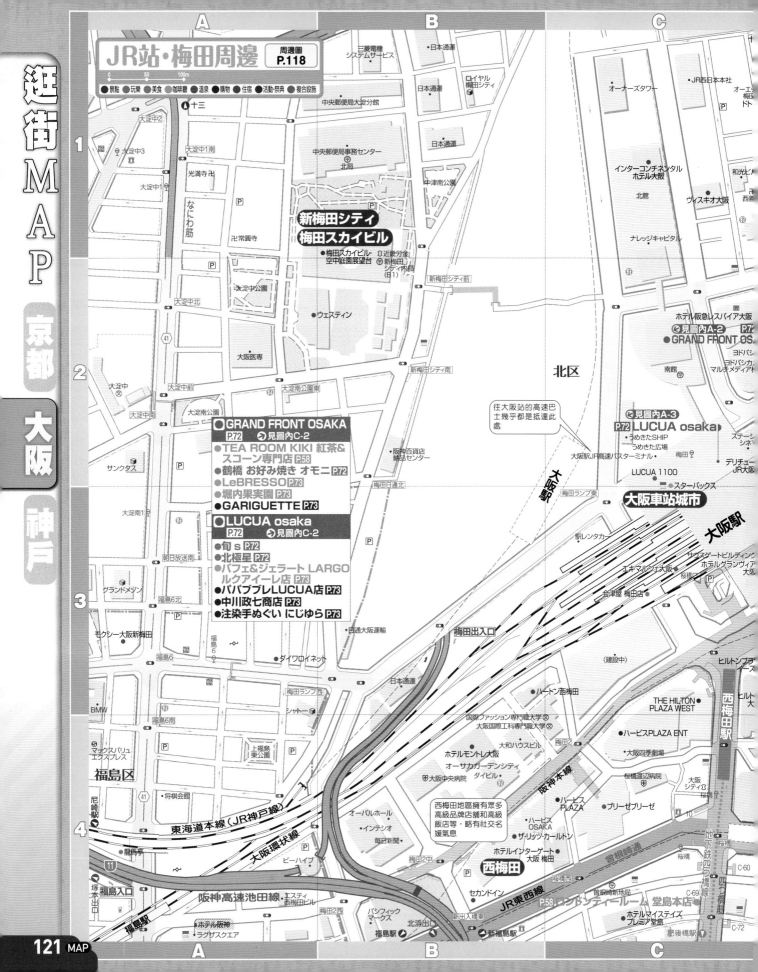

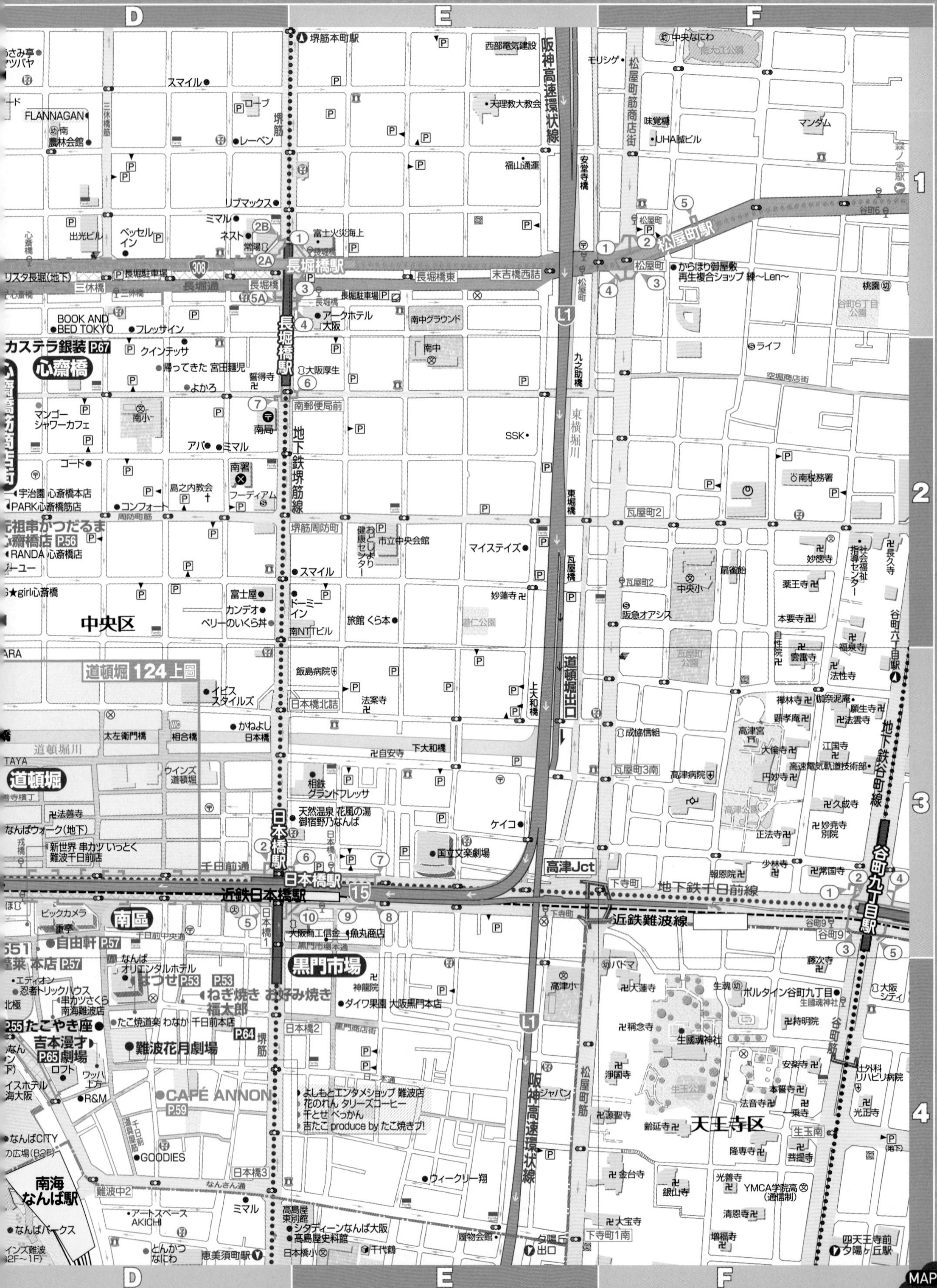

大阪 MAP

堺筋本町駅
西部電気建設
天理教大教会
福山通運
阪神高速環状線
安堂寺橋
松屋町筋商店街
中央なにわ
南大江公園
森ノ宮駅
味覚糖
ＵＨＡ味覚糖ビル
マンダム
松屋町駅
松屋町
からほり御屋敷 再生複合ショップ 練〜Len〜
桃園
谷町６丁目公園

FLANNAGAN
農林会館
スマイル
ロープ
レーベン
三休橋筋
堺筋
リブマックス
ベッセルイン
ミマル
ネスト
常磐
富士火災海上
長堀橋駅
長堀橋東
末吉橋西詰
長堀駐車場

出光ビル
心斎橋
リスタ長堀（地下）
三休橋
長堀道
長堀橋
長堀駐車場
ライフ
空堀商店街

BOOK AND BED TOKYO
フレッサイン
カステラ銀装 P.67
心斎橋
クインテッサ
帰ってきた 宮田麺児
よかろ
アークホテル大阪
南中グラウンド
南中
大阪厚生

マンゴーシャワーカフェ
南小
アパ
ミマル
宇治園 心斎橋本店
PARK心斎橋
コード
コンフォート
島之内教会
南署
フーディアム
南郵便局前
南局
地下鉄堺筋線
南税務署
瓦屋町2
妙徳寺
社会福祉指導センター
長円寺
桃谷

元祖串かつだるま 心斎橋店 P.56
RANDA心斎橋店
★girl心斎橋
中央区
富士屋
カンデオ
ベリーのいくら丼
ドーミーイン
南NTTビル
スマイル
堺筋周防町
市立中央会館
おとしより健康センター
マイステイズ
妙蓮寺
道仁公園
瓦屋町2
中央小
阪急オアシス
薬王寺
本要寺
自性院
雲雷寺
福泉寺
法性寺
禅林寺
伽耶院
顕生寺
孝徳寺
法雲寺

道頓堀 124 上図
イビススタイルズ
かねよし
日本橋
ウインズ道頓堀
太左衛門橋
相合橋
飯島病院
法案寺
日本橋北詰
自安寺
下大和橋
上大和橋
道頓堀出口
成穂信組
高津宮
大倫寺
江国寺
高速電気軌道技術部
円妙寺
久成寺
妙亀寺別院
正法寺

道頓堀川
TAYA
道頓堀
橋本横丁
法善寺
なんばウォーク（地下）
戎橋
新世界 串カツ いっとく 難波千日前店
千日前通
日本橋駅
天然温泉 花風の湯 御宿野乃なんば
ケイコ
瓦屋町3南
高津病院
高津小
高津Jct
下寺町
地下鉄千日前線
報恩院別院
少林寺
常国寺
谷町九丁目駅
谷町筋

近鉄日本橋駅
日本橋駅
南区
ビックカメラ
自由軒 P.57
蓬莱 本店 P.57
エディオン
忍者トリックハウス
南海難波店
オリエンタルホテル
まつせ P.53
黒門市場
神龍院
ダイワ果園 大阪黒門本店
黒門商店街
大阪商工信金
魚丸商店
近鉄難波線
谷町9
大阪シティ
バドマ
生魂町
ポルタイン谷町九丁目
生國魂神社
大蓮寺
稱念寺
持明院
齢延寺
551
たこやき座
吉本漫才劇場 P.65
ねぎ焼き お好み焼き 福太郎
たこ焼道楽 わなか 千日前本店 P.64
よしもとエンタメショップ 難波店
花のれん タリーズコーヒー
千とせ べっかん
苦たこ produce by たこ焼きフリ
生國魂神社
高津小
津國寺
銀山寺
法音寺
本聖寺
光善寺

R&M
CAFE ANNON P.59
GOODIES
難波花月劇場
なんさん通
日本橋3
ウィークリー翔
天王寺区
金台寺
大蓮寺
光善寺
銀山寺
清恩寺
増福寺

南海なんば駅
なんばパークス
アートスペース AKICHI
ミマル
とんかつ なにわ
高島屋東別館
シタディーンなんば大阪
高島屋史料館
日本橋小
博物館会館
夕陽丘
出口
大宝寺
下寺町1南
YMCA学院高 （通信制）
生玉南
四天王寺前夕陽ヶ丘駅
清恩寺

MAP 122

心齋橋・難波

周邊圖 P.119

● 景點 ● 玩樂 ● 美食 ● 咖啡廳 ● 溫泉 ● 購物 ● 住宿 ● 活動・祭典 ● 複合設施

0 100 200m

西長堀出入口

南船場

西区

堀江

美國村

浪速区

主要標示

P.67 サントニブンノイチ大阪店
P.55 だいげん 美國村店
P.66 元祖アイスドッグ
P.54 甲賀流 本店
P.66 ストロベリーフェチ 美國村店
MSPC PRODUCT Sort OSAKA FLAGSHIPSTORE
P.66 Poppin Sweeties
IKKI -OSAKA-
P.67 おおきにコーヒー
心齋橋美國村店
焼きたてチーズタルト専門店
P.67 PABLO 心齋橋本店
水曜日のアリス 大阪
KAKAVAKA R P.67
北極星 P.57
BIG STEP
Eggs 'n Things
CANDY A★GO★GO心斎橋
サロン・ド・モンシェール 本店-心斎橋-
パンケーキ ダイニング elk

車站

阿波座駅
西長堀駅
中央図書館駅
地下鉄千日前線
南なにわ筋
西大橋駅
四ツ橋駅
心斎橋駅
本町駅
新町北公園
汐見橋駅
桜川駅
大阪難波駅
なんば駅
JR難波駅
OCAT
今宮駅
大国町駅
芦原町駅

其他標示

日本交通
光彈寺
白髮橋
鰹座橋北
鰹座橋
長堀通
長堀グリーンモール
西大橋
四ツ橋入口
阪神高速環状線
阿弥陀池
堀江小
和光寺
LE PINEAU北堀江本店
pan cafe ficelle
日本研紙
高台橋公園
ドローンミュージアム
パティスリー ブーケ
星光堂
立花通り（オレンジストリート）
大野記念病院
住友生命
なんばSSビル
エルザグレース堀工タワー
キャナルテラス堀江
西道頓堀橋
幸橋
汐見橋
大阪市交通局 幸町操車場
湊町出入口
湊町PA
湊町リバープレイス
なんばHatch
湊町Jct
ヨネヤ難波 ミナミ店（地下）P.56
道頓堀橋ホテル
JR難波駅前 湊町バスターミナル
大阪シティエア ターミナルビル
市民学習センター
マルイト 難波ビル
ホテルモントレ グラスミア大阪
湊町出口
ルネサなんば
稲荷町公園
オオカワ
リブマックスBUDGET なんば
赤手拭稲荷前
上島珈琲
赤手拭稲荷神社
浪速区民 センター
WBF
立葉
J-SHIP
コーヨー
関西本線（大和路線）
浪速消防署
浪速公園前
KASUYAなんば元町店
フレイザーレジデンス 南海大阪
エディオン
なんばスカイオ
高島屋 大阪店
南海本館
日生ビル
池田クリニック
大和ビル
南海高野線（汐見橋線）
阪神高速堺線
阪神なんば線
心斎橋オーパ
大丸
日航
福八
ユニ
ハ
関西みらい
ローレル タワー
関電ビル
ビューネット
ヒューマンアカデミー
大衆食堂スタンド そのだ
立呑み処 七津屋
心斎橋ネオン食堂街
日生ビル
新橋北
佐野屋橋
阪神高速
フェラーリ
海鮮問屋 吾左 どん 御堂筋
W 大阪
オーガニックビル
大阪 Jct
本町駅
新橋
モンベル
餅匠 しづく
ダイワロイネット
産業ビル
新町1南
ストア100
ライフ
かすうどん 山本
新町ビル
アウディ
ポルボ
ヴィアイン
西大橋駅
長堀バス駐車場
東横INN
シャムア
最勝寺
プジョー
中央ビル
中央図書館
阿弥陀池
あみだ池
大阪商工信金
北堀江1
北堀江2
A-STYLE
Yショップ
萬橋寺
日本交通
大和ビル
稲荷
ライフ
徳永医院

道頓堀

周邊圖 P.122

0 20 40m

●景點 ●玩樂 ●美食 ●咖啡廳 ●溫泉
●購物 ●住宿 ●活動・祭典 ●複合設施

A / B / C — 1 / 2

心斎橋駅
クロスホテル大阪
マツモトキヨシ
すたみな太郎
ドン・キホーテ
ビストロ モーべギャルソン
心斎橋筋商店街
P.63 唐吉訶德道頓堀店
エクセルシオール・カフェ
ダイヤモンドビル リップル
道頓堀大摩天輪「惠比壽塔」 P.63
ホリデイン大阪難波
中梅ビル
道頓堀水土観光船 P.63
デカ戎橋ビル
ドン・キホーテ
たこ八 道頓堀総本店 P.55
道頓堀川
道頓堀 治兵衛
戎橋
たこ焼十八番 道頓堀店
道頓堀麺粉製品博物館 P.63 P.54
相合橋
ぼんくら家 道頓堀 かに道楽
どんぶりリバーウォーク
千房 道頓堀大樓店 P.62
明月館
P.55 たこ家道頓堀 くくる 本店
かに道楽 道頓堀本店 P.62
道頓堀 一明
Comrade ドウトン
くれおーる道頓堀店
道頓堀 今井
金龍ラーメン 道頓堀店 P.62
東山ビル
道頓堀 本家 大たこ
ホテルフォルツァ大阪なんば道頓堀
ウインズ道頓堀
はり重 P.62
カレーショップ
大阪松竹座
和食 たちばな
BelSud
TSUTAYA
ゼロゲート
中座くいだおれビル
元禄寿司
浮世小路
四海楼
P.57
TARO's PARLOR
なにわ名物 いちびり庵 道頓堀店 P.62
串カツ しろたや P.62
どうとんぼり神座 P.62
千日前店
たこ焼割烹 たこ昌
道頓堀 お好み焼 美津の P.52
P.63
銀座ダイアナ
金龍ラーメン 御堂筋店
味乃家
KASUYA 法善寺店
上方浮世絵館
アラビヤ珈琲店
法善寺横丁
法善寺
純喫茶 アメリカン
法善寺横丁 やき然
第一観光ビル AXE
SUNプラザ
千日前商店街
ビジネスイン千日前ホテル
相合橋筋
中央区
戎橋筋
カラオケ館
アロー
namBa HIPS
MEOUTOビル
串の坊 大阪法善寺本店 P.56
おかる P.52
丸福珈琲店 千日前本店
ラウンドワン
ウインズ道頓堀
クレープリー・アルション P.59
チケットキング
なんば駅
地下鉄千日前線
千日前通
日本橋駅

新世界

周邊圖 P.119

0 50m

A / B / C — 3 / 4

日本橋駅
新世界局
新世界稲荷神社
大阪えびすホテル
人形の久月
グリル梵 P.69
恵美公園
ルミナス惠美須
祥栄ビル
THE PAX HOSTEL
通天閣 P.68
ココモよってe家 新世界店
スギ薬局
浪速区
串かつ・どて焼き 壱番
壱番別館
新世界国際劇場
近江屋
DEN・EN
元祖串かつだるま 新世界総本店
じゃんじゃん大西屋
名代 鶴亀屋
初代ヱビス
横綱別館
ウィングインターナショナル
プレミアム大阪新世界
串成
ぎふや本家
タコ文閣
東横イン
Willows Hotel
寅勝
観光人力車 俥天力 P.69
ピリケン神社
ニュースター P.69
串かつ ひろたか屋
ジャンジャン横丁
SPAWORLD HOTEL&RESORT P.69
MEGA ドン・キホーテ
てんぐ
八重勝 P.69
新今宮駅
串かつ 大西屋
ジャンジャン横丁店
タコボウズ
OMO7大阪 by 星野リゾート
味の大丸
新世界ゲート

天王寺区
料亭天王殿
西method院
一心寺
日想殿
一心寺シアター倶楽部
アフリカサバンナ
天王寺動物園
天王寺動物植物公園事務所
茶臼山
和気橋
河底池
天王寺公園
こアラ館
市立美術館
慶沢園
串かつ・ホルモン専門店 朝日
天王寺駅
天王寺出口
西成区
動物園前駅
大阪環状線
関西本線(大和路線)
御堂筋線

神戸 kobe

■神姫巴士神戸三宮轉運站
☎ 078-231-5561
(9:00～18:00)
¥ 1次260円、1日乗車券700円
⏰ 平日／8:55～17:40 (毎小時1～2班行駛，1圏約65分)

鐵道 & CITY LOOP MAP

何請CITY LOOP?

巡遊神戸主要觀光景點的路線巴士。車內有車掌介紹神戸的觀光資訊，所以推薦給神戸的初訪者！

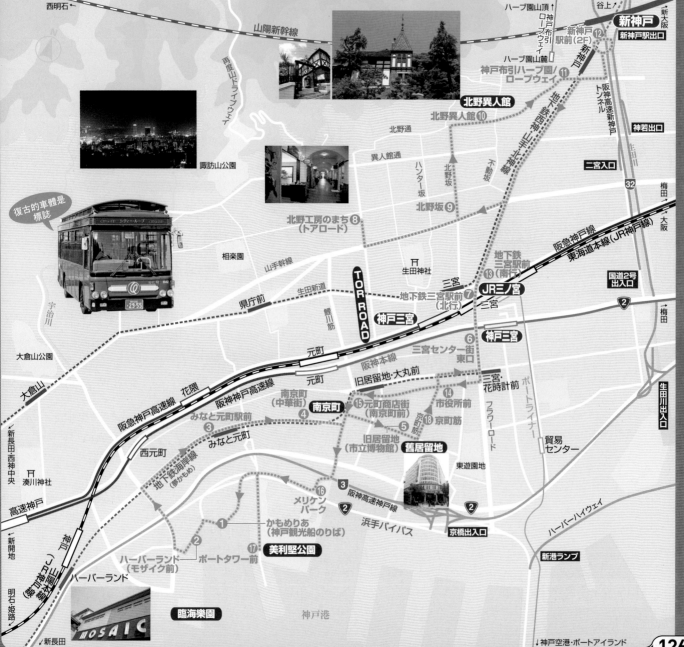

復古的車體是標誌

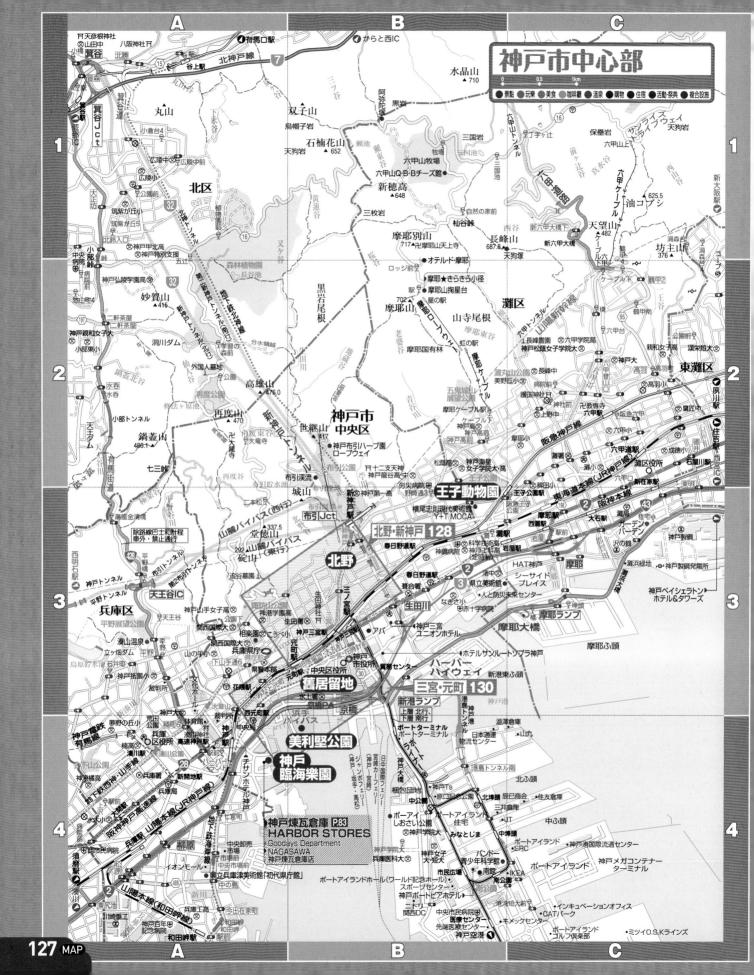

神戸市中心部

0　0.5　1km

●景點　●玩樂　●美食　●咖啡廳　●溫泉　●購物　●住宿　●活動·祭典　●複合設施

北区

灘区

東灘区

神戸市
中央区

王子動物園

北野·新神戸 128

北野

摩耶

兵庫区

三宮·元町 130

舊居留地

美利堅公園

神戸
臨海樂園

神戸煉瓦倉庫 P.83
HARBOR STORES
Goodays Department
NAGASAWA
神戸煉瓦倉庫店

縣立兵庫津美術館「初代縣廳館」

ポートアイランド

MAP 128

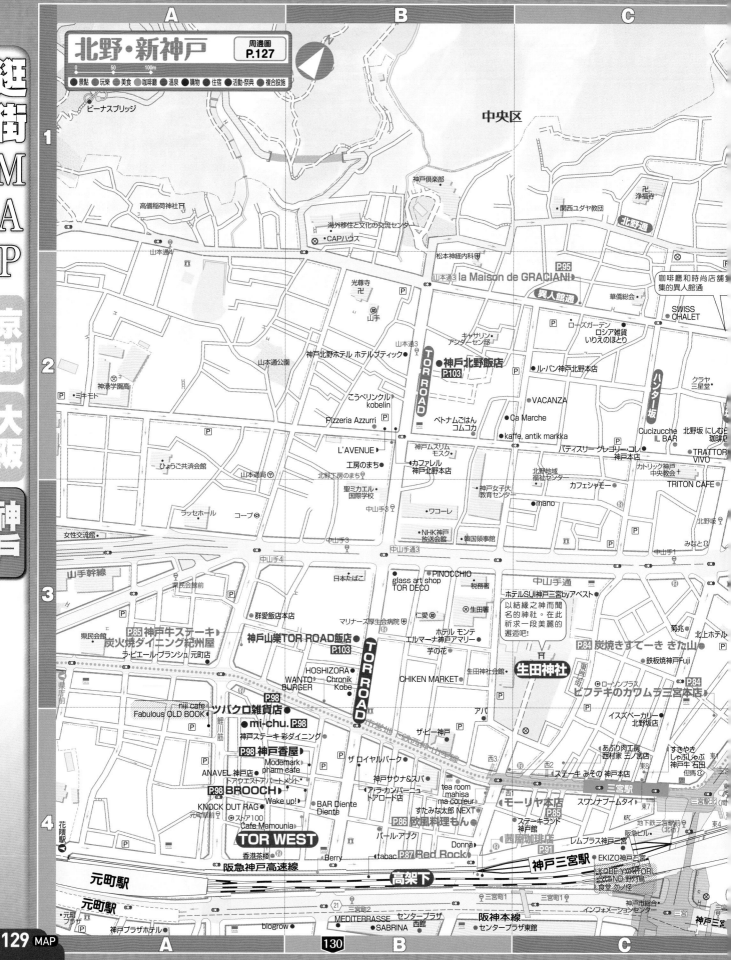

D **E** **F**

逛街MAP 京都 大阪 神戸

P.98 BROOCH
Cafe Mamounia
KNOCK OUT RAG
TOR WEST
TOR ROAD
香港茶楼
Berry
tabac

前往南京町或舊居留地的話便在此下車。請注意新快速列車並不會停靠此站。

神戸サウナ＆スパ
BAR Diente Diente
tea room mahisa
ma couleur
レストラン テージ
すたみな太郎 NEXT
P.86 欧風料理もん
パール・アブク
P.87 Red Rock

県市前
西3
西2 ステーキ みその 神戸本店
モーリヤ本店 P.85
スワンナプームタイ
茜珈琲店 P.91
神戸三宮駅
EKIZO神戸三宮
KOBE YAKITORI STAND・野乃局
食堂 カフェ8

三宮駅
新神戸駅
KFC
阪急ビル
レムプラス神戸三宮

阪急神戸線
三ノ宮駅
三宮
ポートライナー

元町駅
東海道本線（JR神戸線）
高架下

名為「鞋倒之城」的神戸，鞋店最集中的區域之一便是「三宮高架橋下」。

阪神本線
神戸三宮駅

こうべリンクル kobelin
blogrow
P.87 たちばな本店
Liang You
良好
arucco
神戸元町別館 牡丹園
R&Bホテル神戸元町
ヒステリックジャム
カンテオホテルズ
三宮ゼロゲート
ドンク三宮本店
スターバックスコーヒー
神戸洋藝菓子 ボックサン 三宮店
SABRINA
西館
グレース神戸
P.101 ナガサワ文具センター 本店
エイツビル
Clefy三宮
ユニクロ
センタープラザ
西館
センタープラザ東館
モロゾフ神戸本店 P.100
スタイルプラザ
神戸・三宮センター街
三宮オーパ
ヤマダデンキ・
三宮センター街
東口（阪神前）
三井住友
ユザワヤ
みずほ

長田タンク筋 P.87
ギョーザ専門店イチロー P.87
神戸マルイ
さんちか
コミュニティサイクル「コベリン」
神戸市総合インフォメーションセンター
神戸三宮駅
神戸阪急 P.100
ゴンチャロフ神戸阪急店
神戸フランツ
三宮店
神戸国際会館 SOL
神戸阪急新館
国際会館前

ユーハイム
神戸元町本店
神戸牛 桑原
民生 廣東料理 P.97
劉家荘 P.97
林商店 P.97
青龍
小小心縁
東急REI
MRSX

旧居留地・大丸前駅
P.89 ユニクロ
三宮神社前
元町商店街（南京前）
三宮神社
Mon Loire 元町店 P.100
ケーニヒス クローネ
PATISSERIE TOOTH TOOTH 本店 P.89
ダイワロイネットホテル
市営地下鉄海岸線
花時計線
三宮・花時計前駅
国際会館前
百十四
播州

YUN YUN P.96
デビスビル
NTT西日本 新西日本ビル
あいおいニッセイ同和損保
ブロック30
新明海ビル
農業会館
三菱UFJ 信託
グラノラジャーニー 大丸神戸店
CAFFERA P.99
旧居留地 38番館
ルイ・ヴィトン
電々ビル
パナソニックビル
シネリーブル 神戸
神戸朝日ビル
BIRKENSTOCK KOBE
山陰合同
三井住友

在地下有受到當地居民歡迎的迷你劇場。

門前ビル
グリル十字屋 P.86
年金事務所
神戸市消防局
神戸市役所 4号館
中央区役所
神戸市役所
市役所前
COMME CHINOIS ブランジェリー P.90
バティスリー カフェ
三菱UFJ
ジョーシン

大丸神戸店 P.99・101
三菱UFJ

シップ神戸海岸ビル（旧海ビル）
建隆ビルⅡ
BLUE BLUE KOBE
神港ビル
神戸商船三井ビルディング
海岸通
労基署
第二地方合同庁舎
法務局
舊居留地
TOOTH TOOTH P.99
maison 15th
オリエンタル
神戸市立博物館
舊神戸居留地十五番館 P.99
L.L.Bean
チャータードビル
クリエイト神戸
神戸らんぷミュージアム
日本銀行
Robinson
コミュニティサイクル「コベリン」
高砂ビル
神戸市庁舎1号館 24階展望ロビー
市役所内局

名牌店面雲集的Luminarie主要街道。

洋食屋 神戸デュシャン
小野八幡神社
東横イン
貿易センター前

神戸ルミナリエ
三宮店
ワコーレ神戸三宮トラッドタワー
トヨタレンタリース兵庫
ミュージアムタワー
アバタワーズ
コンコルディア
NLC三宮
ワールド

ベリスタ
東遊園地
貿易センター
貿易センター前
サンボーホール

京橋
京都
京橋
神戸ビル
貿易ビル
日本真珠館
地方合同庁舎 行政評価事務所
NTTドコモビル

新神戸 関電ビル
こども本の森
東遊園地 事務所
東遊園地前

神戸商工貿易センタービル・
神戸商工貿易ビル内局
立正佼成会

阪神高速道路
京橋南詰
京橋PA
京橋入口
京橋出口

ベイシティタワーズ

AQUARIUM×ART átoa P.81
TOOTH TOOTH MART FOOD HALL & NIGHT FES P.81
神戸港博物館 P.81
住友倉庫
第2突堤
税関本庁
税関本庁前

農林水産消費安全技術センター
ポートターミナル

ポートライナー
神戸震災復興記念公園（みなとのもり公園）
ハーバーハイウェイ
新港ランプ
摩耶ランプ
生田川出口

MAP 130

三宮・元町

周辺図

● 景點 ● 玩樂 ● 美食 ● 咖啡廳 ● 温泉 ● 購物 ● 住宿 ● 活動・祭典 ◉ 複合設施

0 50 100m

A | B | C

1

高速神戸駅
Cafe yom pan
神戸別院
本願寺
神戸駅
西元町駅
高速神戸駅 ハーバーランドタワー
ジアーパネックスタワー

阪急神戸高速線
花隈駅
阪神神戸高速線
(21)
花隈公園
中央区
浜屋

洋食ケンジ P.86
パティスリー
AKITO P.88
放香堂加琲 P.91
GREENS Coffee Roaster
神戸生田中
元町
ウインズ 元町プラザ
VIVIENNE
COULEUR VARIE

P.101 元町福秀商店
P.85 神戸ステーキ メリカン
グリルミヤコ
走水神社
亀井堂総本店
インター第2ビル
栄ビル
神明ビル
P.88 COMPARTIR VALOR
共栄火災
みなと元町駅前
中突堤西
中央局

こうべ
まちづくり会館
元町映画館
ウインズ
毎日新聞ビル
Beniman
みなと元町駅
若從三宮直接前往港地
區,則在此站下車

元町商店街
神戸風月堂本店
ホテルクオリティ1神戸元町
bucato cafe
関西みらい
ストア100 ライオンズタワー
損保ジャパン
co-fuque shop
じばさんらんちき
P.90 KOKOSICA丹麥麵包、東東專賣店
アリュティエ
コム・シノワ
元町サントス
南京町
P.85 元祖「ぎょうざ苑」
P.96 北京ダック専門店 華鳳
洋食屋双平
神戸プランツ南京町
海鮮料理 鳴鳳荘
香港君悦飯店
北京菜館
P.96 老祥記
龍郷 P.97
spacemoth antic
gigi
吉祥吉 南京町店 P.85
ViVO,VA
LUNDI
Voyageur (2号店)
patisserie mont plus
海岸通ビル
cafe & bar anthem
神戸華僑歴史博物館
P.99 PoLeToKo
伊藤
グリル P.86
朋栄
鹿鳴荘
南京町 P.9
伊藤
グリル
郵船ビル

2

3

高速神戸駅 ハーバーランド
コーナン
中央ターミナル神戸
中突堤中央ビル
Kiss-FM
HOTEL LA SUITE P.103
KOBE HARBORLAND
中央ターミナル
KOBE RESORT CRUISE
boh boh KOBE P.82
神戸ベイクルーズ
オーシャンプリンス
REAL DINING CAFE P.83
神戸ブランド umie モザイク店 P.88
FISHERMAN'S MARKET
神戸ブランド モザイク店 P.101
EAVUS
カルビープラス 神戸ハーバーランドumie店
Butter POPCORN 神戸ハーバーランド
ア・デビシェ

コミュニティサイクル「コベリン」
ハーバーランド
モザイク前
利原出口
弁天ふ頭
神戸シーバス
神戸港塔 P.82
神戸港
ポートタワー前
中突堤
スプラッシュ神戸
ホテルオークラ神戸
神戸海洋博物館・
カワサキワールド
テニスコート
メリケンパーク
神戸線
メリケン波止場前
(3)
浜手バイパス
P.83 TOOTH TOOTH FISH
IN THE FOREST
神戸港震災メモリアルパーク

4

神戸臨海樂園umie P.83
モザイク
臨海樂園 P.82
神戸船の旅 コンチェルト
神戸アンパンマン こどもミュージアム&モール
モザイク大観覧車
南広場
神戸旧信号所
神戸港
馬賽克廣場的2樓設有長
椅,地點絕佳的休憩處。
マリンホール
能徹底放鬆歇息的公
園。設有各式各樣有
趣的裝置藝術。
スターバックス コーヒー
神戸メリケンパーク店
美利堅公園 P.82
コミュニティサイクル「コベリン」
BE KOBE
神戸旅客船乗場
神戸メリケンパークオリエンタルホテル
中突堤旅客 ターミナル
メリケンシアター
神戸みなと温泉 蓮

A | B | C

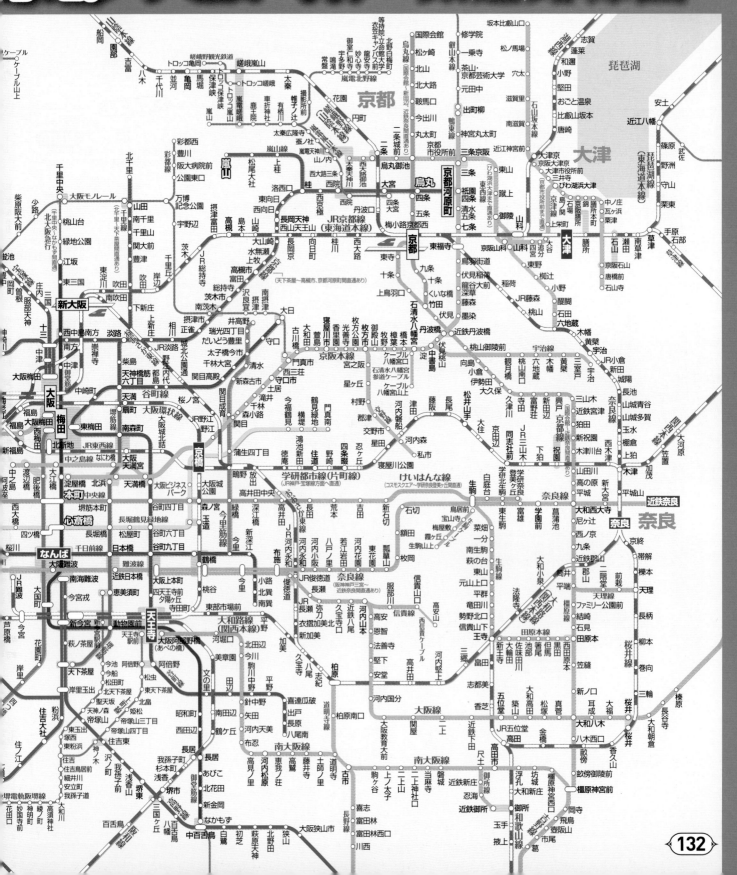

景…景點 玩…玩樂 食…美食 買…購物 咖…咖啡廳 溫…溫泉 住…住宿 複…複合施設

【 MM 哈日情報誌系列 31 】

京都·大阪·神戶

作者／MAPPLE昭文社編輯部
翻譯／林琬清
特約編輯／王原賢
發行人／周元白
排版製作／長城製版印刷股份有限公司
出版者／人人出版股份有限公司
地址／231028 新北市新店區寶橋路235巷6弄6號7樓
電話／（02）2918-3366（代表號）
傳真／（02）2914-0000
網址／www.jjp.com.tw
郵政劃撥帳號／16402311 人人出版股份有限公司
製版印刷／長城製版印刷股份有限公司
電話／（02）2918-3366（代表號）
經銷商／聯合發行股份有限公司
電話／（02）2917-8022
第一版第一刷／2016年3月
第三版第一刷／2024年5月
定價／新台幣420元
　　　港幣140元

國家圖書館出版品預行編目（CIP）資料

京都·大阪·神戶／MAPPLE昭文社編輯部作；
林琬清翻譯. — 第三版. — 新北市：
人人出版股份有限公司, 2024.05
面； 公分. —（MM哈日情報誌系列；31）
ISBN 978-986-461-384-7（平裝）

1.CST：旅遊 2.CST：日本關西

731.7509　　　　　　　　　113002834

Mapple magazine Kyoto Osaka Kobe
Copyright ©Shobunsha Publications,Inc,2023
All rights reserved. First original Japanese edition
published by Shobunsha Publications, Inc. Japan
Chinese (in traditional characters only) translation
rights arranged with Jen Jen Publishing Co.,Ltd
through CREEK & RIVER Co., Ltd.

●版權所有 · 翻印必究●